项城袁氏

侯宜杰作品

人民东方出版传媒

东方出版社

序言：袁世凯的政治之路

在 20 世纪中国的国家元首中，袁世凯不像孙中山、蒋介石、毛泽东那样引起史学家的兴趣，一般读者对他的兴趣也比较少。主要因为袁世凯不是由革命起家，是从仕宦阶梯中一阶一阶地爬上来，即使在辛亥革命中能以逼清帝退位之功被推为中华民国元首，也是因为他拥有清内阁总理的官位，风云际会，时势造了英雄。

可能因为袁世凯背叛了清廷，后又因谋帝制背叛了民国，一般史家对袁世凯的评价不高。一九七七年美国密歇根大学出版社出版的杨格（Ernest Young）的《袁世凯的总统职：民国初年的自由主义与专制》（*The Presidency of Yuan Shih-k'ai: Liberalism and Dictatorship in Early Republican China*）一书对袁世凯是比较肯定的。实在说来，袁世凯除了在戊戌政变前夕投到北洋大臣荣禄和慈禧太后一边、造成戊戌变法的失败以外，后来在山东巡抚和直隶总督兼北洋大臣任内，都是非常开明的官僚，在晚清立宪运动中，一直扮演推手角色。他的最大可议之处，是对新时代缺乏远见，未能为新建的中华民国立下开国宏规。

尽管史学家对袁世凯的兴趣不大、评价不高，对袁世凯的研究工作仍然在史学界持续着。除专题研究以外，一般性的传记出版也不少，如1936年白蕉在上海出版《袁世凯与中华民国》，1961年陈志让在美国出版《袁世凯传》英文本，1987年韩作在台北出版《袁世凯评传》，1988年霍必烈在台北出版《袁世凯传》，以及1989年李宗一在北京出版《袁世凯传》。本书作者侯宜杰先生在1986年和1994年也先后出版了《袁世凯评传》和《袁世凯全传》。

不过，前此所出版的有关袁世凯的传记，多偏重在袁世凯个人的事功，对袁世凯的家族着墨不多。宜杰先生的这部新著，不仅写袁世凯一生的事功，且写袁世凯的父祖辈和妻妾子孙辈。全书有十八章，约可分为三部分：第一至第六各章，标题依次为由贫至富、世凯出继、家族解体、叔侄异同、悲欢离合、各支败落，所写为父祖辈；第七至十三章，标题依次为独上青云、结党营私、罢官归隐、东山再起、一统南北、皇帝总统、羞愤而死，所写为袁世凯一生的事功；第十四至十八章，标题依次为家规家教、风流云散、"太子"末路、名士潦倒、一枝独秀，所写为妻妾子孙。就全书篇幅而论，写袁世凯个人者约占三分之一，属袁世凯家族者约占三分之二，立绪文化出版公司将本书列入"百年家族"系列丛书，是值得肯定的。

一个人生在什么家族，组建什么家庭，对这个人的人生规划和事业成败，往往有决定性的影响。一个大的家族，无论是从事军政，还是从事农商，对社会和国家也往往发生很大的影响力。这种情形，即使在个人主义社会迅速成长的今天，也是有目共睹的事。有些出自政治或企业家族的人，因为受到父祖辈的庇荫，可在青壮之年平步青云，有些政治或企业家族，因为子孙不能守成，而迅速败亡。具有影响力的家族，家族之兴与家族之败，都在历史或当代社会上留下大大小小的痕迹，使人歆羡或惋惜。因此，家族史的研究与出版，颇能引起学者和一般读者的兴趣。近年台湾史学界对雾峰林家、板桥林家等家族从事研究，即是迎合学术和社会的需要。

侯宜杰先生是中国社会科学院近代史研究所的研究员，虽未曾见面，但神交已久。他近年的研究工作，主要在晚清的立宪派、革命派以及辛亥革命前后的袁世凯，已出版专书数种、论文数十篇。宜杰先生是写此书的得力学者，承他来信索序，甚感荣幸。严格说来，本书是一本通俗性的读物，但绝不是历史演义，更不是历史小说；凡所论叙，皆有所本，相信除书末所列"主要参考书目"外，也可以在宜杰先生自己的有关著作中找到史原。作为一本通俗读物，文字活泼，但笔法谨严，是一部成功的作品。还有一点，作为20世纪30年代出生的中国史家，对历史人物能平铺直叙地就事论事，甚少作强烈的褒贬，这也是难能可贵的。

对于袁世凯的一生，学者和一般读者都已有了或多或少的印象。本书不仅将袁世凯写在官场和政治之中，也写了袁世凯的家庭生活和子孙辈的动向。袁世凯死后，儿辈克定、克文和孙辈家骝等的个人表现，是一般书中很少提及的。"笔端常带感情"常被史学家引为鉴戒，但不带感情却难写出很好的家族史来。关于这一点，宜杰先生也是注意到的。

张玉法

二〇〇一年四月十一日于台北

前言

以婚姻和血缘关系为基础的家庭，作为一种社会生活组织形式，势必受到社会和时代的制约，兴衰荣辱，变动不居。富者不一定恒富，贫者亦未必终贫；贵者往往沦为庶民，布衣可能会至卿相。家庭是人类历史发展到一定阶段的产物，而且随着历史不断地变革发展，其职能、性质、形式、结构以及与其相联系的伦理道德观念也在变化演进。而家庭的变化演进又反过来成为社会的缩影，至少亦可作为观察社会的一个重要窗口。河南项城袁氏家族与清末民初的国家命运密切相关，更具有典型意义。

提起曾在中国近代历史上产生过重大影响、风云一时的袁世凯，几乎家喻户晓，而人们对其家族则可能知之甚少。

袁氏家族有文献可考的历史，始自袁九芝。其子袁耀东是袁世凯的曾祖父，他历经乾隆、嘉庆、道光三朝，乃一介穷儒，以耕读为业，生活异常清贫。

至道光后期，第二代中的袁甲三高中进士，进入仕途，景况方始得到改善。后来在剿灭捻军和太平军的过程中，他以功累官至漕运总督。其长子保恒也相继登第，参与剿灭捻军和太平军，超擢侍郎。父子两人骤然跻身新贵之列，袁氏家族跃居豪门，一变而为"汝南巨族"。袁世凯的继父保庆与堂叔保龄均系举人出身，曾受袁甲三的荫庇，官居道员，但并没有光大门楣。这几代人基本上处于封建社会时期，因而，家中的一切无不渗透着浓厚的封建性。不过亦未维系久远，几世同堂的大家族终至解体，分裂成若干小家庭。

袁家第四代人成长于半封建半殖民地社会，由于染上恶习，不求上进，不事生产，各支俱都败落；即使在外为官者，亦皆平庸之辈，鲜有出人头地者。唯独袁世凯飞黄腾达，清末时做到直隶总督、军机大臣、内阁总理大臣；民国时当上总统，妄自称帝，显赫远远超越其两代先人。与其先人循"正途"出身，谋求发达不同，袁世凯不喜读书，科场失意，投笔从戎，走的是另外一条蹊径。其所以能够迅速青云直上，除了善体上意，攀附亲贵，进贡贿赂之外，主要是靠实干，赏罚分明，培植亲信，结党营私，机敏灵活，纵横捭阖，阴谋诡计。他既继承了封建家长制的专擅作风，在家中独断专行；又能在某些方面顺应时代潮流，打破旧的传统，鼓励诸子学习实用科学，出国留学，就是其中一例。

帝制推翻，民国建立，民主自由与专制独裁两条道路继续进行着激烈的斗争，许多家庭都发生了剧变。袁世凯帝制自为，长子想当青宫储贰，极力鼓动，次子则不赞成。三女非但不赞成其父称帝，而且为了自由，公然抗婚。

袁世凯死后，诸子分居，大家庭风流云散。靠着分得的丰厚遗产，长子袁克定仍不改昔日的"太子"派头，思想守旧，挥霍无度，过着糜烂没落的生活，最后穷困而死。袁克文多才多艺，诗文酒会，章台走马，纸醉金迷，名噪海内，亦不免潦倒，晚景凄凉。其余诸子则根据新的时代变迁和价值取向，各自选择了不同的道路。

中华人民共和国成立后，尤其"文革"期间，以阶级斗争为纲，用人强调出身成分。袁世凯系反动官僚，子孙皆属"黑五类"，命运坎坷，他们身上都打上了深深的时代烙印。只有远在美国的袁家骝和夫人吴健雄幸免株连，在科学事业上取得了举世瞩目的伟大成就。

本书以袁世凯为主线，简要地叙述两个世纪中袁氏家庭六代群体的演变。虽然主观上欲将人、家、国三者融为一体，以期反映不同时代的政治、经济、思想文化、伦理道德、社会风貌等等方面；但限于资料，捉襟见肘，尚难差强人意，不能不引以为憾。

在写末后几节时，笔者参考了郑逸梅、周岩、江才健以及其他先生的著作（著作附于参考书目中），理应逐一明确注出，以免抄袭之嫌。然而，出版社要求书中概不注释，故未能如愿。在此谨致深深的歉意和谢忱，并请谅解。

本书之所以能问世，主要得力于同事雷颐先生的大力支持；老友曹惠南先生多方奔波，终于在哈尔滨搜集到《袁寒云的一生》一文，复印惠寄，给我很大帮助。我永远忘不了他们的高谊隆情，一并致以由衷的感谢。

侯宜杰

2000 年 12 月 22 日于北京

目 录

由贫至富

河南东部临近安徽省有个项城县，东西宽七十里，南北长一百一十里。

该县有悠久的历史，西周时称项国，春秋时被鲁国所灭，后属楚国。项氏世世为楚将，封于项，故姓项氏，城东尚有项羽城地名。秦时置县，汉代设置项县，东魏时改为秣陵，隋代又改为项城县，清代隶属于陈州府。

相传八仙之一的铁拐李曾有一首《过项歌》，言该县地脉应出一个假皇帝及将相。可是，直至清代乾隆年间，铁拐李预言的人物也未出现。

项城县的自然条件很差，地势低洼，颍水、沙河、汾河、泥河以及一些无名小河均从境内流过，注入淮河，因而向称"泽国"，东南尤甚。由于地主贪图种田，加上下游的农民阻挠，河流沟渠年久失修，淤塞不通，遇上大雨就闹水灾，无雨之时又常闹旱灾和蝗灾。老百姓没有战胜大自然的能力，只有祈求"老天爷"保佑，旱涝皆听命于"天"。

这里的物产不丰富，土地也十分瘠薄，农作物产量很低，经济极其落后。除了酿酒等少数手工作坊外，没有工业生产，经营商业的很少，一般以从事农业生产和家庭副业为主。粮食作物仅出产小麦、谷、黍、高粱、豆、稷之类，经济作物最有价值的只有芝麻和棉花，连中原常见的花生也不宜种植。蔬菜品种不多，常年供应的更少，四时不缺的唯有韭菜和大葱。瓜果多为杏、桃、李、沙果、枣、西瓜，因为销路不好，种的也少。所以，该县虽与淮宁接壤，但因两地的条件悬殊，富有人家远远不如淮宁多。

由于自然条件太差，人口稠密，广大农民缺少或根本没有土地，为了生存，不得已只好向地主租种。但辛辛苦苦一年下来，收获物的一半乃至六到八成都交给了地主，余下的少之又少，生活异常贫困，经常过着半饥半饱、缺吃少穿的苦日子。遇到灾荒，更是走投无路，或卖儿卖女，或携全家出外，到处流离乞讨，冻饿而死于异乡者不知多少。即使那些辛勤耕种、肥料充足的上等农户，也得节衣缩食，省吃俭用。然而在丰收的年景农作物价格大跌，歉收的年景常常不足以维持温饱。

经济是一切的基础，生活的贫困必然导致文化的落后。整天为生存而拼命挣扎的穷苦百姓自然不敢奢望读书识字，就是那些仅足自给的人家也很少留意于此。有些文化知识的，非少数地主之家，即世代为儒之人。

自从隋唐开科取士以来，科举制度就成为文人学士获取功名、出人头地的唯一出路。如果能考取秀才，再考取举人、进士，沿着科举的阶梯，一步一步攀到宝塔的顶峰，跃登上"龙门"，就可当官发财，光宗耀祖。由于录取人数非常有限，有能力攀登到顶峰的只是极少数的人，许多人走到半途就无法继续前进了，甚至尚未取得初步的资格便被淘汰了。然而，"学而优则仕"这条道路毕竟太诱人了，所以仍旧吸引着莘莘学子为它而拼搏，甚至有的人皓首穷经，终生不悔。至于幸运之神没有降临头上的士子们，前程虽然与跃登"龙门"者有天壤之别，仍可以利用获得的文化知识在官衙中谋求当个幕僚胥吏，或是处馆，做一名教书匠，挣钱养家糊口，远比单纯的务农在生活上有所保障。一些清贫人家之所以节衣缩食，拿出一点钱来供孩子读书，进行智力投资，就是出于上述的原因。

在项城袁氏的家祠中曾经立有一块铁铸的横牌，上面记载着始祖至各代的姓名，准备以垂永久，千古不磨，可惜见不到了。因此，对于袁氏家族的谱系也就无法全部了解。现存的《项城袁氏家集》中，有文字可考的最上一代先祖为袁九芝，他生活的年代恰值清代乾隆鼎盛时期。

袁氏世代为儒，走的是一般贫儒致力于举业的道路，孜孜不倦追求的是一举成名。

袁九芝是个儒士，以耕读为业。有子三人，长为耀东，次子出嗣，三子情况不详。

袁耀东自幼从父读书，娶淮宁郭如玳之女为妻，结婚时，家中固定的产业很少，人口较多，经济状况相当艰窘，以致出身于名门世家的大家闺秀郭氏进门以后，不得不亲操井臼，劳苦不胜。

经过多年寒窗苦读，袁耀东方考取秀才，当了一名塾师。可是天不假年，一命归西。他去世时，兄弟已经分居，子女均未成年，长子树三刚十四岁，次子甲三十岁，三子凤三、四子重三及一个女儿更小，有的尚在襁褓之中。本支的家庭重担完全落在郭氏一人身上，生活陷入极度的困境。

郭太夫人自幼读书，深明大义，争强好胜，很有主见，是位极不寻常的女子。若要改变家庭的境遇，摆脱贫困，当时只有两条出路，一是让孩子们走学而优则仕之路，二是经商。经商需要资本，又属于末业，为社会上层人士所轻视。她既没有资本，也不愿孩子们走那条路，于是选择了前者。

她望子成龙心切，为了使孩子们学有成就，自己含辛茹苦，忍饥受冻，典尽钗珥，给两个大孩子请了名师。并训诫他们说："你们的父亲勤学刻苦，胸怀大志。你们如果不能继承先志，发奋读书，你们的父亲就算没有儿子。"她白天纺绩，晚上亲自检查孩子白天所学，监督他们复习背诵，随时给他们讲解不懂之处，直到半夜三更方才休息。如此十多年下来，树三、甲三兄弟两人秉承母训，争相奋发，相继考入了县学，成为生员（秀才），并以优异的成绩获得官方发给的廪饩，即补助生活的银子和粮食，称为廪生。从此他们更加刻苦努力，慨然有用世之志。但困难的生活又逼迫得他们不能专心致志地埋头于科举事业，为了糊口和减轻母亲过于沉重的负荷，他们不得不寻找馆地，执教于外乡，同时继续自学，准备应试。

袁树三和袁甲三结婚之后，家境略有好转，但仍然相当清贫，常年吃的都是素食，见不到荤菜，更不用说使用婢仆。树三妻子王氏与甲三妻子陈氏均为通情达理的贤内助，她们和睦相处，早作晚息，天到四更，两人还对着一盏昏暗的孤灯，辛苦地裁缝衣服。及至鸡鸣，马上又起来操作。直熬得二目通红，两手冻得裂开一道一道的口子，衣服破了无暇补缝，头发乱了也无暇及时梳洗。陈氏头胎生了个儿子，也不能像富有人家的妇女那样安安闲闲地"坐月子"，孩子生下三天，便下地操持家务，如同平常人一样。

从乾隆经嘉庆，直到鸦片战争前的道光朝，在这六七十年里，袁家的生活状况始终没有得到根本改善，衣食不能完全自给。有一年发生饥荒，家中穷得连烧火的柴禾都买不起，只得打发放学后的小孩子们到野地里拣草根、树皮。冬天气候很冷，小孩子们脱去鞋袜，下到水中去取浮梗，冻得两脚红肿。袁甲三的妻子看了，哭着对长子保恒说："谁不爱惜自己的儿子，但是，不习劳苦，不知道庄稼人过日子的艰难。你们今天的辛勤，焉知不是老天玉成孺子呢！"

苦尽甘来，历尽沧桑艰辛的郭太夫人终于熬过了漫漫苦难岁月，盼来了梦寐以求的富贵荣华的好日子。至道光、咸丰年间，袁家骤跻显贵，由清贫一跃而成为本县的首富巨室，家有田地五十顷，开着几处典当铺，还放高利贷。

袁家原来居住在城北二十里的张营，为了抵御洪秀全领导的太平天国起义军和张洛行领导的捻军，保住生命财产，郭太夫人令四子袁重三及长孙袁保中出资，在县城东北四十里的地方，联合当地人士大兴土木，营建了一个很大的村庄，周围筑起一道坚固厚实的寨墙，寨墙上修有炮楼，名为袁寨。袁家在此也建筑了楼房瓦舍连成一片的深宅大院，高高的门楼之前，矗立着两根粗大的圆形旗杆，两旁各蹲踞着一只张牙舞爪的石狮，大门上悬挂着一块醒目的黑漆匾额，上面题着"进士第"三个斗大的金字。门第显赫无比，名闻远近。这里，就是在近代中国历史舞台上风云一时的袁世凯的出生地。

袁树三当了署理陈留县的训导，兼摄教谕事。道光二十三年（1843），汴梁（开封）旧城城墙被河水冲垮，当道请其修筑。他推辞不掉，亲自监督工程，风雨无阻。第二年，以积劳逝世。

袁凤三字桐友，屡试不第，捐纳了禹州训导。后以帮助当局守城之功，获赏五品衔，戴花翎，以知县候选，但未补缺，同治九年（1870）去世。他与树三都是最低级的官员，不足以振兴家声。

袁重三字惺轩，号敬有，也是廪生。他因袁甲三、袁凤三和侄子袁保恒均在外为官，母亲年高，自己体弱多病，没有出外为官，在家奉养母亲，当乡绅。

袁家之所以兴旺发达，郭太夫人之所以能够在晚年安享尊荣，主要是靠次子袁甲三及其长子袁保恒的相继跃登"龙门"。

袁甲三字新斋，号午桥。他并不特别聪明，或许是运气不佳，一连参加九次乡试，均未考中举人。但他并不灰心丧气，反而愈益坚忍不拔，夜以继日地苦读。道光十四年（1834），他再次下场，结果喜报传来，中了举人。第二年赴京应试，连捷进士，授官礼部主事。二十七年（1847），任仪制司员外郎。二十九年（1849），升主客司郎中。三十年（1850），擢江南道监察御史、兵科给事中、转兵科掌印给事中。

四兄弟之中，袁树三有二子，长为保中，次为保庆。袁甲三有三子，长为保恒，次为保龄，三为保诚。袁凤三有独子保颐。袁重三有四子：保晋、保纯、保恬、保皖。

在保字辈的一代中，袁保中年龄最长，保庆次之，保恒又次之，其余的均较年幼。

袁保中字寿臣，天资较差，每逢作文之时，别人都交了卷，他还要拿回家来继续做，直到三更天方能做完。他得了副贡以后再无进取，捐了个同知，在家当绅士，办理团练，与四叔重三同管家政。

袁保庆字笃臣，号延之，长保恒一岁，二人同时受教于袁甲三。他的资质属于中等，背诵书籍往往落后于人，领会经义比较迟钝；但也有其优点，即一旦贯通，能牢记不忘，且能借题发挥。他在咸丰八年（1858）考中举人，而进士则与他无缘。

袁保恒字小午，人极聪明，二十一岁就中了举人。时隔四年，又考中进士。咸丰二年（1852），翰林院庶吉士散馆，授职编修。

一门两进士，父子俱荣，皇恩浩荡，袁甲三的忠君报国之念愈益坚定。巡视中城，发奸摘伏，除掉多年的积匪，京城为之一清。遇有奸弊之事，必加弹劾，不稍顾忌，广西和江西巡抚，定郡王载铨和刑部侍郎书元，均遭到他的参劾，直声大起，台阁生风，显贵无不畏惧。

咸丰三年（1853）正月，工部侍郎吕贤基奉命赴安徽办理团练防剿事宜，奏调袁甲三帮同办理军务。

在封建时代，忠与孝被统治者视为伦理道德的大本，是人们立身行事的根本准则。官员不能忠孝两全时，必须移孝作忠，报效朝廷。洪秀全领导的太平军和张洛行领导的捻军不仅要推翻清王朝的统治，而且也与官僚富商豪绅地主为敌。因此，朝廷和官僚富商豪绅地主均将他们视为大逆不道的匪徒，竭力加以剿灭。袁甲三一向崇奉理学，却不空言性道，而注重实践。在这种遍地烽火、天下大乱的时候，更"以扶持正气，挽回劫运为己任"。

袁甲三初到安徽，署理庐凤道。不久，漕运总督周天爵逝世，他受命代领其军。此时捻军已经联合起来，抗拒官府，攻城略地，声势大振。而清军则粮饷缺乏，士气低落，战斗力极差。面对饥军残卒，袁甲三治军唯一可行的方法就是以至诚忠义感化、勉励、固结将士。在其激劝之下，人无离心，士卒用命，首次出击，即大获全胜。朝廷立即赏加三品卿衔，命其署理安徽布政使。他以为现在剿办捻军正当吃紧，一署理地方官，限于职守，势必贻误，上疏力辞。朝旨以其说得有理，同意了他的意见，令他以三品卿衔、兵科给事中剿办安徽捻军。次年五月，以功超擢都察院左副都御史。继而击败张洛行。张洛行畏惧乞降。袁甲三以其反复无常，思制其死命，乃无北顾之忧，勒令其献出他人自赎。

咸丰五年（1855）二月，江南提督和春、安徽巡抚福济因与袁甲三矛盾尖锐，联衔参劾他株守临淮，粉饰军情，擅截饷银，冒销肥己。朝旨命袁甲三交部严加议处，来京候旨，不久部议革职。

袁甲三离开安徽之日，当地军民攀挽千里，号泣于道。到京以后，他派家丁向都察院呈递了诉状，对参折内所列的擅截饷银等罪名逐一进行了辩护，指出皆系和春、福济诬陷，并说明他们衔恨的原因。都察院不敢擅自做主，将其诉状上奏，朝旨命两江总督怡良秉公查办。怡良派人调查，据实上奏后，袁甲三的冤屈始得昭雪。但是，朝廷没有恢复他的职务。他处之泰然，前往河南禹州三弟袁凤三处，侍奉母亲。

袁甲三一离开安徽，张洛行的捻军乘机迅猛发展，与安徽接壤的河南东部也成为捻军异常活跃的地区。一些官员有鉴于此，先后上疏，俱言袁甲三督剿捻军有方，地方借以安静，仍请起用他视师；两江总督怡良和江苏、浙江巡抚复交章推荐。安徽怀远有个平民胡文忠，竟然卖掉儿女，徒步到达北京，欲击登闻院鼓，请求起用袁甲三再镇临淮，未获允准，遂怀揣诉状，自缢而死。咸丰皇帝闻知此事，大为动容。

咸丰六年（1856）二月，朝旨命袁甲三随同河南巡抚英桂剿办河南捻军。此时捻军已占领凤阳、颍州和徐州等地，纵横于皖北和苏北、豫北一带，屡败三省清军。袁甲三奉命后驰赴归德（商丘），招集旧部三千人，会合其他清军出击进逼归德的捻军，亲赴前敌指挥，三战皆捷。接着解了亳州之围，乘胜追击，歼灭捻军四千余人。五月，又挥师攻破捻军的根据地雉河集。朝廷以其战绩卓著，着以三品京堂候补。次年授为太仆寺卿，并赏戴花翎。咸丰八年（1858）七月，朝廷命袁甲三督办安徽、河南、江苏三省剿防事宜，袁甲三始专掌军事。他多方激励士卒，不到三个月，即将河南境内的捻军肃清。可是，钦差大臣胜保却将淮南失守的责任归罪于袁甲三不能与之合力抗击，接连上疏参劾。咸丰皇帝不了解实情，九年（1859）正月令袁甲三进京供职。四月，袁甲三至京，咸丰皇帝召对十余次。他详细奏陈了军事方面的问题，同时因两次被劾，心中不平，意志消沉，痛哭流涕请求回籍养亲。咸丰皇帝知其与胜保不能共事一方，而且尚有两个弟弟，不允所请，命其署理漕运总督，兼筹剿防事宜。他到任以后，又接署了钦差大臣，督办安徽军务。旋即实授漕运总督、钦差大臣。继而督师攻克临淮关，进取凤阳。朝廷因其迭次克复城池，调度有方，赏穿黄马褂。

咸丰十年（1860）三月，咸丰皇帝特地召见在京供职的袁保恒，对他说:"你父亲身体丰硕,不任驰驱,朕甚垂念。你可驰侍左右,代其赴前敌督率士卒,以便使你父亲专心运筹。"此事传出,大小官员无不为之深感荣幸。袁甲三更是感激涕零,以身许国。其后率军与太平军将领陈玉成所部鏖战于滁州和凤阳周围,将太平军击溃。

同年秋,英国和法国联军侵占天津,向北京进犯。袁甲三闻信,立即奏请任僧格林沁为大员,与英、法决战,自己即刻率兵北上勤王。朝廷以临淮关为南北锁钥,极为重要,令其留下镇守。他再次上疏请命,朝廷仍未允许。旋与英、法签订和约,英、法愿助清军剿灭太平军。袁甲三闻知,上疏力陈不可,其事遂止。

次年(1861)七月,咸丰皇帝逝世于承德,同治皇帝继位。朝廷颁赏袁甲三咸丰皇帝遗念御冠一顶,青狐皮袍一件,表一只,玉扳指一个。他以为此乃罕见的异数,感动得涕泪交流,益思鞠躬尽瘁,报答天恩。

九月,袁甲三上奏道员苗沛霖甘心叛逆,请急派兵进讨。苗沛霖原为安徽风台的一个塾师,咸丰六年(1856)在家乡举办团练,与捻军作战,势力渐盛,人数扩充至三十余万,控制周围数十州县,实行割据。后投靠清将胜保,并随袁甲三剿捻,官至道员。袁甲三初时亦想收为己用,既而察其终必反侧,不让他领兵,并致函胜保,谓其反复,不可任用。胜保不察。苗沛霖野心勃勃,企图将清军赶出安徽,咸丰十一年(1861),太平天国封他为奏王。他即举兵抗清,围攻寿州。朝廷命袁甲三督同其他清军追剿。但袁甲三部尚未到达寿州,寿州已经失陷。

同治元年(1862),袁甲三移师东下,连克江浦县与浦口镇。复回师皖南,会同别部清军击败太平军陈玉成部,收复了重镇庐州。胜保重来淮北攻剿捻军,苗沛霖再度降清。陈玉成率部突围出走寿州,苗沛霖开城迎入,将其献于胜保。

多年的戎马生涯,起居无常,使袁甲三积劳成疾,病势剧增。同年七月，他毅然奏请开缺，回籍调理。奉旨允准。直到十月末，署理安徽巡抚唐训方到任后，他才与儿子保恒回到项城。十一月，他上奏苗沛霖终难招抚，万不可再令其厚集财力，占据上游形势。

同治二年（1863）三月，反复无常的苗沛霖又背叛了朝廷，占据怀远，围攻蒙城，再陷寿州，进犯陈州等地。袁甲三得悉，上折奏请宜亟乘其初起，迅图剿办。朝旨命其在籍督办团练防剿事宜，号召绅者，速为防御。他力疾筹划对策，强起指挥，督率团练两度打败进攻陈州的捻军。六月疽发于背，二十四日病逝于防所，享年五十八岁。谥曰端敏。

袁保恒自闻太平军起义，即慨然以建树功业自期，经常研读戚继光所著的兵法。咸丰三年（1853）送亲属回河南以后，他便前往安徽，辅佐其父治军。后经甲三奏请，将其留在军中。他不仅督率将士，而且亲冒锋镝，奋不顾身，英勇善战，所向克捷。有次他督率马队追击捻军八个昼夜，将捻军打得大败。朝廷赏其一个伊勒图巴图鲁（勇士）名号。他自思以文职而邀武功之号，恩荣至极，实为书生奇遇，愈益奋勇，以报皇恩之隆。咸丰九年（1859），随其父回京供职。在袁甲三出任漕运总督的次年三月，咸丰帝又命其赴军营听候差遣。由于作战有功，同治元年（1862）擢为翰林院侍讲，再擢侍读，迁詹事府右庶子，连升三级。不久继母逝世，他离开军营，次年奉命佐助其父联络团练防剿。袁甲三逝世后，他继续在家守制（即守孝二十七个月）。朝旨命其服满后，以翰林院侍讲学士即补。但在守制期间，他因以前上的屯田条陈朝廷没有实行，又上疏力言万不可缓，并欲进京与廷臣面议。朝旨以其不候督抚复奏，过于自信，不谙体制，下部议处。同治四年（1865）正月，部议降一级，以鸿胪寺少卿候补。

同治七年（1868）正月，捻军进入直隶，逼近北京。朝廷大震，急命湖广总督李鸿章等率领大军剿灭。袁保恒以皖豫各军半皆其父旧部，曾与他们同甘共苦，自请效力。朝廷允准，发往李鸿章军营差遣委用，李鸿章委其为翼长。六月，他参加了在山东对捻军发起的歼灭战，彻底消灭了捻军。朝廷开复了他的降调处分，仍以侍讲学士补用。不久命其赴陕甘总督左宗棠军营听候委用，并补了侍讲学士官职。

至光绪元年（1875）回京，袁保恒已升为户部左侍郎，兼署吏部侍郎。次年四月，调任刑部左侍郎。

光绪三年（1877），河南遭遇特大旱灾，全省饿殍载道，哀鸿遍野，出现了人相食的极其悲惨的情景。奉命办理救灾工作的河南巡抚李庆翱迟延不力，被朝廷撤职，改以河道总督李鹤年代之。十一月，又命袁保恒到河南帮办赈务。袁保恒到后，想尽一切办法解救灾民，救活无数百姓，不幸于光绪四年（1878）四月患了传染病去世。

袁甲三、袁保恒父子均为正二品的高官，显贵在项城乃至陈州府一时无比。随着政治和经济地位的上升，项城袁家的人不断依仗权势，干预地方事务，常常弄得县太爷手足无措。许多官员均说"项城官难做"，把到项城为官视为"宜吊不宜贺"，影响非常恶劣，以致袁保庆等听说以后写家信进行切实劝诫。

世凯出继

在三字辈的四兄弟之中，老大袁树三去世最早。他死之后，儿子保中、保庆为长房的继承人。

袁保中的原配夫人刘氏，经常疾病缠身，难以管理家务。袁保中又纳一妾，也姓刘。原配夫人生子世敦后病故，袁保中便把如夫人扶正为继室。继室早先生子世昌、世廉，咸丰九年八月二十日（1859 年 9 月 16 日）生了世凯，其后又生世辅、世彤。

袁保庆在功名事业上虽然不如堂弟袁保恒那样崇高显赫，但也不是碌碌无能之辈。袁甲三领兵以后，他见袁保恒前去佐助，随后也到了军营，帮助叔父和袁保恒治军。袁保恒出战，他就负责留守，或为后路策应，经常以少击众，屡建奇功。只因袁甲三不肯使子侄与将士争功，所以他与袁保恒均不登入列保的章奏。虽则如此，他的声望已为远近所推崇。在治军之暇，他仍不废举业，刻苦攻读，咸丰八年（1858）考中了举人。同年，在别人的列保下，他以战绩获得了光禄寺署正的职衔。袁甲三希望他能连捷进士，但考试的结果却榜上无名。袁甲三以为光禄寺署正没有出路，无味之至，咸丰十年（1860），为他报捐了刑部郎中。

当年毛昶熙奉命到河南督办团练，晓得袁保庆懂得军事，奏调他随办营务，专司训练。他督率勇丁团练在陈州等地屡败捻军，有时单骑前赴敌营，厉声责以大义，降者甚多，叙功加四品卿衔，并赏戴花翎。同治二年（1863），他率军围攻项城上店寨的捻军五十天，最后全歼。河南巡抚张之万上奏其功，又加盐运使衔。

袁保庆的妻子牛氏出身大家，知书识礼，生了两个儿子均不幸夭亡。有人给他"看八字"，说这几年他于妻子不利。还有人告诉他，他命中该有好几个女人，不如爽爽当当凑足数，或许可以避免不利于妻子的事情发生。当时为男尊女卑的不平等时代，强调丈夫如天，妻子如地，丈夫如日，妻子如月；天尊地卑，阳刚阴柔，男以强为贵，女以柔为美。男子可以随便纳妾，女子只能从一而终。要求女子做到"三从四德"，"三从"指在家从父，既嫁从夫，夫死从子；"四德"指妇德、妇言、妇容、妇功，也就是屈从男权，谨守品德、辞令、仪态和手艺的闺范。作为妻子，必须具备六德，即柔顺，清洁，不妒，俭约，恭谨，勤劳。在这六德之中，更把柔顺视为妇人之大礼，把不妒视为妇人最美好的品德。如果不生儿子、不孝顺公婆、淫逸、妒忌、搬弄是非、盗窃、患恶性疾病，犯了其中任何一条，丈夫均可将妻子休弃，名之曰"七出"。只有三种情况丈夫不得离弃妻子，这就是无娘家可归的，曾为公婆守孝三年的，结婚初期丈夫贫贱、后来富贵的。妻子不能生育儿子，应当劝丈夫纳妾，以便传宗接代，先祖祭祀不绝，否则即为不贤。因为孟子讲过，"不孝有三，无后为大"。如果另有原因，过继同宗或亲戚的晚辈为子亦可。妻子尚且如此，姬妾更不待言，除了遵守妻子的一切规范，还必须"如臣事君"一样地服从侍候妻子。所以在那个时代，凡是官宦和缙绅人家，男子大都贪色纳妾。

袁保庆与妻子牛氏的感情颇好，当然不愿意有不利于妻子的事情发生，加上盼子心切，先后纳了两位如夫人，一位姓王，一位姓陈。他时时刻刻盼着"老天"鉴于其"意诚恳",赐给他一个"佳麟"。然而，遗憾得很，王氏生了两个女儿，陈氏生了一个女儿，儿子终未盼到。他无可奈何，只好慨叹命中无子。

袁世凯字慰庭（又作慰亭、慰廷），号容庵。出生以后，饭量很大，其母刘氏奶水很缺，不够他吃几口的，吃不饱就哇哇大哭，闹得举家不得安宁。其婶母牛氏恰恰相反，奶水极其充足，于是世凯便被牛氏抱去喂养。牛氏与袁保庆特别欢喜，待之如同亲生。袁保中儿子多，见弟弟保庆对世凯如此深爱，年近四十尚且无子，唯恐他断了后代，绝了香烟，便将世凯过继给他为子。袁保庆和牛氏大喜。从此，袁世凯就随保庆夫妇一家共同生活了。

同治四年（1865），张之万上奏说，袁保庆在籍办理团练，剿灭太平军和捻军，亲冒锋镝，谋划动中机宜，请以道员分发省份，归候补班尽先补用。吏部书吏索贿太多，袁保庆不理，结果河南保案全部被驳。旋浙江巡抚马新贻奏请袁保庆以道员留浙江补用，吏部亦未批准。

同治五年（1866），袁保庆进京引见后，以知府发往山东补用。他携带家眷到济南上任后，聘请了一位颇有名望的夫子做袁世凯的启蒙老师。世凯从小过的是寄生安逸的生活，任性而为，上学后仍然顽劣如故，对读书毫无兴趣，不听约束，经常私自外出。

次年，袁保庆也参加了围剿捻军的歼灭战，力任诸军粮饷，因功升为道员，仍留山东补用。此时他的好友马新贻升任两江总督，立即疏调他赴两江差委，差竣再回山东。他同眷属前往江宁（南京），马新贻委其办理军务和吏治，同治九年（1870；一说同治十一年）又奏留他在江苏补用，署理盐法道（正四品，驻江宁，分巡江宁府，兼管水利事务）。

袁保庆晓得世凯的资质不高，不过觉得读书尚可，对他期望甚殷。只要他学有所成，自己即使打饥荒，也心甘情愿。为了将其培养成才，荣宗耀祖，给他聘请了两位有名望的夫子，并让世廉等也来与他同读。

项城县有个极坏的"乡风"，即豪富之家子弟娇生惯养，仅把读书看作例行的事情，其实并不认真，稍稍长大，嗜好益深，更为游惰冶荡。袁世凯同样养成了这种纨绔子弟的习性，追求吃喝玩乐，游山逛水，贪图舒适，害怕艰苦，生性放荡。来到历史悠久、龙盘虎踞、歌舞繁华的六朝古都，更为目迷五色，心猿意马，不能自持和潜心向学。他经常与无赖少年结伙或单独骑马到清凉山、雨花台、莫愁湖、太平湖等名胜地方闲逛胡闹，秦淮河、钓鱼巷等花街柳巷，也不时涉足，差不多成了花花公子。兄长的规劝告诫，他当作过耳秋风；家长的教诲申斥，他阳奉阴违；老师的训导体罚，他过后辄忘。他在读书方面缺少天资，又不用功，学习成绩让人不敢恭维。然而，他对拳术比较热衷，尤其酷爱骑马，有时摔得鼻青脸肿，也不以为然，因此练出了颇精的骑术，即使劣马，也能控驭自如。他后来弃文习武，即与这种性格和锻炼有关。

袁保庆办事认真，一丝不苟，为人正派，待人诚恳，深得历任上司的器重。他与同僚相处得很融洽，与驻扎浦口的庆军统领吴长庆交谊尤其深厚。

吴长庆字筱轩，安徽庐江人，早年在家乡随父亲吴廷香办团练。咸丰四年(1854)八月，洪秀全的太平军占领了安徽大部。吴廷香招募了三千乡勇，乘太平军不意，一举克复了庐江城，但立即又陷入太平军的包围。城中粮饷乏绝，情势万分危急，吴长庆奉父亲之命单人匹马闯出重围，前往袁甲三的庐舒大营求救。袁甲三接见后征询子侄的意见。袁保恒认为面临强敌，兵贵集中，不宜分散，否则大营危险，何况援救未必济事，不主张出兵。袁保庆则认为绅士力弱不支，孤城垂危，前来求援，理应发兵相救。袁甲三听了他们的话，反而拿不定主意，迟迟不发救兵。结果庐江又被太平军占领，吴廷香阵亡。从此，吴长庆与袁保恒不通音讯，而对袁保庆的朴实厚道，深明大义，急人之难，衷心佩服，遂与他换了帖，结为异姓兄弟，赤诚相待。现在同在江宁，往来更加频繁，情谊更加深厚，志同道合，亲如手足。由于常到袁府，吴长庆与袁世凯也很熟悉。同治十二年（1873）六月，袁保庆突然患了霍乱症去世。当时袁世凯尚未成人，袁保庆的后事主要是其亲家刘铭传和吴长庆操办的。后来袁保中到来，方将袁保庆的遗体和眷属接回项城。

第二年春天，袁保恒回家探亲，见袁世凯无师授读，恐其越学越坏，命其进京读书，由袁保龄加以管教。袁保龄中过举人，曾在其父袁甲三军营中效力，办理过陈州团防。袁甲三死后，朝廷赏其一个内阁中书职衔。服满以后入京供职，升为侍读，尚未补缺。他聘请了三位极为严厉的老师，采取了约束袁世凯浮嚣之气的许多办法，以期其有所长进。但袁世凯恶习难改，经常跑到八大胡同的秦楼楚馆鬼混，故学了很久，文章尚不入门。

过了一年，牛氏带着袁世凯的二姐来到京中，住在袁保龄处。袁世凯有两个姐姐，三个妹妹，两个姐姐为继母牛氏所生，三个妹妹为王、陈两个姨奶奶所生。此时长姐已经出阁，二姐尚在家中。

二姐乳名让，性格与其父一样，思想深受其父熏陶。正因这个缘故，她成了封建礼教的牺牲品。

袁保庆性情严肃，自幼不好嬉戏。喜读宋代以来的理学家的性理之书，不读史书，尤其不读小说，以为无关于身心性命。他最崇拜明代的刑部侍郎吕坤和清代的工部尚书汤斌，此二人均喜读性理之书，究心圣贤之学，主张刻励实行，讲求实用。他也不喜空谈，力求实际，说："讲学者必起而能行，举所言皆征诸实，乃见真学问，真本事。"他崇尚宋代理学家程颐宣扬的"去人欲，存天理"，说："方寸之地几何，安能理欲并蓄？理充足则无容欲之地，故遏欲以存理为先；欲满盈则无容理之地，故复礼以克己为急。"

贞节观念在唐代以前人们的思想上比较淡薄，寡妇改嫁、离异再嫁的事屡见不鲜。自从程颐提出"饿死事极小，失节事极大"的谬说，再经朱熹等人的进一步阐述发挥，历代统治者的着意提倡，贞节观念便成了女子天经地义、至高无上的绝对道德准则，以致寡妇再嫁可耻，未婚女子死了未婚夫也必须守节。在这种纲常名教的毒害下，无数的女子断送了美好的青春和一生的幸福，乃至宝贵的生命。

对这种害人的名教纲常，清代即有不少人加以批驳。如对未婚女子守节问题，有些人断然指出：守节只是已婚妇女的事，如要未婚女子守节，即是以未婚为已婚，紊乱婚姻大事，亵渎圣典，有悖礼教。但书香门第的袁家深中理学之毒，对未婚女子守节竟信之不疑，身体力行。袁保庆有个外甥女幼寡，他觉得很可怜，同时也认为她深明大义，苦节自守，又甚可嘉。他更主张，倘若她能以身殉夫，那就更好，愿意为其请求旌表。这种思想实在愚昧透顶，可悲之至。

袁世凯的二姐有其父之风，义理之学也得自其父，所以在家庭中最受其父钟爱。她十五岁时，母亲牛氏生了病，她焚香默祷，朝夕无间，祈求早愈。她相信以亲人之肉放在药内煎熬，可以治好病人的陋习。见母亲久治不愈，她拿起小刀在自己股上割肉，由于力弱，小刀割不下来，她毅然放下小刀，拿起菜刀，截下两节小指，放入药中，煎好让母亲服下。事有奇巧，牛氏的病居然好了。她的孝行传遍四方，闻者无不叹异。

她稍稍长大，父母将她许配吏部尚书、河南武陟人毛昶熙之子为妻。在她十九岁时，未婚夫不幸病故，她闻知痛不欲生，但在理学和吃人礼教的毒害下，她决定从一而终，到婆家抱着未婚夫的木主（用木头制成的神主，上面书写着死者的姓名，以供祭祀）成婚。袁保龄与二嫂牛氏商量，答应她的要求，同时怜其命苦，另外多给她五百两奁妆费。

最初他们与毛昶熙商定，过两个月将她送回项城，待其未婚夫的灵柩运回武陟，她即赴武陟送葬，过两三年再送她来京。后来毛家想急于办理，双方参考以往的成例，请人详细斟酌，决定了结婚的礼节。头天过礼，毛家送冠帔衣服等物给袁家；次日袁家将应用器皿及被褥帘帐等物送毛家；第三天毛家派遣执事、绿轿、官衔牌到袁家，鼓乐设而不作，新娘服冠蟒上轿，到毛家以后抱着未婚夫的木主成礼；入室稍微休息，换上补服朝珠，拜见尊长。次日穿元青褂，第三天回门，第四天回婆家，赴家庙在丈夫灵柩前换上孝服，守孝三年。毛昶熙的母亲得知以后，坚决不同意，执意要以凶礼相见，袁家觉得可以，于是又议定，头天双方互送东西，均用包裹，不用杠抬，不请媒人。次日毛家只派一顶蓝轿，两名女仆，此外一概不用。轿到以后，新娘青褂素服登轿，直接赴庙中到其丈夫灵柩前哭祭，然后婆婆领着进城回家。当天牛氏怕她想不开出现意外，特意陪伴前往。以后又是庙见、回门等等。成礼之后，她的心志渐渐舒展，度过了最为悲伤的时刻。

她在毛家对老人极其孝敬，过继侄子为子，三年服满以后，常回袁家，掌理家政。

她读书识字，秉性严肃，有丈夫之气，动辄讲究礼数，举家之人均有点怕她。袁世凯年幼时，她管教极严，有次世凯背书背不下来，她就不让他吃饭。世凯成人外出之后，她依然不时在信中训诲。世凯既怕她，又敬佩她，凡家中之事，无不与她商量而后行，绝大部分家书都是写给她的。她的贞孝行为受到官府的旌表后，袁世凯写信说："吾姐大人芳名彰于天家，懿范垂于后世，义勇副乎英豪，诚弟所可望而不可即者也。"认为她是"完人"，对她佩服得五体投地。

然而，她的生活并非一帆风顺。光绪八年（1882）毛昶熙逝世后，毛家接连遭遇变故，经济艰窘，族中不睦，她的心情异常抑郁，身体也常常闹病。

袁世凯了解到她的情况，万分慨叹她的命运之坏，深表同情，异常挂念，但又没有办法，只能劝慰。他在每一封家信中，都要问起她的起居饮食和身体状况，以奉养老母和治家的重责相托，嘱其保重。经常劝道："惟祝格外保重，当将来未了之任。人生世上，命有分定，凡好人未有能安逸顺心者，必受百般磨炼而后可成好人。人生世上，顺境少而逆境多。然至若人伦骨肉之间，尤难为情，既不能从谏而反生嫌疑，尤为可叹。惟愿吾姐大人尽人事而听天命。且处世须退一步设想，处事须忍耐为贵。际此逆境，只得忍耐，以尽分内之事，则此心即安。""吾姐大人仍须时常服药，凡事看开，退一步想。天下事莫非命也，不必徒烦闷，至损身受病。"

她五十岁的时候，袁世凯在直隶总督任上，将她接到天津，为她庆寿。并经常对儿女们说："你的二姑母可真不平常，连我也得让她一头呀！"因此，家中人有什么不敢对袁世凯直说的事，往往请二姑奶奶转请，而且一请就准。于是家中人就流传着一句话："四大人怕二姑奶奶。"

袁世廉对她的处境也极同情，而又同样没有办法，只能按照封建伦理的教条劝导她把自己造就成一个完人。他在一封信中写道："来函如磨铁之难，观之益令兄泪随笔下。苍天之成全完人，故如此也。"接着引了孟子讲的"天将降大任于是人也，必先苦其心志……"一大段话，继续写道："吾妹尝读此篇，自知乐矣。凡事总要看开，忠孝节烈，能守一字做去，即是完人。即佛书而论，妙善受百番苦楚，千般折磨，始成一菩萨，而受几世香烟。由此观之，则天下事认真去做，无容易事也。吾妹当知此中之苦，此中之甘，而认真做去，以成一完人也，兄有厚望焉。"

家族解体

郭太夫人历经乾隆、嘉庆、道光、咸丰、同治五朝，直到光绪元年（1875）七月方才去世，享年九十七岁。按照定例，连闰月计算在内，准作百岁，可谓寿星，堪称人瑞。在咸丰和同治两朝，朝廷曾经四次赏赐御书匾额、紫檀、玉如意、江绸丝缎衣料等物，赐寿一次，死后又蒙赐祭，荣宠至极。在其生年，儿孙、曾孙绕膝，享尽天伦之乐。

袁家是个大家庭，有几十口人，加上仆妇、婢女、用人，有上百人之多，家政全靠袁重三和袁保中管理。

长期以来，三纲五常一直被视为人们的行为准则，人与人之间的关系准则。袁家的人无论男女老幼，自幼就受到这方面的教育，按照这种伦理道德行事，一大家人倒也生活得和和睦睦。

过去强调百善孝为先。儿孙不孝，家庭别想美满。袁树三四兄弟从小失去父亲，深知母亲养育不易，对老母郭太夫人均极尽孝道，逊志承欢，刻苦励学，以慰母志。

袁甲三在外为官，曾经三次迎养母亲进京。领兵以后，闻知母亲病情较重，五内如焚，具折恳求恩准回籍侍养。咸丰九年（1859）他奉召进京，专门请假，先到禹州省亲。以后他奏请开缺，名义上是因为自己有病，实际上主要是为了母亲。亲爱之诚，始终一样。

袁树三的妻子王氏和袁甲三的原配陈氏，均很孝顺婆婆，勤劳刻苦，为婆婆分忧。早年袁甲三为塾师时，对妻子说："不靠束脩，无法生活，而且不潜心举业，无以继承父志，所不忍离者，慈母耳。"陈氏回答说："夫子勉之，无须内顾。为妇不能奉母，岂不使从古以来的男子皆终年留在家中吗？再说，侍奉母亲，儿子不如媳妇，我当专任此责，不以这事有累夫子。"

袁甲三的继室陈氏生长名门，博览群书，识大体，明大义，也是个贤惠的夫人。得知袁甲三常以不能回来侍奉母亲为憾，写信对他说："竭力报国家，我母之命也。事君事亲，当与夫子分任之。"

孙子们对祖母、父母、伯叔父母同样孝敬，感情深厚。

袁保中在家，夜里侍候祖母和叔父母，常常衣不解带。

袁保庆在祖母跟前总是面带笑容，说话轻柔，让祖母高兴。在母亲面前也极尽孺子之色，有时母亲王氏生气了，他就装作小儿的模样，以此娱乐，引得母亲开心。母亲七十岁以后双目失明，他请医治疗，焚香祈祷，不遗余力。

袁保恒在三叔凤三死后重到禹州，目睹叔叔的旧居，留下了感人的诗句：

> 廿载旧游地，重来感慨深。
> 荒凉余故宅，瞻望更何心。
> 骨肉几人在，音容不可寻。
> 行行还复止，沾洒泪盈襟。

兄弟姐妹叔嫂之间也很友爱。袁甲三等从小以大哥树三为领袖，与其相依为命，对他非常尊重。树三病时，他们求神许愿，为其祈祷。大嫂多病，他们非常关心。

凤三应试多次，没有考中举人，甲三为之扼腕，欲为其捐官而又无力，将心中所想对继室陈氏讲了。陈氏说："父母爱子，望其成名，都是一样的。夫子欲效手足以娱母亲，此孝子之用心，敢不赞成。"立即取出钗钏等贵重东西，典质一空，为凤三捐了禹州训导。听说此事的人无不称赞她的孝义。

袁保庆与胞兄保中自是相当友好，与众堂兄弟也无不友爱，看作一母同胞，发现谁有缺点，即根据各人的性情不同，恳切教训，谆谆诱掖。他与保恒幼时吃睡读书均在一起，对保恒期望最为殷切，规诫勉励也最多。

袁保恒与保龄为同父异母兄弟，相亲相爱如同一母所生。为了使保龄考中进士，以慰继母，袁保恒除了常加规劝少出应酬，将心思专门用于举业，还殚思竭虑，就自己的阅历经验，为保龄总结出有关身心性命的十六条原则，要其牢记。告诫他："一字一点心血，一语一颗珠玑，无视为老生常谈。"在十六条之中，首条即是："居家当使骨肉爱，足以忘是非之争。"对其他同父异母的弟弟妹妹，保恒也时加教导。

长辈对晚辈，均能做到一视同仁，一体相待。子侄到了入学年龄，主持家政的袁重三必定为之延师教读，而且监督很严。袁树三死时保庆二十岁，以后一直随侍在二叔甲三身边，深得甲三钟爱。保庆在江宁为官，两个侄子世敦、世廉都与世凯一起读书。他逝世以后，世凯则受到保龄与保恒的教养。

后妻往往私心严重，只知疼爱亲生的儿女，不愿疼爱前妻生的儿女，虐待者也不在少数，以致家庭不和甚至破裂的所在多有。袁甲三的继室通情达理而又敢作敢当，完全不同于一般庸俗的女人。袁保恒十岁丧母，继母待他和两个同胞妹妹如同亲生，教导与亲生的保龄等儿女没有二致，均极严格。她对儿女们说："薄待前妻子女，稍知自爱者不为，然而往往引嫌避怨，知养而不知教，我不忍这样做。""我不恤人言，为的是造就你们，你们要明白我的苦衷。"

郭老太太与袁甲三听了，极为高兴，对保恒与两个同胞妹妹说："你们丧母而有母，还有何忧？"

正是当继母的存心正大光明，没有偏私，所以也能够得到非亲生儿女的敬爱。袁保恒在继母的教导之下，不敢自暴自弃，后来中了进士，想想继母的一番苦心，始终怀着深深的敬意。在京为官，将祖母和继母接来同居，含饴弄孙，家庭充满了欢乐。其二妹毅烈刚方，辨名分，肃少长，对继母无比尊敬，不允许任何人对继母有不敬的表现。袁重三曾经开玩笑地对她说："你可以称为你母亲的御侮之臣了。"

郭老太太封建正统观念极重，常常训教子孙忠于朝廷。袁甲三任御史时，郭老太太再三告诫他不避权贵，不事空谈，不毛举细故。咸丰五年（1855），袁甲三被革职，郭老太太闻之泰然，说："得失不足轻重，当自问树立足以对天下否耳。"咸丰十年（1860），她八十大寿时得到咸丰帝赏赐，且得知咸丰帝体贴甲三，命保恒前往照顾，对甲三说："三世蒙圣恩，体念如家人父子，义当致身。"当甲三病情加重，奏请开缺时，郭老太太写信给儿子，谓临淮关为南北咽喉，关系全局，应当力疾指挥，必须得到替人方可归来。甲三病故，她也经常教导孙子保恒、保龄等，要移孝作忠，立身报国。

做妻子的也不扯丈夫的后腿，能够与丈夫同患难，共命运。有次袁甲三写好了弹劾权贵的折子，对继室说："豺狼当道，隐忍不言，无以报先帝。然而一击不中，吉凶则不可知，你害怕不害怕？"继室答道："只要夫子无愧于立朝大节，不愿意夫子只顾保全身躯妻子。"

袁家虽然富有，在郭老太太戒满持盈的教育下，一直以崇俭黜华为家法，从不肆意挥霍浪费。在家乡居住的，均穿布衣，儿童不准穿皮衣。

袁甲三的继室结婚以后，看到这种情况，也去掉繁华，敦尚朴素，换上了荆钗布裙。对甲三说："节用是我家法，何况母亲茹苦半生，尚爱惜物力，我有何德而享奢华？且居官不俭，怎能廉洁？岂容以用度不谨，有累夫子清德？"她持家有方，以身作则，直至逝世，出嫁时陪送的衣服还有一生未穿过一次的。

与某些吝啬豪族富室不同，袁家颇有社会同情心，喜欢急人之难，救灾恤贫。

郭老太太生性仁德，尤爱乐善。乾隆五十一年（1786），淮宁发生灾荒，她才十来岁，就帮着家里人做些煮粥、缝衣等济贫的事。嫁到袁家，特别是兴旺发达以后，每年施舍棉衣数百件，其他如施粥、施药、施棺，抚恤贫穷的寡妇，掩埋露出的无主尸骨等等慈善之事，无不乐助其成。道光二十四年（1844）黄河在中牟决口，波及项城，田庐淹没，许多人家流离失所。她即命家人向族邻发散米粥，达数月之久。咸丰六年（1856）项城发生严重灾荒，她令家人按月给族中不能举火的五十多户人家发放粮食，使他们免受冻饿。对于邻近的乡民，则令袁保庆在南北两个村庄各设一个场地，散发米面，男女分开，每天数千人，每人给一盂，自冬天至春夏之交，天天不断，许多人因此而保住了性命。同治三年（1864）项城又发生饥馑，她令袁保恒约集官绅募集捐款，令袁保庆向官府请求，打开仓库，发放种子，使饥民有口饭吃，不致流离，并及时种上庄稼。

道光二十六年（1846）河南大旱，袁甲三带头捐献二千两银子，倡导在京为官的河南同乡捐款，赈济灾民。对于经济困难的人，袁甲三时常量力相助。在他的家乡，本支数百户不能自给，经常给予周济。咸丰九年（1859），江南借杭州试院举行乡试，不少寒士因道远不能前往，他均资助成行。在京城时，其家庭教师查咸勤因家中贫困，四世未葬，他得知以后，为之募捐，使其得偿夙愿。还有一个人向他借了一千两银子，没有归还即死去，他不仅没有追还，还抚恤了死者的孩子。师友亲故中有人在外无力回家，他也尽力帮助。

袁甲三的原配夫人是个心肠慈悲的女子。家乡有个姓周的邻居，母亲生子两个月就死了，孩子的祖母抱着孩子向她讨奶吃，她让孩子吃得饱饱的。当时袁保恒正在吃奶，饿得直哭，她也不顾。如此三个月，她毫无吝色。有年灾荒，她吃豆粥，邻居们吃槐荚、棉籽，她见了必定分给他们一些豆粥。邻居们后来晓得她家也没有多余的粮食，分给他们，自己就要忍饥，就相约不到她家去了。

袁保恒奉命到河南赈灾，自备资斧，拒绝地方供应，粗茶淡饭，竭心尽力办理赈济。并且不避风雨，不怕秽恶，到各地视察，严禁胥吏舞弊，使饥民得到实惠。凡有可以挪借之法，无微不搜，凡有利于赈济之事，无艰不任。他向各省大员写的乞贷信函，字字泣血，句句蕴泪。春天久不下雨，他亲自步行到各祠庙祈祷，日夜为赈务操劳，最后献出了生命。

袁保恒去世时，袁保龄刚补侍读之缺，而且系特旨即选的知府。但他慨然以兄志未竟，河南饥民未能全活，不顾十几年积累的资历劳绩，呈请开去底缺，辞官归里，办理赈务，尽出家财，不够又向人借贷。同时向巡抚提出赈灾、善后、兴修水利、置办家具种种建议。在他带动下，远近风闻倾助，救活了不少穷人。巡抚奏明他的事迹，朝廷奖其以道员即选，加三品衔。

袁树三、甲三逝世后，凤三于同治九年（1870）谢世。三年后袁保庆病故，紧接着袁重三和袁保中也相继病故。至同治十三年（1874）十月，三字辈的四兄弟和长房中保字辈的两兄弟全部作古。这时郭老太太仍然健在，大家尚能同心协力侍奉，恪守家法，维持着几世同堂的轰轰烈烈局面，谁也不敢提出分家的事。虽则如此，由于年龄最长的保恒与保龄在外为官，家中缺少权威，保字辈的几位兄弟无人管教，多不长进，有的染上了烟瘾，而且谁也不想吃亏，互不相让，各行其是，这个大家庭出现了深刻的危机。

袁保龄最先觉察到这一点。他考虑到仅靠自己与哥哥做官，决然无力养活如此一大家人。如果长此下去，以后年复一年，日见短绌，人人只知坐食，兼有嗜好，几十顷庄田，无论如何也不足以供不竭之用。到时候不仅家中的人穷困，即使自己与哥哥也要跟着受累。何况宦海如同弈棋，人事如同飘絮，将来难以逆料。思虑及此，他决定实力整顿一番，于是根据乡村有二三顷田地，十几口人，即是小康的情况，拟定了一个计划，写信与袁保恒商量。这就是仿效古代计口授田的制度，将家中所有田地分为十二股，按保字辈十兄弟，每人一股，自行管理经营，所出粮食柴草供本房之用，勤惰丰歉，皆由自取，但田地不准典押外人。其余两股，归家长经管，用于公中应酬和祭祀。他与保恒的两股，也归家长经管，专门供祖母零用。计划尚未实施，因故暂时搁浅。待至郭老太太归天，想找一个管家的人也找不出来，加以矛盾重重，最后不得不各自分家，只是分田地财产的办法与前略有不同。这个延续了八十年左右的封建大家族再也维持不下去，终于解体了。

袁世凯获得了一份相当可观的财产，成了一家之主。袁保恒死后，他未再到京读书，在家像匹无羁的野马，越发放荡不羁，整日酒食征逐，骑马试剑，斗鸡走狗，下棋赌博。为了沽名钓誉，他还发起组织了丽泽山房和勿欺山房文社，邀请当地文人加入。结交了正在淮宁县署办理文牍的徐世昌，与其结拜为盟兄弟。不久，又资助徐世昌进京应试，与其结下了不解之缘。

叔侄异同

光绪二年（1876）秋天，袁世凯参加河南乡试，应考举人，结果落第而归。当年，他结了婚，娶的是沈丘县一个财主的女儿于氏。

光绪五年（1879），袁世凯再次下场，仍然名落孙山，而同社的人中却有两名考中。他又羞又愤，赌气将过去作的诗文全部付之一炬。同时扬言："大丈夫当效命疆场，安内攘外，焉能龌龊久困笔砚间，自误光阴耶！"

两次落榜，袁世凯意志颓唐，丧失了争胜夺魁的信心，加上坐不住冷板凳，受不了寒窗苦，他不敢再梦想从青灯黄卷中博取功名，决心另外寻找一条升官发财的捷径。其时政府腐败不堪，公开卖官鬻爵，谓之捐纳。袁世凯先曾报捐过中书科中书的虚衔，现在又进京谋捐实缺，不料官未捐成，银子输净花光，最后败兴而返。

他的妻子于氏虽然出身于富有之家，但却不是书香门第，她未读过书，目不识丁，也没有受到良好的家教，不大懂得富贵人家的规矩礼节。婚后的头几年，于氏生了儿子克定，二人的感情尚好。后来有一天，他见于氏喜欢系一条红色绣花的缎子裤带，同她开玩笑说："看你打扮的样子，就像个马班子（当地土语，妓女）。"于氏缺少夫妻间诙谐嬉戏的情趣，心胸狭隘，误以为看不起她，立即反唇相讥："俺不是马班子，俺有姥姥家（意为她是有娘家的人，即是个明媒正娶的妻子，不是没有娘家人的姨太太）。"世凯的生母原为姨太太，后来扶正为继室。他以为于氏这样说，是有意揭他的短处，一怒而去，记恨在心，从此不再与她同房，于氏遂成为主妇"牌位"。

袁世凯的三女儿说袁克定生下来的时候，由于额上长着一块记，所以他的小名叫记光，也叫小记儿。这一块记，到他长大以后就没有了。此说出自想当然，因而将名字也写错了。

袁克定的乳名叫继光，由袁世凯命名，其含义乃为要他好好读书，继承先辈之光，即像袁甲三、袁保恒那样中进士，做高官。对此，袁世凯在致其二姐的信中有明确的说明。

科场上的失意，与妻子感情的破裂，又得罪了族人，袁世凯觉得十分窝囊，感到面上无光，决定远走高飞，另谋出人头地之途。恰巧此时已升为广东提督、调到山东登州帮办军务的庆军统领吴长庆来信相招，他便于光绪七年（1881）九月收拾好一个简单的行囊，告别家人，踏上了前往天津的途程。

此时袁保龄已被直隶总督兼北洋大臣李鸿章奏调到北洋办理海防营务，颇受信任，也是袁家唯一在外为官的人。袁世凯到天津，向堂叔报告了自己的近况和到登州投奔吴长庆的打算。袁保龄虽然希望他通过科举获得"正途"出身，但考虑到他目下无事可做，到吴长庆处一边做事，一边读书，亦无不可，便给了他四十两银子，让他乘船去了登州。有些著作说，他先到上海，后去山东。或是从北京南下广东潮州投奔周馥，干了一段时间，又转到上海，而后再去山东，情节格外离奇，实则纯系子虚乌有。

吴长庆喜爱读书，结纳文士，人称儒将。其幕府中的四位江苏人张謇、周家禄、朱铭盘和束纶，均为当地的名士。吴长庆叫来袁世凯，目的是让他安心读书，将他造就成才，报答盟兄袁保庆的深厚情谊。因此，对他照顾得无微不至，让他帮办文案，跟着学习历练，并请张謇和周家禄改订他的文章。

但袁世凯此来不是为了读书，而是为了谋事，常常为写文章而苦恼。他对军事极感兴趣，决心弃文习武，经常学习操法及射击，有时读读兵书，并在办理实际事务方面显示了自己的干练和能力。吴长庆见其在军事方面确实有些才干，有培养前途，便满足了他的要求，令其帮办营务处。袁世凯大喜，认为自己非先立定足根，便无法约束别人，律己甚严，处处小心谨慎。工作积极主动，干劲十足，任劳任怨，严格认真，执法毫不徇情，连吴长庆的亲戚故旧也没有一个不畏惧的。吴长庆极为满意，备加信任。

春节放假期间，有些士兵聚赌，发生争执，最后演变为几十人对殴，互相开枪射击。此时营官大部分回家过年，秩序无人维持。袁世凯心想如果不及时制止，事情越闹越大，无法收拾。灵机一动，带兵赶到闹事现场，假传吴长庆命令，命双方停止争斗，当即查明真相，将带头肇事者就地正法。事后向吴长庆报告了处理经过，并以擅自杀人请罪。吴长庆非但不加罪责，反而大为惊喜，夸奖他有应变之才。

光绪八年（1882），朝鲜发生兵变，为袁世凯的发迹提供了一个良好契机。

朝鲜为清王朝的藩属，定期向清廷进贡，新国王须受清朝皇帝册封，有关朝鲜的问题由总理各国事务衙门（简称总理衙门或总署）和北洋大臣秉承朝旨办理。

朝鲜国王李熙以支系继承王位时年龄尚小，由其父亲李昰应监国摄政，称为大院君。李熙长大成人，李昰应始将政权交其亲自执掌。但李熙昏庸愚懦，实权落入闵妃手中。闵妃集团结党营私，横征暴敛，骄奢淫逸，引起广大群众的强烈不满。光绪八年（1882）六月，士兵因克扣军饷，久拖不给，忍无可忍，群起围攻闵妃集团，部分汉城士民也参加进来，李昰应乘机重新握取政权，史称"壬午兵变"。正在天津的朝鲜大臣金允植闻讯，马上求援于署理直隶总督兼北洋大臣张树声（李鸿章因母丧丁忧在籍）。

张树声听说日本出兵朝鲜，立即请示朝廷，派水师提督丁汝昌和道员马建忠带军舰三艘先往朝鲜侦探，吴长庆率淮军六营后续东渡，平定朝鲜内乱，并防制日本。

吴长庆到天津接受命令后，即令张謇筹划出发的准备工作，委派袁世凯执行前敌营务处事，负责军需供应，勘探行军路线。

这个工作非常适合袁世凯的性格和胃口，到朝鲜又易于建功立业，他兴奋异常。船抵朝鲜海域，他执行任务不畏艰苦，不怕困难，表现甚为出色。大军到达朝鲜境内，有些士兵抢夺百姓财产，奸淫妇女，影响极坏，吴长庆命他总理前敌营务处，整顿军纪。他日夜巡视，认真查证，雷厉风行，大刀阔斧地处置了违法乱纪的兵勇，使军队的纪律大为改观。抵达汉城，吴长庆与丁汝昌、马建忠商定了诱捕李昰应的计划，先去拜访李昰应，在其回拜时，于军营设下"鸿门宴"，将其秘密押送军舰，送回天津，后来被软禁于保定。袁世凯参与了这项具体工作，接着投入剿除李昰应余党的战斗。

兵变平息后，为安定朝鲜局势，吴长庆奉命率部继续驻扎汉城，袁世凯随军留下。

李熙为感谢清军的大力援助，设宴招待了吴长庆、张謇和袁世凯，以后还单独接见了袁世凯。

事后论功请奖，吴长庆有意提拔袁世凯，称其"治军严肃，调度有方，争先攻剿，尤为奋勇"。经回到直隶总督兼北洋大臣任的李鸿章奏请，袁世凯以同知补用，并赏戴花翎。为进一步培养袁世凯，吴长庆委他办理外交事务，代朝鲜政府训练军队。有时回国，命他留守大营。袁世凯不负所望，诸事办得井井有条，在朝鲜政府和军队中逐渐树立了威信，吴长庆益发为盟兄后继有人而心喜。

袁世凯驻扎朝鲜，老母牛氏无比想念，屡次催其请假回去。听说中国要与法国打仗，越发心惊，催得愈紧。袁世凯自思虽然"名达于天听，威扬于海外"，似很知足，但仍觉得官还不够大，无颜见江东父老，不愿归去，以免为乡人所笑。此时又传来吴长庆帮办南洋大臣的消息，他认为吴长庆的相待相信相任均极难能可贵，可遇而不可求，如果随其去南洋，则飞黄腾达更无限量，因此光绪十年（1884）的春节未请假回去。四月，李鸿章奏调吴长庆率兵三营回国，驻防奉天金州，加强东北边防，其余三营仍留汉城。经与吴长庆相商，任命记名提督吴兆有为三营统领。袁世凯被提拔为总理营务处，会办朝鲜防务，并统带庆字副营，成为驻朝清军的第二号握有实权的人物。从此头角崭露，为中外所知。另一营由总兵张光前统带。

吴长庆离开朝鲜不到两个月，袁世凯渐渐跋扈放肆起来，非但闹得与吴兆有和张光前的关系颇为紧张，而且还颇令吴长庆难堪。对张謇等人的称谓也由老师、先生降为某翁，再降而为某兄，愈变愈奇。张謇无比恼怒，与朱铭盘等人联名，写了一封长达数千言的信，责其忘恩负义。信末说："愿司马（明清尊称府的同知为司马，此指袁世凯）息心静气，一月不出门，将前劝读之《呻吟语》《近思录》《格言联璧》诸书，字字细看，事事引镜，勿谓天下人皆愚，勿谓天下人皆弱，脚踏实地，痛改前非，以副令叔祖、令堂叔及尊公之令名，以副筱公（吴长庆字筱轩）之知遇，则一切吉祥善事随其后矣。此信不照平日称而称司马，司马自思何以至此，若果然复三年前之面目，自当仍率三年前之交情。气与词涌，不觉刺刺，听不听司马其自酌之。"袁世凯恼羞成怒，断然与张謇绝交。

由于日本人的拨弄煽惑，朝鲜的局势很不稳定，宫廷和部分官员极想脱离中国的控制而独立自主。光绪十年十月十七日（1884年12月4日），以金玉均、洪英植、朴永孝为首的开化党人在日本公使和军队的支持配合下，发动政变，劫持了国王。次日杀害六位大臣，重组政府，并准备废掉李熙，另立新君，史称"甲申政变"。

政变初起时，袁世凯闻信，率兵前往出事地点镇压，结果人已走空。次日，他同吴兆有、张光前致书李熙，要求入宫护卫，没有得到亲日派的允许。那时汉城与天津之间尚无电报相通，袁世凯派人到旅顺送信给袁保龄，请其电告李鸿章，速派大军增援。第三天，亲清派人士纷纷求援；亲日派欲劫走李熙，另立新君，背清依日，亦风传全城。吴兆有与袁世凯致函日本驻朝公使竹添进一郎，竹添不答。

形势异常危急，为维护清王朝的宗主国地位，保住自己的功名利禄，袁世凯果断决定，率兵进宫，救出国王李熙。吴兆有、张光前担心引起中日两国军队的冲突，责任重大，还想等待李鸿章的指示。袁世凯认为指示不知何日可到，时不我待，不能再犹疑。吴兆有和张光前终被说服，分路向王宫进发。袁世凯带领一营来到宫门，说明前来保护国王，日军竟然开枪射击。袁世凯立令还击，督队猛攻，打得日军节节败退。战至傍晚，为免误伤李熙，清军收队回营。

竹添感到大势已去，率领日军退出王宫。

夜半以后，有人报告李熙被劫持在北门外关帝庙内，吴兆有率队往迎，袁世凯在外巡哨协助。李熙被救回，下诏重组政府。

竹添出走仁川，金玉均等人跟着逃往日本，"甲申政变"以失败告终。

袁保龄接到袁世凯的急报，立即电告李鸿章，由旅顺分筹接应，立集水陆各军，轰冰渡洋，驻扎马山口，以防日军。同时密禀，法国正在南方侵略，只宜与其和好，以纾兵力，然后调集南北洋各舰，合力援救朝鲜，规定久远之计，赦免李昰应回国，以坚朝鲜士民内向。朝鲜政刑失当，中国力尽保护藩属之义，必须越俎代谋，若是虚与委蛇，终为越南之续。李鸿章将他的意见转告了朝廷。

在这次击败日军、粉碎金玉均等人发动的政变中，袁世凯一营担当了进攻的主力，立下了汗马功劳。他心花怒放，建议李鸿章抓住朝鲜人感服中国的大好时机，马上特派大员，设立监国，统率重兵，代为处理朝鲜的内治外交，加紧控制朝鲜。谁来充当监国大员，他没有明说，自我推销之意尽在不言之中。李鸿章不愿与日本失和，另起兵端，没有采纳。袁世凯却搬进了王宫，住在李熙隔壁，对李熙进行监视，同时令朝鲜大臣向他请示，听他指挥。

正在他踌躇满志、等待朝廷奖赏的时候，吴兆有等因其一心想独揽军权，擅自挪用军饷抚恤被亲日派杀害的朝鲜大臣的家属，突然向李鸿章告状，揭发他挪用军饷，蓄养官妓。李鸿章认为袁世凯抚恤朝鲜大臣的家属纯粹是想以银钱买朝鲜人之好，实属荒谬，饬令其赔偿。他气得大叫官运恶极！

这时日本政府又致函清廷，反咬一口，指控袁世凯妄启衅端，声称此次中日冲突，曲不在彼。清廷命李鸿章与会办北洋事宜的吴大澂负责处理，不得与日本开衅。经过商量，决定由吴大澂和续昌赴朝查办。

吴大澂和续昌到汉城了解了事情的真相，不仅未责备袁世凯，反而说他劳苦功高，力加安慰。

日本政府与朝鲜政府签订了汉城条约，还扬言要与中国谈判，要求清军退出朝鲜。

这一系列事情使得袁世凯极为愤慨，心灰意冷。适接母亲病重的来信，便以此为由，向吴大澂请假回国。抵达旅顺，他痛哭流涕地向堂叔袁保龄述说了一切，决心辞职不干。袁保龄对他的前途无比关心，见其意气用事，责以大义，令其力支危局。但又顾虑他不回家，其母病情加剧，让他先请假省亲。

吴大澂处理完朝鲜善后，到达旅顺，袁世凯尚在袁保龄处。他们一起乘轮赴烟台住了个把月，直至渤海开冻，才回天津。经过较长时间的接触，吴大澂对袁世凯的印象甚佳，特赠其一联："凡秀才，当以天下为任；求忠臣，必于孝子之门。"见到李鸿章，他盛称袁世凯有奇才；到京复命时，又屡言袁世凯之才可用。他的揄扬，使袁世凯的名望渐渐增高。后来他将女儿许配袁世凯的长子克定为妻，二人结为儿女亲家。

李鸿章召见了袁世凯，了解了朝鲜的情况，询问对处理朝鲜问题有何建议。

袁世凯认为，李熙昏聩糊涂，见异思迁，最易受人煽惑，若不派大员驻扎汉城监督，日久必为日本和俄国所愚，背叛中国而闹独立；中国驻朝商务委员所办之事不止商务，但不能代表国家，与各国驻朝公使名分相去甚远，极受轻视，遇有外交，进退皆难，宜增加商务委员的权限；大院君李昰应智谋才略远胜其子李熙，颇为国人所尊敬，而且深明大义，宜敕其归国，使其父子同心协力，对于朝鲜必有裨益。

李鸿章颇为欣赏，令其仍回朝鲜供职。

袁世凯因母亲病重，痛哭流涕，坚持请假省亲。李鸿章见状，骂他是"王八肚中一根枪，归（归、龟同音）心似箭"。继以袁保龄说情，乃准其回河南省亲。

在天津逗留期间，袁世凯在妓院结识了一位姓沈的妓女。沈氏原籍江苏崇明，幼时父母去世，依姐而居。因生活所迫，到苏州当了妓女，后到上海，继来天津，正在妙龄，相当漂亮。袁世凯一见钟情，春风几度，倍加销魂，情好日蜜，如胶似漆。沈氏以其出身世家，年轻有为，前途无量，甘愿委身姬妾。于是二人海誓山盟，结为夫妇，白首偕老。

光绪十一年（1885）二月，日本派伊藤博文一行来华解决中日军队在朝鲜的冲突和撤军问题，清政府派李鸿章与其谈判。三月，签订了天津条约，规定两国同时从朝鲜撤兵；两国均不派员教练朝鲜军队；今后朝鲜如有变乱重大事件，派兵去朝要互相照会，事定即撤，不再留防。谈判期间，伊藤提出要惩办袁世凯。对此，袁保龄早有预见，事先同李鸿章谈过。李鸿章当然不会接受伊藤的无理要求，予以拒绝。

这时，闵妃集团又倾向依赖俄国，企图请求俄国保护与教练军队。制止这一倾向，势在必行。袁保龄及袁世凯均曾提出，亲清的士民无不盼望着李昰应归去，应当释放李昰应回国。李鸿章考虑到李昰应本无大罪，当初将其软禁于保定，乃是出于一时权宜之计。放其回去，不令干预国政，不致发生内乱，利用其声势影响，可以抵制闵妃集团依赖俄国的倾向，觉得可行。

袁保龄对袁世凯能够机警地摆脱在朝鲜的困境极为满意，但总觉得他少年学浅，专恃才气，最易跌跤。因此，几次写信谆谆教导："汝久未还乡，酬应过节不可不周到。然酒食征逐却不可多，徒糟蹋身体，增耗费，损名声，甚觉无谓。汝举动总不免阔，是一大病。家世清白，实无余资，贫者士之常，原不怕人笑我。况我既不贪得，不妄取，亦复从何阔起？我家先世节俭朴素起家，端敏公（即袁甲三）及汝父（袁保庆）之俭约，无人不知。汝此次朝鲜之功，众论昭然，而吃吴某（兆有）如此大亏者，即受阔字之病。行有不得，反求诸己，怨天尤人，有何益耶？"

听到驻朝军队将要撤回，李鸿章有意令袁世凯接替驻朝商务委员陈树棠，袁保龄不以为然。他对科举功名虽说不是看得很重，而又认为建功立业，不能不借此为阶梯，绝对不可忽视。是年秋天恰逢乡试之期，他写信告诉袁世凯："汝此时轻出，则太贬身价。凡人原不必装身份，亦不能不顾身份。我亦向帅（指李鸿章）说汝决志下秋闱，汝在里无事，母病果好，即可一行。果能中，则身价顿长，出路亦宽，即落第，亦属常事，万勿轻动，致贻后悔。"还告诉他，中国撤军以后，驻朝商务委员不过受罪而已。"汝带兵兼商务则可，专办商务则不可。"

李鸿章派人将李昰应接到天津，亲自同他交谈后，决定与总署相商，送他回国。一天，忽问袁保龄：袁慰庭究竟是否出来？何时可来？

袁保龄答以他现在正料理应试，此是他出身正路，不好加以阻拦。

李鸿章默然良久，肃然道："我看刻下朝鲜情形，急欲想送李昰应回国。慰庭有应变之才，可令他伴送。他又与金允植、鱼允中等相熟，两边均可调停，于事有益，不知他肯去否？"

袁保龄不敢再推辞，只得答道："果然于大局有益，自当唤他出来，即使辛苦艰险，也不能躲避。"

李鸿章说，此事须进京与当道相商才能决定，可先通知他做个准备。

袁保龄提出，袁世凯官小，若是派个明白晓事、不闹脾气的武职大员带兵一同前往，更为妥当。

李鸿章当时同意派武职大员带兵同往，后来考虑过于炫耀武力，闵妃集团反而可能产生恐惧，铤而走险，横生异议；由袁世凯伴送，其才必能措置裕如，无须派兵同行。

袁保龄细思李熙虽然昏聩，尚不至于拒绝其父回国，闵妃集团短时期内未必会有动作，似无危险。袁世凯此次再出，李鸿章必定有一番优礼，可一吐半年来胸中的闷气，大丈夫赴汤蹈火在所不辞，何况朝鲜并非汤火。经一番挫折，长一番见识，更可增一番身价，也改变了想法，积极主张袁世凯前往。但因商务非袁世凯所长，仍不同意他专办商务。同时写信告诫他："在津千万勿谈孝庭（吴兆有字）一字短处，此事关人福泽度量，非仅防是非也。住津之日，酒食应酬得推则推，戏亦不可听，其他更无论矣。""百番谨慎，少带无谓之人，少作无谓之阔，切嘱切嘱。"

袁世凯厌恶读书，久荒诗文，早已绝了重进考场的念头，对堂叔要其参加秋闱的告诫根本听不进去，整日在家呼朋引类，花天酒地，虚掷光阴，不愿再出。但得知有出任驻朝商务委员的希望，为了立功成名，又大为动心。一接到催促的电报，便不顾雨大路滑，立即命家仆驾上骡车起程，日夜紧赶，后来换了船，如期赶到天津。

李鸿章诙谐地对他说："今如演戏，台已搭成，客也请到，专等你来登场了。"

袁世凯请求仍如原议，派高级军官带兵同往。

李鸿章开玩笑似的说："韩人闻袁大将军至，欢声雷动，谁敢抗拒？原议诸员均无所用，兵亦不须遣，只许你带水师小队数十人登岸，作导引足矣。"

袁世凯奉李鸿章之命对李昰应和正在天津的闵妃的心腹闵泳翊作了开导规劝，而后护送李昰应东渡。

李熙惧内，事事听命于闵妃，不敢稍违阃令。闻知父亲归来，非但不喜，反而下令百官不准与其往来，私通信件。闵妃更加忌恨，在李昰应到达仁川以后，即借口乱党，毒死、正法他的旧仆三人，并派兵搜捕跟随他回来的人。袁世凯费尽唇舌，对闵妃与李昰应之间的矛盾作了排解调处，密劝李昰应不要多谈公事，以便自保。又与官员们交谈，了解情况；写了一篇《摘奸论》呈送李熙，并当面规劝李熙不要亲近俄国，但未解决问题。逗留数日，袁世凯回津复命。

李鸿章听完汇报，对袁世凯更为器重，决定保其出使朝鲜。

此前，袁保龄在旅顺已有所闻，写信谆谆教导袁世凯：闵泳翊"裙屐少年，见识议论亦颇倜傥透彻，但其人华而不实，非载福之相，恐他日仍不免祸，你与他相处宜加慎焉"。他认为袁世凯出使朝鲜，殊不甚妥，又说："你以少年得重名，此后但患不稳当，不患不富贵，荐跻道府，固意中事。古人有云：'灼灼园中花，早发还早萎。迟迟涧底松，郁郁含晚翠。'我历宦途二十年，观世观人，益叹此语不谬。盼你送大院君事毕，他日随师船历练海洋，成就一个大人物，以为报国显亲之地，不愿你履虎尾以求名利也。"

但他认为，如果事情实在无法挽回，就坚决地做去。同时为袁世凯上任进行了谋划："虽然，天下事亦有定数，果真辞不妥，士感知己，汤火在所不避。阴养勇士数十，求赏哈乞数十枪携行，不必居兵名，悉以六七八品顶帽加之，算做差弁，平居无事，饬其练枪，亦可收班超三十六人之功。各国憎恨我带兵，不能禁使馆不蓄兵器武弁也。但此常年款，人要少要精，饷不能不厚，约计每人五两为率，连犒赏，月在四百金，商署能筹否？亦须向帅（李鸿章）前切恳之。此间毅护军均摩拳擦掌，愿随你行。我意专在护军，而选择毅军之胆大者辅之。护（军）平日操法尚好，毅（军）敢死士亦不少也，不欲你与庆军有丝毫交涉。盖孝某（吴兆有）闻你出，惟恐你夺其兵柄者，嫌不能不避，所谓令人反侧，子自安也。"还告诉世凯，海关道周馥等与其有道义之交，骨肉之谊，必能帮忙，要他事事咨而后行。

袁世凯在用差弁这一点上日后采纳了堂叔的意见，而对不让他出使朝鲜，认识则截然相反。从朝鲜回到天津的第二天，他在致二姐的信中写道："此次东渡，往返不及一月，事虽棘手，却无遗误。本拟在内地谋事，而无如诸王大臣及中堂（指李鸿章）均坚使弟赴朝鲜充四等公使，亦小钦差局面。而向来公使钦差在属国无兵，亦名为驻，敬重之词也。弟年少识浅，不料蒙太后留意，诸亲王、军机大臣、中堂推重，如此知遇，更有何言。从前带兵，身任战事，故危险。此时作使臣，无人能害使臣，何险之有？今日时势，惟出使尚有出头之日。带兵操练，又无战事，将何由名达天听也。此事已七次辞却，而当道执意不允，四叔（袁保龄）亦力辞，中堂大怒，谓不以国家大局为计。陈芰南（陈树棠字芰南）观察（即道员）前充商务委员，今换名目局面，其才力不及，且有病，中堂因令其告退。吴清帅（吴大澂字清卿）已请假一月回南。中堂十五日已出京，今日见久谈，甚高兴，将专折保弟为三品衔知府，充四等公使。""此差甚优，月薪公（共）有五百金，除用尚存二三百金，家给不必虑也。""弟年未三十，名扬中外，大臣推重，九重垂青，亦大喜事。乞详禀堂上，毋以为念。"字里行间洋溢着得意兴奋之情。此时他才二十六岁，尚未中举，凭着勤恳实干做到了知府，无怪乎他如此高兴了。

九月二十一日（10月28日），李鸿章奏称：袁世凯胆略兼优，能知大体，前随吴长庆带兵东渡，久驻汉城，壬午（1882）、甲申（1884）两次定乱，情形最为熟悉，朝鲜新旧党人，咸相敬重。若令其前往接替驻朝商务委员陈树棠，当能措置裕如。惟陈树棠赴朝之时，商务初开，今则口岸渐增，贸易日盛，各国公使麇集汉城，相机因应，尤赖该员从旁赞画。似宜优其事权，作为驻扎朝鲜总理交涉通商事宜，略示与闻外交之意。朝王外虽感德，内则趋向不专，阴有择强自庇之意。袁世凯足智多谋，与朝鲜外署廷臣素能联络，遇事冀可挽回匡正。今乘朝王函请，正可迎机而导，令其设法默为转移。该员带队两次戡定朝乱，厥功甚伟，拟请以知府分发，俟补缺后以道员升用，并赏加三品衔。清廷立予批准。

袁保龄见李鸿章如此拔擢袁世凯，知道事情无法挽回，特上禀致谢。

同时指出："世凯应事尚不甚钝，其治军能推甘共苦，是其所长。惟性气过戆，不甚能下人忍辱，袭吴武壮（吴长庆死后谥号）余风，好施而不得当，是其所短。此番骤蹑非分，才望均未克副，尤为忧虑。欧洲各国疑我掣朝外交之权，难保不群来诘问，似宜由总署先与剖析辨明，不致横生枝节。俄朝之约，归束当在陆路通商，目下未必有事。总之，东边珲春均列重戍，与旅顺相掎角，水师全队时巡仁川、大同，则我气壮而朝志坚。否则，终为俄踞，朝去而辽危，患将在几榻之侧。自古纷争之世，兵事使事互相维持，然毕竟以兵事为实际，徒恃笔舌，无益也。"李鸿章以为然，但对军事布置后因时势变化没有办到。

袁世凯接到扎委，携带如夫人沈氏和少数随员到汉城赴任。光绪十一年十月十五日（1885年11月21日），与陈树棠办理了交卸手续，正式出任驻扎朝鲜总理交涉通商事宜（简称总理交涉通商大臣）。这个官职为北洋大臣的属吏，不像公使能代表本国政府，袁世凯则以为有扶持一国之权，地位或许稍逊于各国驻朝鲜公使，而权力却在其上，意兴飞扬。李熙也因他系北洋承军机处之命而差委，身份与从前不同，予以另眼相看。

过去，清王朝对朝鲜虽有宗主之名，但仅以正朔（一年的第一天，后指帝王新颁的历法）朝贡为大端而已，并不同于近代资本主义国家同殖民地的关系，内治外交，朝鲜均得自主，清王朝从未采取积极干涉的政策。袁世凯自恃为"上国"委派属邦的代表，有李鸿章令李熙与其商榷内治外交的函件作为尚方宝剑，一到汉城，就狐假虎威，以维持"上国"尊荣和属邦体制为己任，对朝鲜的事务指手画脚，横加干涉。

朝鲜官员中有相当一部分人受到民族主义思潮的影响，不愿承认为中国的属邦，要求独立自主，袁世凯颐指气使的态度，更使他们反感，有的人直接向他当面质问。

袁世凯闻言大怒，摆出监国大员和太上皇的架势，声言此来正是为了正名定分，朝鲜是中国的属邦，永远不能改变。并致函朝鲜外署严正指出："朝鲜为中国属邦已数百年，天下所共知。朝鲜与各国立约，均另有照会声明，岂容掩耳盗铃，谓为非然。"

不久，接连发生了几件事情。一是日本公使请袁世凯协助解决与朝鲜政府交涉架设由汉城至釜山的电线问题。原来是年六月间中国与朝鲜签订了中韩电线条约，规定中国电信局贷款给朝鲜，架设由奉天（今辽宁）凤凰城经朝鲜义州直达汉城的陆路电线，通电二十五年内，朝鲜不得允许他国另设水陆电线，电线一切事宜，由中国代管，以后扩充，由中国代办。日本以违反与朝鲜订立的海底电线条约为口实，向朝鲜政府提出抗议。朝鲜政府予以驳斥。日本又要求补偿因架设陆路电线所受的损失，另建一条由汉城至釜山的线路。朝鲜政府以经费拮据为词，拖延未办。于是日本公使请袁世凯从旁协助。袁世凯了解情况后，知道朝鲜无力自办，要办就得请外国人。为了使中国代办此线的架设，乃操纵朝鲜政府与日本订立了续约，写明任朝鲜政府自行架设。

另一件是，李鸿章得到中国出使日本钦差大臣徐承祖电告，日本乱党运到朝鲜八帆船军火，电令袁世凯转饬朝鲜探查搜截。袁世凯以为这是逃到日本的朝鲜叛臣金玉均所为，电复说，日本的金刚舰现泊仁川，有水兵二百余名，须防其诡谋。朝鲜官员更盛传金玉均将率几千人先进攻江华，然后进攻汉城。国王李熙惶然不知所措，派人与袁世凯商议，请求速速派兵。袁世凯一方面安慰，一方面电请李鸿章添派兵舰巡视朝鲜各海口。并令朝鲜政府照会日本驻朝公使，指出金玉均的罪恶，要求将其拘捕，送交朝鲜，以绝乱根。

再一件是朝鲜政府因日本索要欠款至急，不得不剜肉补疮，再借外债。德国领事趁机与朝鲜政府密商，向德国世昌洋行借款十万元，年息一分二厘，以牛皮、金沙收抵，以海关抵押，并代征收。另外议定，用德国船只运输朝鲜南道大米到仁川，时间五年，每百包抽十五包作为水脚。在双方画押的前一日，袁世凯查知，考虑到如此一来华商吃亏太大，即嘱朝鲜政府加以回绝。德国领事找袁世凯商量，袁世凯反复与之辩论，迫使其将利率降到一分，垄断牛皮、金沙作罢，运米限定一年，以三万石为准。

与此同时，中国流窜到朝鲜的游勇也在各地滋事，给朝鲜人民的生命财产造成很大危害。

所有这些事情和为难之处，袁世凯都及时禀报了李鸿章，也写信告诉了袁保龄。

袁保龄深知袁世凯到任之初，朝廷与李鸿章必然进行考察，看其能否胜任。也晓得袁世凯此次拔擢太快，升得太高，旁观妒忌者不可胜计。除了替他忧虑，更盼他旗开得胜，办几件漂亮事情，令闻日彰，声望渐起。又恐其年轻识浅，难以胜任，关怀备至。首先为他物色了几位属员，将他们的优缺点，乃至如何使用，均备细一一告知。

对于袁世凯遇到的问题，袁保龄无不殚思竭虑，为其出谋划策，加以指导。他最担心日本会因为金玉均和电线谈判的事进行武装挑衅，所以一接到袁世凯派兵舰巡视朝鲜海口的要求，就协助李鸿章调兵遣将，将最精锐的军队派去。为了避免日本猜疑，他根据李鸿章的意见告知袁世凯，军队初至，不要露出形迹，倘在一月之内无事，原船送回原人，是最稳妥的办法。如果与日本将近决裂，就派船回来，以便早运大军。他认为，如果能够将金玉均索回，可以为朝鲜除去一个巨患，但日本不会甘心，索要没有多大益处。若是李熙因此请兵，倒是个好机会，最好请李熙直接派使臣到北京申请派兵，陈明系为金玉均之事，说得激切耸听，也许能够允准。

其实日本政府并无出兵朝鲜之意，也不想逮捕金玉均送交朝鲜政府，紧张气氛全是金玉均等故意制造出来的。以后事情缓和下来，北洋海军提督丁汝昌想将在朝鲜的两艘快船调回。袁保龄仍不放心，说朝鲜的事情难以预料，调回两艘快船关系甚大，如若变生意外，谁任其责？必须请李鸿章做主。丁汝昌同意。袁保龄叮嘱袁世凯：朝鲜的事情，此间难以悬揣，你自行酌度，如果事情尚松，即速派一艘快船回来，同时禀报李鸿章；两艘快船只可轮换内渡，不能同时归来。如果事情紧急，就说明原委，请求两船全部留下。

对朝鲜向德国洋行借款之事，他认为袁世凯办得甚为妥当。

关于游勇滋事，他函告袁世凯：游勇滋事，不能不略用刑诛。然而此辈失业，亦很可悯。搜捕之后，派人押送至烟台，厚给资粮，咨请地方官照料，押送出境，方是正办。我辈居多故之时，掌生杀之柄，执法不得不严，但存心不可不厚，万般无奈而用重辟，当念圣人哀矜勿喜之训，切勿任意杀人。承平之世，每岁秋决，天子素服以临之，所以重民命也。兵戈既兴，威尊命贱，然好杀人者其后多不昌盛。昔我先考端敏公（袁甲三）握帅符十年，性不喜杀人。今日我辈仰承余庆，子孙繁昌，报施不爽，天道昭然。愿你牢记这些训言，书写下来，以防遗忘。

但袁世凯并未遵照叔父的指示去做。按规定，搜捕的游勇本应送回国内，交地方官审理，袁世凯并无处置之权。可是他派缉勇搜捕之后，为了杀一儆百，竟然在汉城处决了一名游勇。

闵妃集团同李昰应水火不容，对中国护送李昰应回国恨之入骨；国王李熙正以三千里河山臣服于中国为耻，受到一帮人蛊惑挑拨，背离中国之心更切，亲华派的大臣不是被削职，就是被疏远。袁世凯的劝告干预越多，其反感厌恶越大。洋人看到袁世凯晋见国王的礼节与各国公使不同，对朝鲜之事横加干涉，均极为仇视，散布种种流言蜚语，百般攻击。

袁世凯身处群疑众谤之地，感到无比难堪，心中万分痛苦，电告李鸿章诉说，请求授予机宜。

李鸿章回电指示：若辈虽心存刻忌，谅不敢非礼相加，仍须随时规导，相机补救。

袁保龄早就料到袁世凯的处境不佳，为其担忧焦虑，但从他的长远前途考虑，主要还是鼓励他坚持到底。再三语重心长地告诫："临事要忠诚，勿任权术；接物要谦和，勿露高兴，庶几可寡尤悔。至人生当大任，须要将生死祸福皆置度外，升沉更无足论。认定道理做去，亦不必发无益之愁急，徒损身心也。"

又说："当此刻皆危境，无安境，从危得安，全赖戒慎恐惧四字。早作夜思，止此战兢自持之一念，或者终鲜过失。譬如人家穷蹙守苦节者然，守一年，必众望相孚，守三年，则大功告成，可为汝贺矣。若稍有自私自利、自是自满之心，则韩人伺之，各国伺之，中国官场之妒且恨者又环而伺之，一有蹉跌，悔不可追，思之能勿悚然。"

光绪十二年（1886）三月，法国公使将至汉城，欲与朝鲜政府谈判传教问题，俄国也与朝鲜政府谈判陆路通商问题。对此，袁世凯也向其叔请教。

袁保龄答复说："法志在传教，韩人虽不愿，未必抗得住。我尝论之，以为传教一事，先视其地方人心风俗本来如何，传不传在他，学不学在我。今日韩患政刑失当，纪纲日颓，虽无天主教，庸有济乎？俄陆路通商，则隐患极多，能挽救一分是一分也。此间毅护各军均能卓然自立，倘有征调，闻警即行，必无观望。此时朝鲜譬如积弱之人，倘再有犯病，须先将外感一层安顿妥帖，若内外症夹杂，必至枝节横生，无法着手，此最要关键也。"

同年六月，闵泳翊亲口告诉袁世凯，李熙派人去见俄国公使韦贝，请求俄国保护。袁世凯令其继续探听，立即电禀李鸿章早做准备，同时将此事密告其叔。

在送李昰应归国之前，袁保龄就估计亲中国的李昰应回去以后，早晚与闵妃集团之间有一场斗争。只是他乐观地认为，李昰应乃是枭雄之辈，闵妃集团皆非其敌，结局必是李胜闵败，这对李氏宗社来说，未尝非福。所以极力主张送李昰应回去，支持其起而夺权。过了几个月，不见李昰应动静，还写信问袁世凯，李昰应何以迟迟没有举事。同时指出，此事以慎密神速为主，倘若闵妃求救于欧洲，又会生出许多窒碍，更不可不防。现在接到来信，以为时机到来，继续鼓动。

实际上，经过闵妃集团的多次打击，李昰应的力量已经微乎其微，没有中国的命令和武力支持，决然不敢妄动。

袁保龄得知，函告袁世凯：李昰应等待中国命令方才发动，这一点万万做不到，也无人敢发此论。或忍辱，或奋起，让他自己做主，必定有人暗中相助。

袁世凯了解到李熙的目的在于独立自主，如果中国不允，届时将请俄国派兵相助保护的情况后，对李熙的叛逆恨入骨髓。李昰应起而夺权又无可能，只有另想办法。

七月七日，他电禀李鸿章，建议将李熙废掉："圣朝驭属，惟尽仁义。自韩视之，以谓碍于各国，无如之何，渐试滋长，至无忌惮。以凯管见，韩纵送文于俄，俄兵未能速来。不如待其引俄张露，华先派水师，稍载陆兵，奉旨迅渡，废此昏君，另立李氏之贤者；次以数千兵继渡，俄见华兵先入，韩易新君，或可息事。且此时人心瓦解，各国怨谤，如明降谕旨，再由宪（指李鸿章）授谕李昰应相助，三五日可定，尚不难办。如待俄兵先入，恐难措手。"

李鸿章对于朝鲜求俄保护之事将信将疑，极为慎重，没有采纳他的意见。待得到闵泳翊送来的朝鲜求俄保护文凭的抄本，袁世凯即公开向朝鲜政府质问。朝鲜政府声明不知，如有此事，必系小人捏造。袁世凯告以既然不知，应当索还文凭；如系小人捏造，应当惩办小人。并恐吓说："圣朝东顾，仁至义尽，何负于朝鲜？有此一举，显系背华。如天朝震怒，将兴师问罪，未知韩何以应？"

同时连电李鸿章，说俄国兵舰不久就要开来，乞速派大员率兵查办。如果中国出其不意，先发速办，则事易了结；如迟，俄国必定纠缠，纵然可以挽回，朝鲜也难保全。

朝廷对于此事非常重视，令李鸿章妥善办好，调兵预防俄国。李鸿章当即做了军事部署。他认为，朝鲜政府此举，碍难迁就，非诛乱党、废李熙，无以挽回局势。但若明着派兵，显系拒俄，令各国疑忌，口舌更多。因此先派陈允颐到朝鲜，以查看电线为名，密与袁世凯及李昰应筹商。如果李昰应有诛乱党之力，即嘱其诛除群小，是否废掉李熙，视情形而定。后来得知袁世凯已经质问朝鲜政府，又决定派张文宣带一百多名陆军，改装为陈允颐的丁役，以防不测。

袁保龄将这些情况及时告诉了袁世凯，并说：目前最好的办法，大概要撇开俄人做文章，如果文凭索不回来，可以拖延下去，则我有渡兵之实，彼无寻衅之端。叮嘱他："此有事之秋，更非常时可比。诸事谨密，忙中格外谦和，凡集大功者，必其气沉，其神定，乃能出谋发虑，动中窍要。"

接着又去一函，说："目下要义，以撇开俄人一面为主。细询鲁轩，知现在所得者文凭之存本，并未向俄人破脸，甚好。朝之君臣既不认账，此时此事即可宕延下去，一字不必提，专心做构乱召变文字，以便韩有民变，石老（李昰应字石坡）可借此出头，中国可借题发兵，乃为上上文字。陆军既到，国已易主，俄虽暴，不能向我无端寻衅；俄虽强，又无如韩人举国上下一心，不服他何也。"

袁世凯觉得朝民变乱一时难于做到，只有中国出兵才能解决问题，再次向李鸿章提出："此时臣民交哄，举国鼓沸，如有五百兵，必可废王，擒群小解津候讯。"

陈允颐到汉城了解了情况，回天津向李鸿章报告，李熙害怕中国发兵，李昰应势力已孤，不敢多事。李鸿章鉴于俄国政府不承认有送文凭之事，并答允如果送来，即作废纸；朝鲜政府也致书辩诬，闵泳翊逃到国外，不肯做证，一切全部落空。总署以为袁世凯办事太过轻躁，要李鸿章预备换人。李鸿章气得大斥袁世凯："何从查办？汝须镇静勿扰！"

不久，袁世凯迫使朝鲜外署照会各国，声明有小人假造国宝文函欺骗外国，若无外署印押，均作为废纸。李鸿章以为既然查不出个结果，这个办法尚属周密，只好暂时了结，并向总署作了解释，为袁世凯说了些好话，这一桩不清不楚的案件也就糊里糊涂地不了了之了。

事后袁保龄致函袁世凯说："此时天下事颇难着手，内而政府，外而北洋，皆苟且敷衍，以求一日之无事，非真能为国家计久长也。即醇邸（醇亲王奕譞），志在整顿海防，亦不愿目前有事，遇有交涉，亦是心存将就。汝此次办事，当事之初起，颇为醇邸所不喜，暗地怂恿北洋换人，我在旅（顺）早有所闻。陈（允颐）之行，受盛（宣怀）之秘计，本为夺席地也。帅（李鸿章）意以汝能得韩民之心，密复醇邸未可轻换。迨见汝后半篇文章顺，帅与内意，做得切实周到，乃转嗔为喜。醇邸与帅函云：先见袁某五百人可云云之说，顿嫌其轻心喜事，是以请公别选通材。迨见其后来俄不认，韩不认，中国无认理数句，及其办法，均甚明白，已将前嫌冰释矣。我到后，帅悉以告我，嘱我切实训诲奖勉，我亦请帅教训，始终成全，此初早之语也。旋见帅与汝手批禀，其意十分可感。自古感惠酬知，皆以情意相孚结，不专在高官厚禄，此类是也。德尼（美国人，经李鸿章推荐，在朝鲜政府中任协办内务府事兼管外务衙门掌交司堂上）至津，德璀琳助之，初见帅，极言非撤袁某，必于韩事有碍。帅大怒，厉声申饬。德尼无法，退而求玉公（周馥字玉山）云，但求中堂再赏见一面，绝不提袁某半个字不好，我亦向与袁某交好，这回到韩，必遵帅谕，帮袁做事。玉翁乃为转请，见帅一面而去。""德尼回去，汝可加意抚摩之。人而不仁，忌之已甚，乱也。当谨记之。"

最后又谆谆告诫："总之，汝此后做事要持重，千万不可轻发电报。帅（李鸿章）以韩事太重，每得汝电，必转送总署。京师人更不解事，几乎将汝一片血诚，目为年少狂躁，于声望大有关系，不可不慎，千嘱万嘱。即如此次事，因俄韩大局，即去官去差，皆于心无愧。若专为几句闲话，事并未做，而为大众所谤议，将成不白之冤，岂不可惜而又可笑耶？汝做事太快，曾文正公（曾国藩）谓劼刚（曾纪泽字，曾国藩长子）之病在一轻字，我看汝病亦在一轻字，总是读书太少、阅历太浅之故。此后痛自刻责，取宋《名臣言行录》及本朝《先正事略》，沉心静气而细读之，必有长进处，万不可师心自用。专靠才智做事而不济之以学问，自古及今未有不败者，戒之慎之！"

据说，朝鲜求俄保护之事完全是外国人故意制造出来的。袁世凯经过反思，十分懊悔事情初起时过于鲁莽，语言过激，动止张皇，躁妄轻率，向李鸿章作了检讨。李鸿章未再责备。

德尼从天津回到汉城后，非但没有与袁世凯和衷共济，反而肆意诋骂。由于他是李鸿章向朝鲜政府推荐的人，袁世凯的处境相当尴尬。若是揭露其短，有挟嫌排挤之疑；若是隐忍不言，又关乎大局。袁世凯左思右想，最后直言禀告李鸿章：如果必须维系德尼，只有两个办法，或者假以大权，全力助之，德尼喜其权重，可以如愿以偿；或者撤世凯回津，另派与德尼合得来的人接替，如此德尼必喜，其忿得泄，可以相安无事。

李鸿章未把事情看得那么严重，仅嘱其以后德尼拜晤，应当回拜，勿露嫌疑之迹，德尼断不至于再与俄国、日本勾结。

袁世凯尽管感到汉城满地荆棘，得到指示，也只得忍气吞声地继续干下去。

悲欢离合

为了维护"上国"尊严和宗藩关系，袁世凯面谒李熙，苦口婆心地讲了谕言四条，时事至务十款，要其采纳，力去其非。然而，李熙因求俄保护的事被袁世凯搅得坐卧不安，怨气冲天，表面上虽然自怨自艾，认过改悔，实际上言者谆谆，听者藐藐。

时隔不久，袁世凯写了一篇《朝鲜大局论》，呈给李熙。内言朝鲜依中国有六大好处，背中国有四大害处，求别国保护如同孺子离开父母，而让别人照顾。末后又批驳了朝鲜的自主论，指出：朝鲜方今上下解体，国弱民贫，欲求一至近、至大、至仁、至公之国庇荫，舍去中国，没有第二个国家。谨依中国以图自存，犹有他虑，何况背离中国？李熙非但不听，独立自主之念反而更炽。

光绪十三年（1887）七月，李熙决定派遣全权大臣朴定阳出使美国，沈相学出使英、德、俄、意、法等国（后改派赵臣熙），以表示独立自主。

袁世凯得知，立电李鸿章报告。李鸿章鉴于李熙疑忌袁世凯太甚，令其装作不知，切勿轻躁生事。

过了几日，袁世凯以为朝鲜擅自遣使出国，有碍中国体面，朝鲜欲示自主于天下，中国就应当示属邦不得与中国平行于各国。向李鸿章建议，朝鲜使臣与中国驻外使臣公事交涉，必须用呈文，往来用衔帖，中国使臣用札笔照会，以符旧制。

李鸿章与总署均认为可以，命其照会朝鲜统署遵办。

袁世凯认为，朝鲜的交涉大端，一向与北洋大臣先行商量。为了阻止朝鲜派遣使臣出国，将朝鲜的外交大权掌握在中国手中，建议李鸿章来电，责问朝鲜政府何以不事先协商。清廷也认为中国已允朝鲜与各国通商，应同意派遣使臣，但必须先行请示，方合体制。

李熙不听，密令使臣离开汉城。

袁世凯闻悉，勃然大怒，立逼朝鲜政府将人追回，同时派人带着奏咨到北京请示并谢罪。李熙被迫执行。袁世凯觉得如此还不足以压制朝鲜君臣的独立念头，又请李鸿章与总署电询各国政府，是否请朝鲜派遣使臣，如果未请，即降旨罢斥，以快人心。

总署以为，既然朝鲜与各国订立的条约中规定互派使臣，安能请旨罢斥？朝鲜此举，患在不自量力，却系照约行事，未便强行阻止，只能嘱其遵守属邦体制，请李鸿章拟定办法三条，令朝鲜遵办。三条办法的首条，就是朝鲜使臣至某国后，先谒见中国驻该国使臣，然后由中国使臣带同赴该国外交部。

但朴定阳到达美国以后，并未执行。

袁世凯责令朝鲜政府将其调回，严加惩处。朝鲜政府迫于压力，答应待其回国后再予处分。后来朴定阳回到汉城，李熙授以外署督办，并多次派人向袁世凯疏通，不要加以处分。袁世凯坚持非严加惩办，不能结案。李熙无奈，只好将朴定阳撤职。

德尼为了自身的利益，在闵妃的支持下，利用一切机会，公开向袁世凯挑衅。按照传统的礼仪，中国的大员进宫谒见李熙和参加宴会，均与各国驻朝公使、总领事不同。中国大员进宫，一向在内署门外降舆，别国公使、总领事则在宫门外降舆；宴会时中国大员坐在客中主位，别国公使、总领事则坐客位，以示尊重"上国"和朝鲜的属邦名分。为了打掉中国的宗主国名义，使袁世凯与各国公使处于同等的地位，光绪十三年（1887）九月二十五日，朝鲜外署设宴庆贺闵妃寿辰时，德尼故意将袁世凯的座位由客中主位移到客位。袁世凯以为这个洋人不懂规矩，告以定章不可擅改。德尼不听，与其大吵。袁世凯气极，声称如再咬唆不休，即请外署督办将其逐出。德尼知道袁世凯说到做到，心中害怕，方才罢休，而心实未甘。

光绪十四年（1888）的同一天，袁世凯到内署坐等召见，德尼见了他傲不为礼，怒目相视。袁世凯请内署督办将其赶走。德尼走到门外，竟然命人将袁世凯的乘舆移到别处，呵逐袁世凯所带的差丁，不准在内署等候。袁世凯大怒，命差丁拒绝不理。德尼见势不妙，愤而离去。

袁世凯以为驻扎属邦，不算外国人，不应当自居于公使之列。因此，他在各国公使和总领事面前，自视高人一等，遇有公使、总领事会议，概不出席，仅派翻译参加，以示自己来自"上国"，与众有别。这种傲慢态度引起各国公使、总领事的普遍愤恨，以致美国驻北京公使照会总署，询问袁世凯究竟是何官职，加以刁难。总署难以措辞，请李鸿章答复。

李鸿章以为驻朝各国公使与总领事大都暗助李熙，中国人参加会议，向背两难。此事攸关国体大局，若不讲清楚，不独袁世凯为他们所轻视，处处掣肘，就是以后派人接替，也会有种种麻烦。于是答复说：中国派员驻扎属邦，与出使其他国家的名目不同，而其权利实与各国公使权位相等，遇事均得平等往来。至于是否参加公使、领事会议，应听其自行酌办，美国不必过问。经过如此处理，才堵住了洋人的嘴巴。

李熙和闵妃被袁世凯搞得寝食不安，视其为邪恶的象征，反感至极，极力想将其赶出朝鲜。在德尼与部分官员的挑唆下，光绪十四年（1888）九月，乘袁世凯三年任满之机，请求清廷撤换。第二年又提出同样的要求。

袁世凯当初上任时，以为凭着"上国"的神圣威严和自己的机谋，驾驭朝鲜君臣易如反掌，雄心勃勃，信心十足，精神抖擞。然而干了一两年之后，他发觉事情并不如想象的那么美妙，自知不受李熙、闵妃与各国公使的欢迎，眼见朝鲜的情形江河日下，补救乏术，因而又将作为雄飞之地的朝鲜视为畏途，一而再、再而三地请求任满时调回国内。

总署认为袁世凯持正认真，不同意李熙之请。李鸿章也认为，撤换袁世凯有失"上国"体统，朝鲜的事情操纵两难，目下尚无什么好办法，更难得有妥善可靠之人前往接替。袁世凯熟悉朝鲜情形，屡经训饬，意气已平，令其连任，必可牵制李熙和小人，于大局有裨，驳回了李熙的请求。

但袁世凯的日子并不因此而好过。压力愈大，反抗力也愈大。他百般压制朝鲜独立自主的合理愿望，非但未能取得与亲华派官员的进一步合作，制止住闵妃集团另寻靠山，反而大大伤害了朝鲜官员的民族自尊心，促使其产生更大的离心倾向，严重损害了中朝的宗藩关系。尽管光绪十六年（1890）李鸿章给他写了"血性忠诚，才识英敏，力持大局，独为其难"的考核评语，评价极高，奏准免补知府，以道员尽先补用，加二品衔，换上红色顶戴，成为监司大员；他见不能驾驭朝鲜局势，心劳力拙，苦恼无比，仍日思脱离茫茫苦海，调回国内。可是，屡次请求，均无结果，其焦急苦闷也就日甚一日。

光绪十五年七月二十日（1889 年 8 月 16 日），袁保龄病逝。袁世凯接到电报，想想自幼随侍堂叔多年，并得到婶母无微不至的照顾，家运如此不幸，此后叔父一家数十口的生活如何得了，痛彻心扉。三次请假前往天津料理后事，李鸿章均未准许。得知李鸿章已派人助款将后事料理周备，他只好请三哥袁世廉回去照料一切。

在兄弟之中，袁世凯与袁世廉的关系最为密切。世凯在外为官，其二姐有时住在武陟婆家，世廉就从项城到居住在陈州的婶母家中照料一切，一住就是月余。除了操持家务，侍奉饮食、起居、汤药，还为婶母按摩、捶背，俨如亲生儿子一样孝顺。牛氏对他格外亲近信任，袁世凯到朝鲜任总理交涉通商大臣，远在异国他乡，她极不放心，命世廉和世辅前去照顾。

袁世廉初到汉城，只为袁世凯管家。到后不久，见世凯彻夜不眠地办理朝鲜事情，终日与洋人怄气，很不容易，始知洋人不好相处，洋务不太好办，感慨良深。光绪十二年（1886）中国与朝鲜签订中韩釜山电线条约之后，架设汉城到釜山电线的人员由中国电局选派。袁世廉原来有个候补知州的头衔，一直没有做官，闻信思动，且因经济的关系，让世凯帮着谋个差事。袁世凯虽觉他离开以后家中无人照料，但又考虑，这是他出头的唯一途径，不能因为自己的事而误了他的前程，于是靠着与北洋的密切关系，为他谋了个电报总局帮办的职位。

袁世廉负责督修架设汉城至釜山的电线，餐风宿露，日晒雨淋，苦不堪言。干了半年多，即感到虎口夺食大为不易，无法忍受。光绪十三年（1887）五月，李兴锐被任命为出使日本大臣，袁世廉以为是个机会，又让世凯代为谋一个在日本的领事缺。因李兴锐患病没有赴任，此事未能办成。世廉继续留在朝鲜，干完了督修电线工程，辞职回国。

在帮办电报局期间，袁世廉的妻子带着小女儿来到朝鲜。对她们的到来，世凯觉得不甚妥当，但既已来了，也无可奈何。袁世廉辞职回国以后，家中的几个兄弟说了他许多闲话，甚至说他到朝鲜骗了袁世凯的钱财。他听了极为伤心，发誓再也不到朝鲜。

袁世凯认为袁世廉在兄弟当中是最为难得的一个，以前帮助家中不少，今后家中赖其照顾的时候尚多，骗钱财纯系造谣。他的大错不过是令妻子女儿来了一趟朝鲜，骨肉之间不必老记着此事，决不能因此忘记他的种种好处，使其心存猜疑芥蒂。遂致函二姐，请其禁止闲话，并给世廉写信安慰，解去其心中的烦恼。

光绪十六年（1890），袁世廉为袁世凯调回的事情谒见李鸿章求情，李鸿章待之如家人父子。事情虽然未办成，但对李鸿章奏准袁世凯以道员补用的知遇之隆，尤为感激，以为即使肝脑涂地，也报答不了。同年，他又到汉城一次，住了月余，即便回国。光绪十八年（1892），袁世凯禀请奖叙在朝鲜工作三年期满的文武人员，为袁世廉报升俟补缺后以直隶州用，加知府衔。

袁世凯钟爱如夫人沈氏，携带她赴任，将她当作夫人看待。沈氏嫁得如意郎君，心满意足，恪守妇道，尽心侍奉丈夫，颇为贤惠。尽管袁世凯黎明即出，暮始归来，忙得不可开交，有时深夜方回内室，对她疏于教导，二人依旧情爱甚笃。光绪十二年（1886），沈氏怀了孕，二人喜出望外。正在他们兴高采烈之时，不料沈氏突然大病一场，几乎丧命，因而流产。经过治疗，病虽渐愈，身体却从此变得弱不禁风，时常生病，并且丧失了生育能力。袁世凯深以为憾，有时不免在家信中发出"有家真赘瘤，可笑可恨"的慨叹，然而并未因此而爱弛。

中国人娶外国女人为妻妾，极为罕见。袁世凯不仅纳朝鲜的女人为妾，而且一纳就是三个，即排在大姨太太沈氏之后的二、三、四姨太太（按照当时的习惯，姬妾未生子女，只能称为姑娘，生了子女，方称姨太太。为了叙述方便，一律称为姨太太）。

关于三位朝鲜姨太太的基本情况，袁世凯次子克文在其所著《洹上私乘》中曾有记述。据其所述，二姨太太姓白，三姨太太姓金，四姨太太姓季，均出身望族，为朝鲜国王李熙所赠。白氏秉性婉淑，行允厚诚，事上以敬，御下以和，律己甚严，廉俭一贯。金氏幼承庭训，长习书礼，善持家政，尤尽孝道。季氏幼承闺训，长秉闺仪，颖慧修持，幽娴静婉，略习韩文，曾攻书史，于古贤孝女辄心仪之，尤敦妇道。

而据袁世凯的三女儿叔祯（即静雪）1981年写的《我的父亲袁世凯》一文称，二姨太太姓李，能做拿手的熏鱼菜，四姨太太姓吴，她们均是三姨太太金氏的陪嫁姑娘。金氏乃朝鲜国王李熙之妃的妹妹，会弹七弦琴，皮肤很白，生有一头浓黑的长发，一直披拂到脚下，看起来很美丽。袁世凯原定娶她一人为妾，可是嫁过来以后，就将她们一并收为姨太太，并按照年龄的大小排定了次序。金氏原以为嫁给袁世凯作为正室，未想到当了姨太太，当时她只有十六岁，在那样的环境里，除了逆来顺受，没有别的出路，心中异常痛苦，由于精神上的重压，性格变得相当古怪。

三姨太太金氏系克文与叔祯的生母，他们的记述均有溢美之嫌。她到底是何出身，怎样被纳为妾，近年出版的袁世凯家书揭开了这一秘密。

光绪十六年（1890）四月三日，袁世凯在致其二姐的信中写道："弟有用婢，未告纳。去冬十月有娠后，因漏胎二次，疑不为娠。近形迹已大露，据医生与老妈云，的是有娠，在其左，或卜男，计六七月可解生。十三年来，未立继丁，老亲时为盼，今果生男，可又慰慈怀，乞代禀。惟未告纳，已将生子，殊为罪惭。海外生子，殊多未便，又添些费，自笑自苦。至该婢解生在即，不便不纳，已暗纳，未告人知。"

金氏的名字，过去不为人知。袁世凯在同年六月十七日的信中告诉了二姐："有娠之婢是其小者，姓金名月仙，本名云溪。计月间即将解娩，待见男女，即飞禀慰慈怀。据云形状似将生男，惟海外殊不便耳。"

果然，七月十六日金氏生下一个男孩，此即克文。

由袁世凯信中可知，三姨太太原名金云溪，至袁家后始改为月仙，光绪十六年被袁世凯纳为如夫人。但她并非出身于高贵的望族，因为她是袁家的"用婢"，即使用的婢女。不难想象，她家的社会地位属于下等，经济状况相当困难，否则不会甘为婢女，为袁世凯所玩弄，直至被纳为小星。她并非明媒正娶过来的，更非明许为正室。她到袁家以后，好色的袁世凯与她发生了暧昧关系，她曾两次流产，其时袁世凯尚未纳她为妾。只是在其第三次怀孕而又形迹大露，不久快要分娩，无法掩饰的情况下，他才"不便不纳"。此事确实不大光彩，所以他采取的办法是"暗纳"，"未告人知"，也就是不声不响地收为姨太太。

有关二、四两位姨太太的资料没有新的发现，事实如何，有待新的资料证明。不过，从袁世凯信中所说的"有娠之婢是其小者"一语，可以推断出她们与金氏同为袁家使用的婢女。

袁世凯同时纳了三位年轻貌美的小妾，拥红偎翠，温香软玉在怀，喜不自胜，心花怒放，其乐无穷。

就在他陶醉于温柔乡之时，妻子于氏奉了婆婆之命，带着长子克定来到了汉城。袁克文说她在小站练兵时才跟随袁世凯，袁叔祯说她在袁世凯任山东巡抚时才随祖母到了济南任所，均不确切。

在丈夫与自己的感情破裂后，于氏颇为后悔，但袁世凯忌恨在心，性格刚暴，她再也无法修补好这道深深的裂痕。袁世凯带着大姨太太上任，把她撂在家中，其心中的苦涩与妒忌可想而知。迨见袁世廉之妻到朝鲜过了很长一段日子，她无论如何不愿长期独守空房了，提出携子到朝鲜探夫。婆婆和二姐比较同情她的境遇，立即同意，写信通知袁世凯。

袁世凯厌恶妻子，接信后复信二姐说：三嫂（世廉之妻）家中妯娌较多，非比自家中只有弟妇（指于氏）一人，而且克定离不开堂上（指袁世凯母亲牛氏），如若母亲能来，可让弟妇同来，如若母亲不能来，弟妇万不可来。其时袁世凯的母亲疾病缠身，难以远涉重洋，于氏因此未能成行。

光绪十五年（1889）夏，家中接到金氏怀孕的消息后，于氏携带克定北上天津。袁世凯得知，因未接到二姐的来信，以为她未奉母亲之命，擅自行动，没有马上派人去接。追证实确系奉母命而来，才无可奈何，派人将于氏母子接来。他不乐意于氏久住，以侍奉母亲为由，准备秋凉以后留下克定读书，送妻子回去。母亲与二姐不同意，他决定明年春天送于氏回去。

袁世凯本来不愿与于氏一起生活，加上有了四位如夫人，对她的感情更加淡薄。于氏见到有四位如花似玉的如夫人争宠，丈夫冷淡，醋意大发，免不了吵闹，原来的正常生活被搅乱了。袁世凯因其生了个宝贝儿子，在家侍候母亲，操持家务，尚无大错，又奉了母亲之命，虽不太与其计较，日子过得并不高兴。他在信中对二姐说："继母（指妻子于氏）在此，弟亦时常训斥，亦不责打继儿（克定乳名继光）。""继儿念书甚好，继母明春拟回陈（州）。弟千忙万苦，亦不暇时常淘气，百事凑合，直无顺心事，不知今年行何运气。"又说："继母糊涂，来此数月，弟徒添一桩闲事，殊无谓。"

光绪十六年（1890）春天，袁世凯得知母亲乳房旁边生了些小疙瘩，且流黄水，数次想送于氏回去侍奉，因母亲阻止，姑且未送。三月，于氏见丈夫的态度依旧冷淡，觉得如此下去甚是无味，主动提出母亲有病，五妹将要出嫁，需要回去侍奉照料。袁世凯明知妻子出于无奈，便借口她明白大道理，不便阻拦，派人将其送回陈州，留下克定继续读书。

于氏回去后，袁世凯致其二姐信说："继母计此时将抵陈，此间细情，想已历陈。惟其性情甚劣，倘能真行其道，则幸甚。如再无理取闹，可令其回南头，待弟回陈再作安置。处不明白人，真亦无法。值此慈躬方宜静养，安能听其时常生事。且现今局面，尤须谨慎，切不可准其出外玩看。前已时常切训，特恐其一离此或不能记着。"

同年七月，于氏又想到汉城。袁世凯立即去信阻止："往返川资，动须千计，近实无力办此，自可不必费此大款，添增巨债也。"

于氏没能如愿，心中不平，以后常常让二姐在信中向丈夫索钱要物。对此，袁世凯极为厌烦，光绪十七年（1891）两次回信对二姐说："此间自去年用度太大，至不能了。继母本有钱，何必专向穷人打扰，可告以俟有钱时清算账债，一分亦不能少他（她）的，毋为念。此时实不可了，不可又来挤弟，亦须体亮（谅）其夫。天下岂有其夫富贵，其妻反贫贱者乎？弟非情外之人，可毋多心。""继母既有吃穿，何用多钱？今年实在不了，俟稍为喘气，必找付，不至短少。乞传谕知之，可谓胡闹。"

长期以来，袁世凯的母亲一直患病，发烧、痰喘、咳嗽、左背右膀和两腿疼痛、失眠诸症，经常发作，最严重的是乳房上长了一些小疙瘩，往外流黄水。

他对母亲的健康极为关心，每信必详细询问饮食起居，服用何药，嘱其加减衣服，多多保重，不要操劳家务，莫生闲气，安心静养。有时对用何药他也切实嘱咐一番，如："慈躬近年甚弱，气血本已不足，切不可再服破气血药，最好用补养药。如将气血补足，则自可流通自如，外邪亦不能入。至腿脚无力，右边手足微肿，皆是气虚之象，安可再服破药，切要切要。"这是他孝心的真诚流露，然而他并不懂医，有冒充内行之嫌，对治病非但无益，反而有害。

他还为治乳房疙瘩寻找了两个偏方寄去，一是将螃蟹壳烧成灰冲服，外用毛栗壳烧成灰抹擦；二是将黄豆芽煮烂外敷。

有次，他听说天津有位精于"看八字"的江湖术士，即托人将其母亲的生辰八字捎去，请其推论。江湖术士说，尚有好运十五年，此时正在身旺运佳，乳房和皮肤上的病万不要紧。他听了极为高兴，赶快写信告诉母亲和家人不要深虑。

　　然而，他母亲的病非但没有好转，反而日渐加重。他心急似火，几次请假，李鸿章均因朝鲜离不开人，未予准许，让袁世廉接到天津医治。他母亲厌烦出远门，仍在陈州。

　　光绪十七年（1891）八月下旬，接到堂弟世承的电报，得知母亲乳破气喘，眠食俱差，盼其速回，他立即电禀李鸿章开恩，赏假两个月，以便迎接母亲赴津就医。李鸿章与总署不便不准，命其委人代理。袁世凯即委龙山理事唐绍仪代理，九月六日带领长子克定和差弁离开汉城，然后在仁川乘船到了天津。谒见过李鸿章，即马不停蹄地奔赴河南。

　　他与克定回到陈州，缠绵病榻的老母见了，激动得大放悲声。他百般安慰，延请名医诊治。可是，老夫人病入膏肓，群医回天乏术，拖到十一月二十六日，终于撒手人寰。

　　袁世凯五内如焚，痛哭过后，电禀李鸿章丁忧，销去差使，在家守制。当时的制度规定，儿子在父母死后，必须在家守孝三年（实为二十七个月），官员在此期间必须离职，谢绝应酬，称为守制。但如有特殊情况，也可变通施行。李鸿章与总署电商，以朝鲜事务关系紧要，一时实无妥员可派接替，于是奏准朝廷，赏假百日，假满即行回差。

　　守制必须开缺，服满以后能得何职极难预料。袁世凯请求守制，是限于制度的规定，不得不然，否则便会遭到人们的讥讽，其实并无耐心在家死守。赏假百日，正合其愿。光绪十八年（1892）二月初二日，袁世凯安葬了母亲，在家过了一个多月，将家事做了安排。三月十一日假满，次日便告别了家人和妻子，与生母刘氏、克定和差弁等北上，三十日抵达天津。

　　亲朋好友闻信，均来吊问，赠送赙仪。袁世凯一一答拜，并谒见了李鸿章。

李鸿章安慰一番，指示：现在李熙与闵妃仍然千方百计地想脱离中国，正向洋人借款，宜加阻止，如有正宗需要，可向中国商请；防备李熙的自主之念不能操之过急，否则适得其反；要注意联络朝鲜百官，为我所用；如果朝鲜无事，朝廷便无东顾之忧，务必将朝鲜的事情办好。

袁世凯诚惶诚恐地表示，即使肝脑涂地，也要竭力图维，以报答朝廷对他的知遇之恩。四月十四日，袁世凯一行抵达汉城，当天与唐绍仪办了交接手续，接任视事。

李熙、闵妃和世子（王储）闻报，派人向袁世凯吊唁，各赠赙银二百两及一些纸布。袁世凯收下纸布，退回了赙银。为了搞好关系，他于次日进宫拜会李熙和世子，以自己和生母的名义分赠李熙、世子和闵妃各八样礼物。之后，加强了与朝鲜百官的联系。

袁世凯的生母喜欢吃水果，爱吸水烟。袁世凯经常让人从国内捎些瓜果水烟孝敬，无事时也陪着她到花园中游览消遣，在生活方面更让家人照顾得无微不至。他生母对新的环境尚能适应，身体没有大毛病，心情相当舒畅。

闰六月，李鸿章以袁世凯第二期即将任满，例应叙保，考虑到他在海外不避艰险，独为其难，实非寻常的劳绩可比，特地保他以海关道存记简放。袁世凯见李鸿章对自己的评价极高，即使自己写也写不了那么好，感动不已。

回任以后，袁世凯曾将李鸿章不要向外国借款的指示转告朝鲜政府，但李熙害怕被袁世凯控制，未加理会。后来德国商人因朝鲜政府过期不还债款，扣押了朝鲜的漕米。有些人提出向日本银行借款，日本银行却要二分半的高额利息，李熙以利息太高，正在犹疑。外署督办闵种默想起可向中国商请的话，便找袁世凯商议。

袁世凯乘机大讲向别国借款的危害，鼓吹向华商借款（他怕李熙多疑,不讲中国政府贷款,托名华商)。虽然条件优惠,李熙在洋人的挑拨下,仍不同意。经多方做工作,李熙才消除了顾虑,于八月签订了借款十万两,月息六厘的合同。不久,朝鲜政府因要归还日本和美国的欠款,又向中国贷了十万两。这两次借款为朝鲜政府解决了大问题,李熙比较感激,对袁世凯的态度也亲近了一些。

以后朝鲜政府铸造钱币,上面只有大朝鲜若干年,没有中国年号。袁世凯以为李熙不奉中国的正朔,不忘自主,立加干预。几经周折,最后迫使朝鲜政府去掉了"大朝鲜"的字样。如此一来,李熙与袁世凯的关系又呈紧张状态。

光绪十九年(1893)三月,李鸿章电告袁世凯,准备奏请授其浙江温处道的实缺,以资鼓励。袁世凯深知只有在极其赏识自己的李鸿章手下,才能更迅速地晋升,复电不愿到人生地疏的浙江赴任。李鸿章又奏准先简授温处道,仍留朝鲜,待第三次任满再看情形饬赴本任。这样,袁世凯仍旧留在了朝鲜。

袁世凯有王氏和陈氏两位姨奶奶,即其继父保庆的两位姨太太。这两位姨奶奶在袁世凯年幼的时候均很疼爱他,他对她们也很尊敬,有时姨奶奶与母亲吵架,他便从中调停。姨奶奶非常喜欢他,常在丈夫面前掩饰他不好读书、不务正业的种种荒唐行为。其母亲逝世以后,她们二人不和,各自分居。陈姨奶奶想来汉城,袁世凯表示欢迎。王姨奶奶害怕受骗,坚决不出来。非但如此,她还要名分,自比逝世的牛夫人。袁世凯大为光火,致函二姐,请其向王姨奶奶将名分解释清楚,说:"伊不知我为谁,殊难措手,然又不能久不照拂,贻人笑柄。伊如自谓可比先太夫人,宛以上人自居,则大谬矣。我为家长,何能反作奴才耶!容(袁世凯号容庵)无他意,惟在名分耳。如伊自知其分,我无不好待之理。""容只一嗣母,已弃养,讵容他人任意充混耶?可笑。闻仍不知悔,如非二姐一说，渠终无明白名分之时。"

同年四月，于氏再次来到汉城。袁世凯心中虽不乐意，却无可奈何。

光绪二十年（1894）三月，三姨太太金氏又生了个儿子，此即三子克良。袁世凯因大姨太太沈氏不能生育，倍加怜爱，说服三姨太太，将克文过继给沈氏为子。沈氏如获至宝，对克文溺爱异常。

与此同时，朝鲜的东学党因政治腐败黑暗，民不聊生，在全罗道发动了农民起义。朝鲜政府命洪启薰率兵讨伐。

为扑灭朝鲜农民起义的烈火，袁世凯调平远舰为朝鲜运兵，派徐邦杰等随朝鲜军队侦察，为朝鲜政府出谋划策。而且大肆吹嘘，如果让他领兵，不出十天，即可将东学党讨平。

四月二十七日起义军攻克全州，人数激增，声势空前，各地群起响应。李熙见仅仅依靠本国军队，绝无讨平的可能，再不求援，危亡立至，次日派人向袁世凯提出，请中国派兵助剿。袁世凯立命送来正式呈文。

同日，日本使馆翻译官往见袁世凯，声称起义大损商务，朝鲜军队无力镇压，怂恿中国出兵，且云日本政府绝无他意。

袁世凯立即电禀李鸿章，朝鲜归中国保护，请求中国代为戡平内乱，自为"上国"的体面。如果不允，其他国家必然有乐为之者，届时将置中国于何地？绝对不可推却。《中日天津条约》并无中国出兵、日本也出兵的明文规定，而且起义军距汉城较远，加上朝鲜与各国的反对，日本肯定不会出兵。

李鸿章原先担心日本出兵，持审慎态度，接到此电，疑虑消除，决定朝鲜呈文到后，即派兵赴朝。

袁世凯对日本的估计完全出自主观臆断，为日本制造的假象所迷惑。日本自明治维新后便确定了霸占朝鲜，进而侵略中国的大陆政策。光绪十年（1884）帮助金玉均等人发动政变失败，日本政府感到武力侵略暂不可行，才改变了外交策略，表面上采取与中国合作的态度，实际上仍在暗中加紧备战，逐渐完成了军备改革和侵略计划，寻找发动战争的机会。故东学党起义以后，即怂恿中国出兵，以便找到出兵朝鲜的借口。四月三十日，日本驻朝代理公使杉村浚会晤袁世凯，力加敦劝。

袁世凯电告李鸿章，日本重在商民，似无他意。

次日，李鸿章即命水师提督丁汝昌率军舰二艘，直隶提督叶志超、太原镇总兵聂士成率领淮军一千五百名，向朝鲜进发。相隔一天，依据《天津条约》，将出兵之事通知日本政府。然而日本政府答复不承认朝鲜是中国的属邦，并告知也将军队开赴朝鲜。

李熙晓得日本出兵，不怀好意，惊惧万分，派人见袁世凯，请求清军到后不要登岸，更不要继续增兵。

袁世凯认为日本出兵，朝鲜理应阻止，即使不能阻止，东学党未平，中国也要进兵。

五月五日，日军大批开进朝鲜，驻朝公使大鸟圭介相继带兵进入汉城。

袁世凯感到不妙，但仍认为欲退日兵，非速剿东学党不可。

九日，日本政府通知清政府，日军派出多少，是否进入朝鲜内地，中国无权干涉。清政府为避免发生冲突，建议中日军队同时撤离朝鲜。日本政府置之不理。

袁世凯愈感问题严重，极力敦促朝鲜政府与日本交涉，请各国公使、总领事出面干预。在各国的质问下，大鸟不得不与袁世凯谈判。双方约定，不再增兵。

李鸿章本打算继续增兵，接到袁世凯的电报，当即停止。

东学党起义终于溃散，清政府以乱事已平，要求中日同时撤兵。日本不予理会，大军陆续开进朝鲜。

袁世凯知道非武力解决不可了，急电李鸿章速调大军。

早在正月的时候，袁世凯就准备于四五月将生母、妻妾和孩子送回国内，仅留克定读书。现在他见战争一触即发，形势险恶，马上派差弁将全家人统统护送到停泊于仁川的平远舰，二十日（6月23日）该舰将其眷属送回烟台。

李鸿章不愿与日军开仗，寄希望于外国调停，坚主不增兵。日本愈益猖狂，强令李熙改革内政，质问朝鲜是否中国的属邦，加剧中日冲突。

朝鲜政府不知所措，急找袁世凯商量。袁世凯过去事事干预，此时除了让人转告李熙和闵妃牢持定见，万勿犹疑之外，不敢再妄发一言。朝鲜政府承认独立国家，亲日派嚣张一时，局势大变。

袁世凯挽回颓势的一切努力宣告失败，眼见朝鲜政府冷眼相加，深感在此难以见人。闻悉大鸟圭介要派兵将他押送出境，更加心惊肉跳。昔日的骄横强梁一变而为胆小如鼠，连电李鸿章请求调回，以唐绍仪代理。李鸿章电告他："要坚贞，勿怯退！"

形势一天紧似一天，公署柴米缺乏，幕僚差弁大部分离去。袁世凯愈益恐惧，急欲脱离险境，一再以留下无益于事，徒然有损国体，回去可以佐筹和战为理由，电请速回。清政府令其留下探听消息，没有允许。

袁世凯气急败坏，突然患病发烧，心情恶劣至极，一切委唐绍仪代办。复电李鸿章说：他在汉城无消息可探，日军即将决裂，留在汉城，必遭日军残辱。并说："凯病至此，何可得保辱国？"

唐绍仪也致电李鸿章代为求情。

袁世凯害怕朝鲜人民找其算账，不敢走出公署一步。然而，公署也不保险，日军以为他排斥日本最为卖力，朝鲜亲华拒日是他一手造成的，大炮已对准了公署。他以为死神临头，吓得魂飞魄散，六神无主。

六月十二日，他再致电李鸿章，苦苦哀求："凯等在汉，日围月余，视华仇甚，赖有二三员勉可办公，今均逃。凯病如此，唯有死，然死何益于国事，痛绝！至能否邀恩拯救，或准赴义平等轮，乞速示。""日兵凶悍，毫无公法，稍迟恐华人均难逃，乞速设法。"李鸿章鉴于以唐绍仪代理与下旗回国有异，同意调回。但清政府仍不允许。

唐绍仪一则感激袁世凯的提拔之恩，一则见其病得可怜，再电李鸿章代为求情："袁道病日重，烧剧，心跳，左肢痛不可耐。韩事危极，医药并乏，留汉难望愈，仪目睹心如焚。韩事以袁道为最熟，调回尚可就近商办一切，无论和战，当可图效。若弃置不顾，可惜。乞恩鉴。"

袁世凯看过，感动得涕泪交流，决心以后补报他的高谊隆情。

清政府因中日即将决裂，六月十六日（7月18日）谕令将袁世凯调回。

袁世凯接到电报，顾不得发烧疼痛，立将一切交代给唐绍仪，打点回国。此时忽然得到东学党准备在途中行刺的情报，他心惊肉跳，急忙变更了回国的路线，改装易服，于次日逃到仁川，登上平远舰，恐惧心理方才消失，而后灰溜溜地回到天津。

二十二日，朝廷电令袁世凯迅速进京，袁世凯请求医好病以后再去。李鸿章据实奏报，朝旨允准。

次日，日本海军在牙山口外海面突然袭击中国的兵舰和运兵船只，挑起侵略中国的战争。相隔三日，又进攻中国驻牙山的军队。七月一日（8月1日），清政府被迫对日宣战，中日甲午战争爆发，清政府命李鸿章全面指挥。

此时袁世凯的病情渐渐好转，李鸿章因前敌之事关系紧要，七月四日（8月4日）奏派袁世凯仍任总理朝鲜交涉通商大臣，兼办朝鲜抚辑事宜，命其驰赴平壤一带，联络官军，协筹粮运，进京之事以后再说。朝廷同意。但袁世凯死活不愿接受，借口有病，暗中令堂弟袁世勋到京中活动。李鸿章以其为朝鲜官民信任，非命他去不可。他不敢再行抗命，与总理前敌营务处周馥一起出山海关，前赴辽东。不久，李鸿章委周馥办理转运局，命袁世凯协助，专办粮饷军械，供给前线。光绪二十一年（1895）正月，李鸿章将周馥调回，准袁世凯开去其他差使，专办转运局。

战争一开始，袁世凯就存在着严重的恐日病和失败主义情绪，大吹中国根本打不过日本的冷风。抵达辽东以后，中国军队连连败北，他由鸭绿江边的九连城一直退到山海关。

中国军队的全面溃败，迫使清廷任命李鸿章为全权大臣，前往马关，与日本进行停战议和的谈判。光绪二十一年三月二十三日（1895年4月17日），李鸿章与日本签订了丧权辱国的《马关条约》，其中有中国承认日本对朝鲜的控制，割让辽东半岛、台湾、澎湖列岛给日本，赔偿日本军费白银二万万两，以及增开通商口岸，准许日本在口岸开设工厂等等条款。消息传出，全国人民悲愤至极，纷纷要求废约再战，有的提出严惩李鸿章以谢天下，袁世凯也被当作引起战争的罪魁而加以谴责。李鸿章自知不为舆论所容，回到天津躲在家中不敢出门。

袁世凯销差回到天津，不避嫌疑，亲自谒见慰问李鸿章。之后，便向已代李鸿章为直隶总督兼北洋大臣的王文韶请假，回到河南家乡，与家人团聚。

各支败落

袁世凯的四叔祖袁重三有四个儿子，即保晋、保纯、保恬、保皖。因受袁甲三的遗荫，保晋曾获候选通判的职衔，保纯由附生得以选用知州。但他们兄弟四人无一不吸鸦片，均默默无闻。

三叔祖袁凤三只有独子保颐，凤三死时保颐只有十四岁。同治元年（1862），朝廷推恩，赏其二品荫生。他性情浮动，不爱学习。在京跟着袁保龄时，依恃母亲溺爱，每天晚上不是出去看戏，就是到青楼打茶围，吃花酒，嫖妓女，不到夜半以后不归。其妻向袁保龄诉说，袁保龄严加训斥，当时稍微改悔，过后又故态复萌。此人一直不学好，后来染上了大烟瘾，愈趋堕落。光绪十九年（1893）十一月去世。

二叔祖袁甲三除保恒、保龄二子外，尚有三子保诚。保诚十岁时逃避捻军，病死于商水县。

袁保恒的独生子名世勋，获有员外郎职衔。幼时受到母亲娇纵，从不学好。保恒死后，其母亲娇纵尤甚，以致他愈趋愈下，在家中极不安分。袁世凯时常去信教训，不起作用，以后只得听之任之。世勋自幼跟着亲叔父袁保龄，父母的大事均为保龄代办，他的婚娶功名也是保龄经理。可是袁保龄刚刚去世，他就欺凌其亲婶，立逼要钱，并将亲婶赶出去。

袁世凯闻其竟然欺凌寡婶，悲愤地在致二姐信中写道："此人必无天理良心，将来做官、交友、处世，人皆菲薄防拒之，是终身废弃矣。此名已播远近，倘再远传，世勋尚能做人乎？三婶（指世勋之母）得罪名教，不合众论，至世勋终身废弃，不能做人，是惜其子乎？害其子乎？以弟看来，直杀其子也。痛惜痛惜！纵能索万金，卖其一子，愚者不为也。乞禀慈前，便中讽告三婶，并谕世勋，如其不为然，则从此已矣。三婶既忍害其子，我亦只得听之，前寄信世勋，已言之尽矣，亦无可再劝。至慈母、二姐素以讲大道、信天理为平生常事，岂能见此等无天理人情之事，自当因此加病。然遇此不讲理不听劝之人，以牛马视之可也，与牛马又何较焉，一笑付之而已。""古有云：乘人之孤而凌之，非男子；因人之困以倾之，非丈夫。处世接人，尚不可施，况在胞叔前乎？骨肉大变，竟至于此，何不幸之甚也！言之心灰齿冷。"

袁保龄原配妻子何氏早死，继娶高氏，并纳刘氏为妾。高氏生子世承、世显、世扬，刘氏生子世荣、世同、世传、世威。

刘氏性格刚毅，寡言少语，但很温柔恭顺。高氏中年以后疾病增多，家务全靠她操持，她对高氏也很尊敬。袁保龄在旅顺因受风寒，左半身麻木，行动不便，她侍奉汤药不辞辛劳，曾割臂上肉和药以进。袁保龄逝世后，她与家人扶棺回到项城。此时没有薪俸收入，且无田地，人口又多，虽还雇用着一仆一女佣，不过家道渐趋中落，生计远远不如从前。刘氏不得不亲自操作家务，料理一切，甚至每夜纺织缝纫，以供家用，免得子女寒酸艰窘。此外，还督促孩子的功课，使孩子成立有为。光绪二十一年（1895）八月，咯血而死。

袁世承字启之，荫生出身，山东候补直隶州知州。他不务正业，为袁世凯所不齿，光绪末年去世。

袁世显为江苏候补同知。

袁世扬字励之，附贡生，分省通判。父亲故后，与最小的弟弟在河南原籍家居，治理家计之余，仍不忘读书。参加过一次乡试，未中，从此不再复试。对父母非常孝顺，对兄弟也很友爱。民国以后，袁世凯任大总统，他仍在乡间务农，从不向外炫耀，人称善人。1917年逝世，享年四十四岁。有二子，名克广、克鸿。

袁世荣字绚之，幼聪颖，为父母所钟爱。父亲死后，每见母亲持家艰苦，辄垂泪饮泣，攻读益加勤奋。光绪十六年（1890）病逝，年仅十三岁。其未婚妻李氏当时十一岁，稍长听说噩耗，立志过门守贞，抱木主下拜成婚，也成为封建礼教的牺牲品。

袁世同字似之，十五岁时曾到朝鲜在袁世凯处读书。光绪二十五年（1899）县试考取第一名，次年为廪贡生，但乡试没有考中。旋科举停止，他只得另谋出路。湖广总督张之洞召见之后，认为他器宇宏深，志趣远大，委其办理湖北方言学堂和商务、银圆、清丈、堡工各局差，以知县累升候补知府。继调羊楼峒茶厘局，光绪三十七年（1907）逝世。

袁世传字述之，附贡出身，光绪二十五年（1899）入学。废除科举以后，为减轻母亲负担，就职运判，签分两淮，办理过扬州巡警。光绪三十二年（1906）秋，任淮北盐运分司篆事。继以筹办江北赈灾有功，赏加二品顶戴，候补四品京堂，供职邮传部，为其亲兄弟中之佼佼者，后弃官经商。民国以后，奉母亲居住天津，足不入京，曾当选为中国矿业联合会理事。

袁世威字固之，八岁时丧父，十四岁时生母刘氏又去世，哀痛过甚，身体较弱。中年以后，方始强健。为人忠厚老实，循规蹈矩，喜欢读书，不乐仕进。父死之后援例得候选布政司经历，非其志愿。与继母高氏、三兄居住原籍，杜门不出，从不谒见官府，妄徇请托，从事稼穑，日与农民相处。民国以后，湖南和河南当局聘请他出来为官，均辞不赴。1916年逝世，享年三十五岁。有二子，名克朋、克实。

在长房一支中，袁保中将四子世凯过继给胞弟保庆为子，尚有五子，长为世昌，庶出；次为世敦，嫡出；再次为世廉、世辅、世彤，均庶出。

袁世昌一直在家，循分耕读，袁保龄曾经予以奖励。袁世凯在朝鲜任总理交涉通商大臣时，他不知是听了妻子还是别人说的袁世凯在外非常享福，光绪十三年（1887）五月跑到汉城，向袁世凯要钱，张口就是一千八百，并且还要预备下娶儿媳妇的钱。袁世凯一来无钱，二来觉得也无娶儿媳妇要在十年前预备的道理，见他如此狮子大开口，好像别人挖了一座金矿一样，不通情理，心中有气，没有答应。袁世昌毫不讲理，一味歪缠。袁世凯气极，与之争吵，若非有人劝解拉开，二人几乎动手挥拳。后来经过许多人劝说，好不容易才把他哄骗回去。袁世凯以为他来居心闹事，使自己蒙受羞耻，深以为恨，将此事写信告诉二姐，并说他回去必定多多骂闹，然亦只好听之。

在几位兄弟中，袁世昌死得最早，有子二人：克暄、克明。

克暄曾为驻美国使馆参赞，民国后回国，在外交部任职，后署理参事。

克明（字伯达）素来居住乡下，无事可做，与衡阳的龙佐才相识，并拜其为师，从其学剑。袁世凯称帝后，他自认为有封侯之望，遂由家乡来京，住在张伯驹家中，专待封爵，结果失望而归。

袁世敦幼时性情悖谬，往往出于常情之外。有次在家中与人生气，跑到南京叔叔袁保庆处住了很长时间。后来长大成人，不知何时捐了个补用知府，在山东济南管带亲军营。

光绪二十五年（1899）九月，袁世敦奉巡抚毓贤之命，与济南府知府卢昌诒一起带队前往平原县镇压义和拳。此时义和拳首领朱红灯正率二三百人聚于森罗殿。卢昌诒与袁世敦商议，以为各处告急，防不胜防，决定派人先去议抚，袁世敦带队继进。十四日，袁世敦带领马队和步队由县城向森罗殿进发，刚接近森罗殿，义和拳突然杀来，打死官军三人，打伤十余人。后哨哨官意欲逃跑，袁世敦望见，拔刀在手，厉声喝道："你逃，先斩你！"继而将队伍分为五个圆阵，与义和拳相持，并催县城中的马步队前来相助，接着挥军猛进。恰好开往庞庄和恩县的马队回援，两路夹击，很快将义和拳击溃，打死二十七人。

御史王绰闻知，上折参劾署平原县令蒋楷请兵镇压，激生民变；袁世敦纵兵开枪掳掠，均应查明严办。毓贤本来纵容义和拳，闻报亦怒袁世敦和蒋楷之所为，奉朝廷查明严办之旨后，即将蒋楷奏请革职。同时奏称，袁世敦心地直爽，勇于任事，不无可取，惟此次镇压查办实属孟浪。至搜查匪党未能约束勇丁，以致客店失物，误伤良民，虽非有心，究属异常草率。应即撤去统带，可否将其发交袁世凯随营历练，以观后效，抑应如何示儆之处，出自圣裁。朝廷阅后，申饬毓贤将袁世敦发交袁世凯处为意存瞻徇，将袁世敦革职。

不久，毓贤调离山东，袁世凯接任山东巡抚。他派人对袁世敦的事情进行了调查，认为其兄是冤枉的。但在其到任前后，有些人担心他对义和拳将与袁世敦采取同一态度，奏请不能让他轻信浮议，派兵镇压。在这种气氛之下，他不便替袁世敦说话。后来朝廷因为有人说闲话，又致电给他，询问袁世敦是否离开山东，如仍逗留，着即驱逐回籍。他感到十分难堪，异常生气。

八国联军攻陷北京以后，义和团被慈禧当作乱匪，下令痛加剿除。光绪二十八年（1902）六月，张之洞奏请为袁世敦平反，朝旨准袁世敦开复原官。宣统元年（1909）六月，袁世敦逝世于济南，身后之事由山东巡抚孙宝琦、按察使胡建枢和道员徐世光等操办。

袁世廉号清泉，从朝鲜回国后，在家闲居，以后谋得徐州兵备道。宣统元年（1909）因患风痹症，半身麻木，手足不能自如伸展，难以走路，禀请两江总督端方代为奏请开缺。端方给假三个月，令其养病治疗。七月，其妻病故，遂在开封租赁房屋住下。袁世凯恐其病中不胜悲悼，命袁克文将他和如夫人接到彰德洹上村同住。袁世廉的假期满时，两江总督已改为张人骏，袁世凯除让袁世廉禀请开缺外，也致函张人骏，请其上奏，以便让三兄静心调摄。继之，又请直隶卫生局总办屈永秋以重金延请法国医士梅尼及黎树贵为其治疗。梅尼在中国十多年，医术精湛，多次参加中国防疫，迭获清廷奖赏。他极尽心力，经过一段时间的电气治疗，袁世廉的病情一度大有好转，起居较为灵便。不料至宣统二年（1910）十一月二十六日陡觉痰气壅塞，突然转剧。此时梅尼已赴哈尔滨防疫，袁世凯急请其他大夫医治，但没有效果，延至三十日，袁世廉终于去世。

　　在袁世廉病重期间，袁世凯与克文日夜坐在病榻之前，不离左右，困倦极了，就在旁室假寐，极尽手足之情。对他的死，袁世凯极为悲伤。宣统三年（1911）四月以后，徐州绅商因袁世廉在兵备道任内赈荒、捕匪颇著劳绩，准备禀请地方官，照军营立功后积劳病故例，从优议恤，建立祠宇，并将禀稿及袁世廉的履历寄袁世凯审阅。袁世凯修改后当即寄回。七月，袁世凯为其生母刘氏迁葬，并为袁世廉选好了茔地，定于秋间下葬，而为袁世廉请恤和建祠的事情尚未落实。袁世凯又分别致函张人骏和江北提督段祺瑞，请早日出奏。不久辛亥革命爆发，此事即无下文。

　　袁世廉去世时，其子克智尚在读书。另一子克成在民国后任河南军事稽查，甚得将军赵倜的赏识，为其请补少将，袁世凯未允。赵倜又请授以二等嘉禾章，袁世凯授以三等。

袁世辅在袁世凯初任总理朝鲜交涉通商大臣时，曾与袁世廉一起来到汉城，住了不久，便回到项城，狂走天涯，不问家事。他爱吸烟赌博，在家不知与老六袁世彤干了何事，拉下亏空，又来汉城，张罗还账。当时袁世廉仅能自给，无钱给他。袁世凯恨其荒唐，也不肯给钱，百般哄骗，始令他回去。

袁世凯特致函二姐说："此后老五再不可靠，陈州有事，宁用均平，不可用老五也。无论其拉何账，不但弟不能代任，即三哥亦不能代任也，言之心冷。人既无弟兄之情，我何必有手足之谊，不相闻问可也，可恨，可恨！"认为他学得太坏，毫无用处。

后来袁世辅在江苏获得一个小官，民国以后在家赋闲，1926年故去。

袁世彤没有学问，人品也不太好，常受袁世凯教训，但不知悔改。袁世凯非常讨厌他，曾向二姐写信说："老六尤不是人，已出去，家中可少一荡子，真贻先人羞辱。何吾家中亦出老五、老六之子弟，殊不可解！"光绪十四年（1888），他在江南藩库报捐同知，以后又由同知报捐道员，银子已经上兑，因为遗失了同知捐照，一直未能办成。袁世凯在籍的两千余亩田产，皆为其所有。居乡豪横，多行不义，乡邻一听说六大人，皆畏惧远避。袁世凯为直隶总督的时候，曾去信劝告，袁世彤一笑置之。袁世凯罢官家居，逢年过节，他也来洹上。宣统元年（1909）四月，袁世凯为他捐官的事致书亲家何炳莹，请其托人向吏部和度支部详查。经多方设法，始于宣统二年（1910）在江南藩署查出了报捐年月，即由部行查原捐省份。为了使部里从速核准，袁世凯特派专差前往南京谒见张人骏，请其催促藩署迅速办理。

上述各支，大都庸庸碌碌，无所作为，其中不少成为败家子，鲜有出人头地者。

独上青云

在袁氏家族各支败落的同时，继承袁保庆一支的袁世凯反而青云直上，直至成为影响中国近代历史发展进程的关键人物。

光绪二十一年（1895），袁世凯正在家中度假，忽接河南巡抚转来的电旨，命其进京由吏部带领引见。他到京以后住在嵩云草堂，与官居翰林院编修的盟兄徐世昌过从极密。

同年六月十二日，光绪帝召见。此时，朝廷已从甲午战争的惨败中看到旧军队的腐败无能，成立了负责整顿旧军、改练新军并节制各路统兵大员的最高机关督办军务处，批准广西按察使胡燏棻编练定武军，两江总督张之洞训练自强军，选派青年出洋学习军事。袁世凯早就向有关人士提出过采用西法编练新军，此次召见更慷慨陈词，大讲现有军队的弊病，非改弦更张，无法抵御外侮。光绪帝颇为称许，派其到督办军务处差委。

督办军务处的督办大臣为恭亲王奕䜣，帮办大臣为庆亲王奕劻，会商办理的有翁同龢（军机大臣、户部尚书）、李鸿藻（军机大臣、礼部尚书）、荣禄（兵部尚书）和长麟（户部右侍郎）。

袁世凯被委为该处章京，事情不多，仅备顾问，每隔三两天乘马车跑一趟，在衙门里待上半天。他的权势利禄欲望极大，对这种默默无闻的生活很不满意，于是利用叔祖父和堂叔的旧关系，运用各种手段，四处活动，八方钻营，另谋发展。在督办军务大臣面前，更极力迎合。李鸿藻（袁保龄的老师）对他激赏不已，以其家世将才，娴熟兵略，如令其特练一军，必能矫正绿营防军之弊，亟言于朝。翁同龢认为他为人不滑，可以任用。荣禄保举了他的军事才干。根据荣禄的授意，他拟订了新军的营制饷章和聘请外国军官的合同，请人帮忙撰译兵书，博得知兵之名。

同年十月二十二日（12月8日），督办军务处大臣奏请变通军制。并以袁世凯朴实勇敢，晓畅戎机，所拟聘请洋员合同及新军营制饷章甚属周妥，奏派其督练新军。朝旨允准，谕令其到天津小站接管胡燏棻的定武军，作为改练新军的基础。

十一月一日（12月16日），袁世凯前往小站接管定武军。定武军原有十营，四千五百人，袁世凯又派人招募了步兵和骑兵，共计七千人，改名为新建陆军。

新建陆军设有督练处，袁世凯自兼督练官。下设参谋、督操、执法三个营务处，以及粮饷、军械、转运、军医、洋务各局，制定了各项章程，使军队的组织、制度和规模逐渐完备。以后成立了步兵、炮兵、工程兵和德国语言各随营军事学堂，培养造就新的军事人才。

他从各方面物色了一批军官，任命姜桂题为右翼翼长，龚元友为左翼翼长，段祺瑞、杨荣泰、徐邦杰、任永清、王士珍等为统带，王英楷、梁华殿等为执法营务处和督操营务处的总办和帮办。光绪二十三年（1897），奏派徐世昌为参谋营务处总办。徐世昌到后赞画一切，成为袁世凯的智囊和军师。冯国璋投奔小站更晚，袁世凯委为督操营务处帮办，后任总办。被网罗在其麾下的，还有段芝贵、吴长纯、赵国贤、张勋、吴凤岭、何宗莲、陈光远、王占元、张怀芝、马龙标、雷震春、田中玉、孟恩远、陆建章、曹锟、阮忠枢等。

新建陆军采取德国和日本的建制，有步、炮、马、工程、辎重五个兵种，打破了旧军队不分兵种的框子。武器装备方面，全部换成从德国购置的曼利夏步枪、马枪、手枪和格鲁森炮。担任训练的军官绝大部分是从德国聘请的，全军一律练习洋操。该军的建立，是中国军制史上的一大转折，开启了陆军近代化的先河。

这支军队人数不多，但在国内却是首屈一指的。袁世凯崇信有军则有权，将其视为今后升腾飞跃的政治资本，一接管军队，即将全部心血倾注进去，下决心训练掌握好，事无巨细，靡不亲躬。

他懂得兵为将有的重要，为使官兵绝对服从命令，他一手拿着官和钱，一手拿着刀，服从的就有官有钱，不服从的就叫他吃刀。这就是他练兵的简单秘诀。

他不仅大胆地提拔保举部下，结以恩遇，使其效忠，而且还慷慨地赠送美人，加以笼络控制，文案阮忠枢就是一个典型的例子。阮忠枢在天津结识了一个名叫小玉的妓女，二人情爱甚笃，欲纳为妾，向袁世凯讲了。袁世凯以有碍军誉为由，未予批准。事过之后，袁世凯秘密派人将小玉赎出，购置了房舍和各项陈设，然后带阮忠枢赴津。傍晚，来到一个院中，阮忠枢见房中铺陈异常华丽，堂上红烛高烧，摆着丰盛的酒席。进入屋中，一个丫头一面喊着"新姑爷到啦"，一面从里间搀扶出一位新娘打扮的俏丽佳人。他不明所以，如堕五里雾中，仔细看去，始知新娘就是自己朝思暮想的小玉，方才恍然大悟。从此对袁世凯忠实效劳，直至袁世凯死去。

为使士兵绝对服从自己，袁世凯还用极端严格的纪律约束他们。他制定的二十条《简明军律》，其中十八条属于斩罪。此外，在行军、住宿、操练等方面，均有极其详细的规定。严格执行的给以奖赏和提拔，做不到的施行种种处罚。对于不能检束兵丁、尽心职守的军官，他也严惩不贷，不是降薪，就是记过、降职、撤职或用军棍重责。

为了使官兵忠实于自己，他不仅经常教育他们要"公忠体国"，"亲上死长"；而且特别强调"事事以本督办为心"，大树特树个人的权威。甚至让各营供奉他的牌位，将其奉为神明，视为衣食父母，宣扬个人迷信。还让幕僚编了些顺口溜令士兵背诵，灌输封建伦理、升官发财和宿命论等思想。如《劝兵歌》写道："为子当尽孝，为臣当尽忠。朝廷出利借国债，不惜重饷来养兵。一兵吃穿百十两，六品官俸一般同。如再不为国出力，天地神鬼必不容。自古将相多行伍，休把当兵自看轻。一要用心学操练，学了本事好立功……二要打仗真奋勇，命不该死自然生……你若常记此等话，必然就把头目升；如果全然不经意，轻打重杀不容情。"再加亲自监督发放饷银，防止官员克扣，取得士兵的好感，士兵的头脑中便只有他袁某，不知有国家皇帝了。

光绪二十二年（1896）三月，御史胡景桂突然上折参劾他克扣军饷，诛戮无辜，用人论情面大小，送钱多少。乍闻之下，他如同冰水浇头，心神恍惚，凤志全消。继而听说荣禄查办，忧惧顿时并释。荣禄一到，他极尽逢迎之能事，并命士兵操演。荣禄第一次目睹洋操，别开生面，赞不绝口，决定保全他，收为己用。回京以后，以查无实据，毋庸置疑复奏，并夸奖袁世凯血性耐劳，勇于任事，实为不可多得的将领。在其包庇之下，袁世凯履险如夷，越发死心塌地地投靠。

光绪二十三年（1897）六月，朝廷因袁世凯练兵有功，授为直隶按察使，仍然专管练兵事宜。他的官运开始亨通。

甲午战争以后，面对亡国灭种的巨大危险，大凡稍识时务之辈，莫不上书朝廷，争言变法，康有为、梁启超师徒尤其大声疾呼。

袁世凯在朝鲜工作多年，对世界大势有所了解，也主张变法自强。光绪二十一年（1895）在督办军务处期间，他曾上书光绪皇帝，条陈改革军制。他与康有为频繁往来，呼其为大哥，代其呈给荣禄一份万言书；与维新人士经常聚会，饮酒高谈；并参加康有为发起成立的爱国团体强学会，捐款五百金。康有为等人也为他督练新军设宴饯行。

光绪二十三年（1897）十月德军占领胶州湾后，袁世凯目睹时局大变，上书翁同龢，指出：数年前，西人即有瓜分中国之谣，以今日时势推测，不为无因。事变迭乘，人不我待，痛切于剥肤，厄甚于倒悬，不可不幡然振厉，以图挽回补救于万一。《易》曰：穷则变，此其时矣。但于积重之秋，骤行变法之政，猝难毕举。必须择其最要者举行，如用人、理财、练兵三大端，实属刻不容缓。但如何变革这三大端，却没有具体措施。翁同龢阅后，以为空洞无物，未加重视。

十二月，袁世凯续上翁同龢一书，略谓：中国目今情势，舍自强不足以图存，舍变法不足以自强。一国变可保一国，一省变可保一省。切要易行之端，应当及时力求振作。宜先遴饬二三忠诚明练督抚，参仿西法，试行变革，于用人、理财、练兵三大端，责其所为，期以年限，专其责成，俟有成规，再推广各省。如此不出十年，可冀自强。至于勋旧疆臣，可以厚禄养之，崇秩荣之。各国所以富强，不过用变法之人，行变法之政。我国之所以贫弱，不过用守旧之人，求变法之治。人与治殊，才与事违，以此望治，南辕北辙，必然无幸。

光绪二十四年（1898）二月，维新变法的呼声日益高涨。袁世凯亲自进京面谒翁同龢，激昂慷慨地深谈时局，切言瓜分豆剖之危，必须大变法多保全数省，且拿出瓜分的画报给翁同龢看。

四月二十三日，发愤图强、颇愿有所作为的青年皇帝光绪受到维新人士的影响，颁布"明定国是"诏书，宣布变法，接着发布了一道道改革上谕，史称戊戌变法。因前后维持了一百零三天，又叫百日维新。尽管这些改革主要是经济、文化、教育、军事和精简机构方面的，尚未触及政治制度这一根本问题，却已引起恪守祖宗法制不变的顽固守旧大臣的极端仇视，两派的明争暗斗日趋尖锐激烈。此时荣禄已升为文渊阁大学士，调任直隶总督，统率董福祥的甘军、聂士成的武毅军和袁世凯的新建陆军，身兼将相，实握军政大权。七月八日慈禧太后和光绪皇帝决定到天津阅兵，京津一带又盛传着届时荣禄将废掉光绪皇帝的谣言，搞得人心惶惑不安。

维新派虽有立志将改革事业进行到底的决心，可是，依靠的光绪皇帝没有多少实权，自身均是文弱书生，既无法保证继续变法，也担当不起保护光绪皇帝的重责，急欲物色一个握有军权的实力人物作为支柱。

康有为认为袁世凯凤驻朝鲜，了解外国的事情，主张变法，参加过强学会，拥有兵权，与一般的武夫迥异，可救皇上者，唯此一人。但袁世凯与荣禄的关系非同寻常，虑其为荣禄所用，六月间派亲信弟子徐仁禄前往小站试探。

袁世凯见光绪皇帝重视维新派，让高级幕僚徐世昌等人接待徐仁禄，并请其阅兵。他对康有为更是赞扬备至，谓其"为悲天悯人之心，经天纬地之才"。康有为听了徐仁禄的报告，以为袁世凯被打动，决心举荐。

七月十九日，为使变法顺利进行下去，光绪皇帝将阻挠礼部主事王照上条陈的礼部六堂官，即尚书怀塔布、许应骙、侍郎堃岫、徐会沣、溥颐、曾广汉全部革职；赏王照三品顶戴，以四品京堂候补，用昭激励，给顽固守旧派一个沉重打击。次日赏维新派人士谭嗣同、杨锐、刘光第、林旭四品卿衔，在军机章京上行走，让他们阅览奏章，起草诏令，参与新政，加紧推行变法。

顽固守旧大臣益发侧目，怀塔布及御史杨崇伊等先后至天津与荣禄密谋。

形势岌岌可危，康有为代新任礼部侍郎徐致靖拟了密保练兵大员疏，又让谭嗣同递密折，请抚袁世凯以备不测，召其进京，结以恩遇。七月二十六日，光绪帝命荣禄传知袁世凯来京陛见。

次日，袁世凯在天津听荣禄传达了朝旨以后，用电话约徐世昌至津商议，嘱其先行进京探听消息。

慈禧反对尽变旧法，罢黜老谬昏庸大臣，擢用维新人士的态度愈来愈明显。光绪皇帝非常惊惧，二十九日写了一道密诏，说明为难情形，令维新人士妥筹既能将旧法全变，又不致引起慈禧不满的良策，命杨锐带出。但杨锐竟未及时送出。

同日，袁世凯奉召进京，寓居法华寺。徐世昌向他汇报了听到的情况，移居该处。

八月初一日（9月16日），光绪皇帝在颐和园召见袁世凯，询问军事问题甚详。而后突然发问："苟付汝以统领军队之任，能矢忠于朕否？"作为臣子，谁敢当面说不忠于皇上？何况将受重用？袁世凯毫不犹豫地回答："臣当竭力以答皇上之恩，一息尚存，必思效忱。"

光绪皇帝见其忠诚恳切之色溢于眉宇，可以信任，待其退出，即谕内阁开去袁世凯的直隶按察使缺，命以侍郎候补，仍专办练兵事务，所有应办事宜，着随时具奏。

由正三品的按察使越过从二品而超擢正二品，袁世凯"自知非分"，绝不是福，心跳怦怦，汗流浃背。他唯恐顽固派怀疑，于己不利，下午急忙拜访礼亲王世铎，协办大学士、兵部尚书刚毅，军机大臣王文韶和裕禄，备述无功受赏，万不克称，表示上疏请辞。经王文韶劝说，方打消辞意。

八月初二日早晨，袁世凯入颐和园谢恩，奏陈无尺寸之功，受破格之赏，惭悚万状。光绪帝夸奖他练的兵、办的学堂甚好，谕令其以后与荣禄各办各事。袁世凯出来，会见了奕劻。

同日，杨崇伊等至颐和园上封事，请求慈禧训政。

初三日，光绪晓得大局败坏，明发上谕，命康有为立赴上海办理官报。维新派人士读到上谕，预感到大事不妙。康有为彷徨无计，越发把赌注押在袁世凯身上。

同一天，袁世凯拜访了奕劻和李鸿章。

这时荣禄做好了军事部署，檄调聂士成的武毅军移驻天津陈家沟，董福祥的甘军移驻北京附近的长辛店。急电总理衙门，声称英俄已经开战，英舰游弋于大沽口，电令袁世凯马上回津布防。

也是这一天，林旭将光绪写的密诏交给康有为。康有为当即召集梁启超、谭嗣同等人开会，商议营救光绪之策，徐世昌也参加了。他们议论许久，终无善策，唯有捧诏大哭。最后康有为嘱谭嗣同面见袁世凯，劝其"勤王"，率敢死队数百人，扶皇上"登午门而杀荣禄，除旧党"。

谭嗣同本来认为袁世凯不可靠，反对用他，与康有为谈过几次。林旭认为袁世凯狡诈多端，不可信赖依靠，即使事情成功，将来也难以控制，告诫谭嗣同不要轻率用袁世凯，而用董福祥。但此时大家业已智尽计穷，事情之急迫不容再拖延犹豫，谭嗣同挽救时局心切，也想激发袁世凯的义愤，促其站在帝党一边，以救燃眉之急，遂决定冒险一行。

当天深夜，谭嗣同只身前往法华寺，与袁世凯单刀直入地谈起来。

谭嗣同问："君谓皇上如何人也？"

袁世凯答："旷代之圣主也。"

谭问："天津阅兵之阴谋，君知之乎？"

袁答："然，固有所闻。"

谭云："今日可以救我圣主者，唯在足下，足下欲救则救之。"继而以手自抚其颈说："苟不欲救，请至颐和园首仆而杀仆，可以得富贵也。"

袁正色厉声曰："君以袁某为何如人哉？圣主乃吾辈所共事之主，仆与足下，同受非常之遇，救护之责，非独足下，若有所教，仆固愿闻也。"

谭云："荣禄密谋，全在天津阅兵之举，足下及董（福祥）、聂（士成）三军，皆受荣所节制，将挟兵力以行大事。虽然，董、聂不足道也，天下健者，唯有足下。若变起，足下以一军敌彼二军，保护圣主，复大权，清君侧，肃宫廷，指挥若定，不世之业也。足下如真心救皇上，我有一策，与足下相商。"说罢拿出一件草稿，递给袁世凯。

袁世凯见上面写的是：荣禄阴谋废立弑君，大逆不道，若不速除，上位不能保，即性命亦不能保。袁世凯初五请训，请面付朱谕一道，令其带本部兵赴津，见荣禄，出朱谕宣读，立即正法。即以袁世凯代为直督，传谕僚属，张挂告示，布告荣禄大逆罪状，即封禁电局铁路，迅速载袁世凯所部兵丁入京，派一半围颐和园，一半守宫，大事可定。

袁世凯看罢，魂飞天外，急问："围颐和园干什么？"

谭答："不除此老朽，国不能保，此事在我，君不必问。"

袁曰："皇太后听政三十余年，迭平大难，深得人心。我之部下，常以忠义为训诫，如令作乱，必不可行。"

谭云："我雇有好汉数十人，并电湖南搜集好将多人，不日可到，去此老朽，在我而已，无须用君。仅要求君两件事，诛荣禄，围颐和园耳。"

袁立即接道："若皇上于阅兵时疾驰入仆营，传号令以诛奸贼，则仆必能从诸君子之后，竭死力以补救。"

谭说："荣禄固曹操、王莽之才，绝世之雄，待之恐不易易。"

袁怒目而视曰："若皇上在仆营，则诛荣禄如杀一狗耳。"

谭嗣同听了这一番激昂慷慨的言辞，看他对皇上无比忠诚，以及大无畏的英雄气概，以为被自己肝胆相照、忠心贯日的话所打动，又与其密商一阵。

袁世凯借口需要回津布置，一时不能行动。

谭嗣同最后又激之说："报君恩，救君难，立奇功大业，天下事入公掌握，在于君；如贪图富贵，告变封侯，害及天子，亦在公，惟公自裁。"

袁世凯愈益激昂地说："你以为我为何如人？我三世受国恩深重，断不至丧心病狂，贻误大局，但能有益于君国，必当死生以之。"

谭嗣同信之不疑，称其为奇男子，告辞而去。

通过几天的摸底观察，袁世凯和徐世昌已经判断出光绪皇帝的权势远远不敌慈禧，维新派更非守旧派的对手。就军事实力言，不仅有荣禄节制的董福祥与聂士成所部军队，还有淮练各军七十多营，京中旗兵不下数万，自己只有七千人，力量过于悬殊，成败之数，不卜可知。与其助光绪皇帝大祸临头，不如附慈禧升官发财，在生死存亡关头，私心终于战胜了大义。徐世昌准备次日回津，袁世凯则选择了背叛维新事业、告密请赏的可耻道路。

初四日，慈禧突然由颐和园回宫。

初五日，光绪皇帝再次召见袁世凯。

袁世凯奏称："古今各国变法非易，非有内忧，即有外患，请忍耐待时，步步经理，如操之太急，必生流弊。且变法尤在得人，必须有真正明达时务、老成持重如张之洞者，赞襄主持，方可仰答圣意。至新进诸臣，固不乏明达猛勇之士，但阅历太浅，办事不能慎密，倘有疏误，累及皇上，关系极重，总求十分留意，天下幸甚。臣受恩深重，不敢不冒死直陈。"出来之后，他向人散布说："皇上若责我以练兵，我不敢不奉诏，若他事则非我所知也。"当天下午他赶回天津，赴总督衙门向荣禄告密。

初六日（9月21日），慈禧在宫内宣布重新训政，将光绪皇帝囚禁于南海的瀛台，并下令逮捕康有为及其弟康广仁。康有为已于头天离开北京，康广仁被捕。荣禄将袁世凯的密报奏明后，慈禧又下令逮捕谭嗣同、杨深秀、林旭、杨锐、刘光第等人。十三日（9月28日），在菜市口将上述六人处斩，时人称为"戊戌六君子"。变法彻底失败。

初十日，慈禧命荣禄进京，袁世凯护理直隶总督。继而简授荣禄为军机大臣，管理兵部事务，节制北洋各军；裕禄为直隶总督兼北洋大臣，帮办北洋军务。裕禄到任后，袁世凯回到小站营次。不久，荣禄为使北洋各军联为一气，指挥如意，奏请成立武卫军，改袁世凯的新建陆军为武卫右军。

当时社会上流传着这样一首歌谣："六君子，头颅送，袁项城，顶子红，卖同党，邀奇功。康与梁，在梦中，不知他，是枭雄。"

袁世凯告密立了大功，十一月二十五日，慈禧召见，赏他一些物件，并加恩准其在西苑门内骑马，乘坐船只拖床。

以后袁世凯不断地进京，首先谒见太监总管李莲英，奉送国外舶来品马车一辆，印度产的上等鸦片烟，以便顺利地进宫叩见慈禧。

为了博得慈禧欢心，他特地购买一些西洋奇巧的东西进贡。第一次进贡一座法国产品玻璃箱八音盒，里边有个跳舞的金发洋妞；第二次进贡一件法国制造的镶嵌云母高架铜床，非常漂亮；第三次进贡一对法国瓷盘，粉地金人，色彩鲜艳。慈禧打心眼儿里喜爱，尤其是八音盒，当时在中国还没有，视为奇珍，特意放在储秀宫内，不时赏玩。她夸奖袁世凯很会当差，格外垂青。光绪二十五年（1899）五月，授袁世凯工部右侍郎，兼管钱法堂事务，仍然专管练兵。维新志士的鲜血染红了袁世凯的顶子。

鉴于德国势力在山东扩张，教案迭起，朝廷命袁世凯率领武卫右军到山东操演行军。山东巡抚毓贤愚昧无知，盲目排外，对反洋教的义和团（原称义和拳）一味纵容。在其讽煽之下，义和团有恃无恐，逐渐发展壮大，搞得山东的局面非常混乱。非但如此，他还派人侦察武卫右军有无滋扰地方的行为。袁世凯对毓贤痛恨异常，回到小站，立即奏明山东情形，提出一些建议，实际上攻击毓贤无能，有毛遂自荐之意。列强对毓贤极端不满，要求撤换。荣禄认为袁世凯有魄力，善于处理棘手问题，力加保荐。光绪二十五年十一月四日（1899年12月6日），朝廷谕令毓贤进京陛见，袁世凯署理山东巡抚。

十一月二十四日，袁世凯抵达济南，正值义和团在东昌、济南、泰安各府大肆活动，大股多达千余人。他认为义和团的兴起，主要由于地方官遇有民教案件，不能持平办理，暗中煽动支持义和团。但又认为，义和团不过是以仇教为名而纠众劫财的"匪类"，初起时尚专掠教民，最近则掠及善良，绑票勒赎，专以抢掠为生；是名为习拳练技而实则诡称神灵附体，演诵符咒，刀枪不入，左道惑人，骚扰地方，抗拒官兵的邪教。因而他一接任视事，就颁发了严禁义和团的告示。

但朝廷告诫他，遇有民教之案，持平办理，不可徒恃兵力。拳民聚众滋事，总以弹压为第一要义。如果始终抗拒官兵，也应分别办理，不可一意剿击，致令铤而走险，激成大祸。倘若办理不善，以致腹地骚动，唯他是问。

袁世凯怀疑有人故意倾陷排挤，极其恼火，然而又不敢不慎重对待，乃以采取治本、治标两层办法上奏。所谓治本，就是调和民教，颁布告示，申明国家允许外国传教，教不得倚势凌民，民不得借端闹教。通饬地方官员，遇案不分民教，只论曲直；不许教士干预词讼，严禁胥吏借案勒索。并刊发与外国订立的有关条约，令官员学习。告知洋教士，教堂必须谨守教规，不准违背条约，横生枝节。所谓治标，就是绥靖地方，"清除匪类，化导愚氓"。派人带兵到义和团活动最厉害的地区进行劝谕，设法解散。选派绅士，帮助开导。同时悬赏购线，缉拿案犯首要。朝廷同意后，他果然用这些办法很快将义和团的活动暂时平息下去了。

光绪二十六年二月十四日（1900年3月14日），朝廷实授袁世凯为山东巡抚。他上任之后，奏请调来了全部武卫右军。又奏请将山东原有的勇队裁并，改编为武卫右军先锋队和防军，部署在全省各个要地，严加防范。

四月初，清政府准备把义和团改为官办团练，征求他的意见。他上奏说："该拳会聚众游行，每于数百里外劫取财物，不得谓之为保护身家；焚杀掳赎，抗官拒兵，不得谓之非作奸犯科；掠害平民，骚扰地方，不得谓之为专仇洋教。"最后坚决不容置疑地说："是宜严禁预防，未可权宜迁就。"

戊戌政变之后，慈禧就想废掉光绪皇帝，另立新君，未能如愿。光绪二十五年十二月二十四日（1900年1月24日），她接受荣禄献计，命光绪立端郡王载漪之子溥儁为"大阿哥"（皇子），承嗣同治皇帝，伺机再议禅位。

列强对慈禧重出训政与废立均持反对态度，又庇护逃到海外的康有为、梁启超，慈禧恨洋人入骨，想借义和团报仇雪恨。载漪见列强不承认其子为"大阿哥"，恨不得将洋人立时斩尽杀光。看到义和团打出"扶清灭洋"的旗号，以为可以利用消灭洋人，达到废立的卑鄙目的，于是奏请抚而用之。在他们操纵主持下，宣布义和团为义民，义和团遂大批涌进京城。

在此之前，列强曾要求清政府迅速平定义和团，现在见清政府如此态度，五月十四日（6月10日），派出俄、英、美、日、德、法、意、奥八国联军二千余人，由天津进京保护使馆。

慈禧惊慌失措，急命袁世凯带队或派将领带队增援。

袁世凯接到勤王之旨，面临着严峻的考验和艰难的抉择，心如火焚。他清楚地知道，中国连一个小小的日本都打不过，何况与八国列强同时开战？派兵增援，非但开罪于洋人，而且无异于自取灭亡；不派兵，又开罪于慈禧，前程命运不堪设想。在此关键时刻，他又一次表现了超人的机智和权术，想出一个两全其美之策，即借口列强乘虚而入，义和团乘机而起，仅派少数人马搪塞，保存军事实力，避免同列强交战，只令孙金彪统带山东原有的三千人马赴京。清政府见其理由充分，令其停止派兵，他赶快将军队撤回。

义和团运动进入高潮，袁世凯害怕洋人被杀，勒令地方官员将境内的洋教士和其他洋人一律护送到通商口岸，保护起来，同时保护好教会、教民。

五月二十五日（6月21日），利令智昏的慈禧不顾光绪皇帝和一些大臣的劝告，突然决定向列强开战，谕令各省督抚将义民招集成团，借御外侮。

袁世凯认定义和团为邪教左道，连官军和民团都打不过，"灭洋"是个骗人的口号，只能消灭，不能利用，拒绝执行。继而为了使列强不进犯山东，与两广总督李鸿章、两江总督刘坤一、湖广总督张之洞等采取一致行动，加入了东南互保的行列，坚定不移地奉行与列强和平共处的政策，对朝廷也由阳奉阴违一变而为公开抗拒。

他认为，要维持大局，使洋兵不进犯山东，首先要断绝匪踪。为此，命令各级官员晓谕，凡是忠愤义民，欲为国家效力，应当即日驰赴天津去打洋人。倘若不去，在省内抢掠滋事，就是乱民而非义和。此后即以义和团均赴前敌为借口，把省内的团民剿灭殆尽。

天津战事吃紧，迫使朝廷改变了主意，再次令袁世凯急饬孙金彪的三千人马火速增援。参加东南互保，就不能再同列强开战。袁世凯以种种理由，拒不奉命。并声明："臣职在守土，存亡与共，如贪赴援他省之名，而忘本省设防之实，臣实有所不敢。"

可是，山东与直隶邻界，派兵增援天津，只有山东最为迅速，何况他练的军队最好。朝旨不允，仍着其凛遵前旨，不得借端推诿。如此一来，袁世凯不得不考虑继续抗命的严重后果。毕竟他与远在南方的张之洞、刘坤一、李鸿章不同，勤王的责任是推卸不掉的。否则，有朝一日慈禧会将其置于死地。无可奈何之下，他只得另派夏辛酉统带六营士兵北上，授意夏辛酉观望不前。

六月十日天津沦陷。十余天过后，北京危在旦夕，朝廷急命袁世凯增派兵力加紧北上。袁世凯则以抽不出兵力为由，拒绝增派。

目睹形势危急，七月十三日，慈禧任命已调任直隶总督兼北洋大臣的李鸿章为全权大臣，同列强议和。

二十一日（8月15日），八国联军攻进北京，慈禧率领皇上和大阿哥等仓皇西逃，从山西一直逃到西安才稳定下来。

袁世凯借故拖延勤王，难保生性多疑、残忍狠毒的慈禧不产生怀疑，如果将来追究，他纵有百口千舌，也难以自明。思虑及此，他心惊胆战。为了消除怀疑，取得信任，他继续走荣禄的门子，请其赶赴行在军机处，作为奥援。对于出逃中的慈禧，更是百依百顺，格外巴结。慈禧命各省解款接济经费，他立即解去白银十万两，并将截存的安徽、江苏的饷银一并解去。后又派人送去二十一万两，贡缎二百匹，以及大量食物，比任何督抚都多。慈禧命将军火解往西安，他马上派人运去一大批。

慈禧出逃之时，惶惶如丧家之犬，急急似漏网之鱼，什么都来不及带，有时不得不饿着肚子赶路。袁世凯的接济，有如雪中送炭。见袁世凯如此忠心，而且对未能追随在她身边表示万分悲悔，一团疑云顿时消散。

十月中旬，八国联军进犯直隶南部，每至一地，烧杀淫掠，无所不为。邻近的山东各县纷纷告急，请示办法。袁世凯认为山东的义和团业已剿尽，洋兵没有进犯的借口，致电德国公使穆默，乞求联军不要进入山东。并令各县筹备"预防"，赶造界牌，在两省交界处多多竖立，使洋兵一见便知，以免误会；万一洋兵进入界内，官员应前往迎接，以礼相待，婉为商阻；严行约束队伍，认真弹压地方，不得挑衅生事；如商阻不听，飞速禀报，听候命令。各县闻命，立即照办。

袁世凯剿团保教的赫赫功绩和对联军的友好态度，赢得列强的一致赞赏。南侵的联军对他格外照顾，一看到各处竖的山东界牌，便掉头而回，不再进犯。

山东的官僚地主见袁世凯能够使"四夷钦服"，保得一省平安，将他视为全省的福星，齐声感颂。

袁世凯在极其错综复杂的境遇里应付裕如的手段，获得封建士大夫的同声喝彩，奉送他一个"才堪应变"的美名。他这个"后起之秀"的声望因此也一跃而与李鸿章、张之洞、刘坤一相等。他十分得意地在僚属面前夸耀："此次变乱，各督抚中如无我辈四人撑拄，国事尚可问乎？"

袁世凯上任之后，将生母刘夫人和妻子于氏接到济南任所。其时袁世凯正派兵追剿义和团，不少团民被枪杀。团民恨不得食其肉，寝其皮，到处散发揭帖，骂他是"袁奸雄"。民间广泛流传着"杀了袁鼋蛋，我们好吃饭"的歌谣。他们还在巡抚衙门的照壁上画了一个头戴红顶花翎的大乌龟，奴气十足地趴在洋人的屁股后面，扬言要把他的全家杀光。袁世凯闻报，心惊肉跳，唯恐吓坏了生母，急令军队严密防卫。并密令家人不准有丝毫透露，自己仍然一如常时，每天三次进内请安，陪着谈笑。

平定义和团以后，刘夫人旧病复发。袁世凯亲尝汤药，衣不解带，夜不交睫，侍候了几十天，极尽为子之孝。但至光绪二十七年（1901）四月二十九日，刘夫人还是因医治无效死去了。

袁世凯虽已过继出去，生母逝世仍要丁降服忧（母亲去世，儿子应服三年之丧。过继出去的降低一等，服一年之丧，称降服）。他立即电奏开缺，回籍守制。朝廷认为他出任巡抚以来，办理各事均甚妥当，现在时局艰难，正赖其筹划，没有批准。谕令赏假百日，在抚署穿孝，假满后改为署理，照常任事。袁世凯总感母亲不能及时安葬，心中大为不安，又奏请回籍营葬。朝廷依然不准，命其移孝作忠，共济时艰，俟大局定后，再行赏假。

百日假满，袁世凯视事。八月二十八日，他将母亲的灵柩移到济南城外，然后由其三兄世廉、五弟世辅、六弟世彤等扶柩返回河南原籍。

慈禧对列强宣战，结果惨败，脸面丢尽，无法向天下臣民交代，也无词以对反对同列强开战的光绪皇帝。为了避免祸首的罪名，博取列强的好感，笼络安定人心，保住统治地位，她不得不接过维新派的旗帜，在逃跑途中就宣布实行新政。并于光绪二十七年（1901）三月设立督办政务处，作为推行新政的领导机关。八月十四日奕劻、李鸿章代表清政府同列强签订了屈辱的《辛丑条约》，列强不再追究她的责任，她感到安全了，开始从西安返京。

九月二十七日（11月7日），李鸿章因积劳忧郁而病逝。当天，慈禧命袁世凯署理直隶总督兼北洋大臣。

直隶总督兼北洋大臣位于各省督抚之上，近在京畿，有举足轻重之势，声势显赫，炙手可热，荣宠无与伦比。袁世凯任巡抚不到两年，就跃居疆臣之首，其所以晋升得如此之快，除了受到帝国主义列强的器重，荣禄的大力保荐，就因只有他的军队才能担负起拱卫清王朝中枢的重任。过去，负责京畿一带防务的是荣禄统率的武卫军。在同八国联军作战的过程中，武卫前、后、中、左各军不是覆没，就是解散，或是所存甚少，唯独袁世凯的近代化部队武卫右军保存得完好无损。由此他进一步体会到，要抓到更大更多的权力，必须坚定不移地走李鸿章和曾国藩扩张军事实力的道路。

袁世凯将山东巡抚任内之事交代完毕，带领唐绍仪等人北上。十月十七日（11月27日）行抵保定，接任新职。此时任直隶布政使的正是昔日提携过他的大伯、以后结成儿女亲家的周馥。二人相见，悲喜交集。

十八日（11月28日），慈禧以袁世凯"共保东南疆土，尽心筹画"，"卓著勋劳"，赏加太子少保衔。袁世凯感到特别荣耀，也特别喜欢这个头衔。大家投其所好，均称其为袁宫保。

十月二十日，慈禧因端王载漪成了罪人，废去了其子溥儁的"大阿哥"名号。光绪皇帝的皇位由此得以保全。

袁世凯到任后的第一件大事就是迎接两宫回銮。他成立了督办大差总局，委派藩台周馥为总办，臬台周浩为会办，拟订了《直隶大差章程》。为了取得经验，又派人到河南学习。

而后他将总督行辕暂移两江会馆，腾出总督署作为行宫。在其他必经之处，也做好了恭迎銮驾的一切准备。两宫进入直隶之前，他先期赶到省界恭候。慈禧与光绪皇帝抵达省界，他率领文武官员跪接，受到慈禧两次召见。至保定，净水泼街，黄土铺地，灯笼、火把、旗罗、宝扇列队相迎，行宫之内，富丽堂皇，光彩夺目，慈禧无比欢喜。停留三天，袁世凯护送两宫进京。慈禧益发感到袁世凯精明干练，忠心耿耿，赏他穿黄马褂，在紫禁城骑马。

光绪二十八年（1902）二月初四日，袁世凯得知生母刘夫人的葬事准备于秋初举行，以为现在已无大事，是个空隙；不在家守制，人必指责贪位忘亲，便奏请开缺，回籍终制。同时举出曾国藩、胡林翼、彭玉麟、李鸿章的前例，吁请俯允。旋奉旨：值此时局多艰，直隶地方紧要，办理交涉及善后一切事宜，正赖该署督悉心筹画，宏济艰难。所请回籍营葬之处，着俟秋间查看情形，再行赏假。

五月四日（6月9日），慈禧实授袁世凯为直隶总督兼北洋大臣。

七月十二日，袁世凯将天津从联军手中接管过来，设立督署，天津遂成为直隶的省会。

八月二十一日，袁世凯得知生母葬期定在十月十七日，心中甚为焦急，奏请赏假两个月。得旨：着俟届期再行降旨，该督生母刘氏着加恩赏给正一品封典。袁世凯一直以生母未能及时安葬是桩极大的心事，奉旨允准，感泣莫名，当即恭设香案，望阙叩头谢恩，并设生母灵位祭告。

九月十七日，奉到慈禧懿旨：袁世凯着赏假四十日，回籍葬亲。该督之母刘氏，加恩赐祭一坛，着河南巡抚派员前往致祭。

袁世凯感激涕零，马上具折叩谢，先送眷属回去。与护理总督吴重憙将应办各事布置就绪后，即乘火车经北京到正定，然后再坐马车，途经开封南下。经过十几天的奔波，十月初八日回到项城袁寨。

丧事方面的准备一切均很顺利，唯独葬于何处发生了分歧。

袁世凯因其生母为父亲的继室，力言葬在祖坟，与生父袁保中同穴。

可是，在诸兄弟中唯一嫡出的老二袁世敦却认为继母原为父亲之妾，不得葬在正穴，只可附在祖坟的边缘。

袁世凯觉得有损自己的脸面，与袁世敦争执了许多次。

在官场中，袁世凯可说是叱咤风云、不可一世的大人物，但在封建家族中，当家做主的却是嫡出的袁世敦。古代的时候，人们称姬妾为继室。汉代以后，也称续娶的妻子为继室。继室虽然有权管理家中之事，但在名分上却低于原配，不能称为夫人。袁世敦性格固执，坚持的又符合当时的礼仪，对袁世凯并不买账，就是坚决不答应。

袁世凯无可奈何，一气之下，与同母的世廉等兄弟商量，另择墓地。他非常重视择穴，而且自认为对此稍知大概。说"只求不受风，不受水，不近道路，即是佳壤"；"择穴须认定方向，且亦大半重在择日"。他请风水先生看好了一块吉地，购置下来，于十月十七日埋葬了母亲。

从此，他与袁世敦再不往来。以后罢官未回项城，这也是一个重要原因。

三天以后，袁世凯离开项城，在信阳乘火车到达武汉，会见了湖北巡抚端方，参观了铁厂和枪炮厂。继而改坐轮船去南京，与署两江总督张之洞晤商。旋即前往上海，会晤了工部尚书吕海寰和前侍郎盛宣怀。而后乘轮北上，十一月初五返回天津，销假视事。

袁世凯壮年荣膺直隶总督兼北洋大臣，不久又身兼参预政务大臣、会办练兵大臣、办理京旗练兵大臣、督办电政大臣、督办山海关内外铁路大臣、督办津镇铁路大臣、督办京汉铁路大臣和会议商约大臣八项要差，意气风发，趾高气扬。他热衷利禄，一心要做铁腕超级强人，自以为凭着聪明机智，权术谋略，能够应付错综复杂的局面，非但不知收敛，反而拼命抓权。他也知道，官场钩心斗角，尔虞我诈，云诡波谲，并非易混。为了巩固扩大权位，预防种种不测，他很费了一些心机。

回京以后，慈禧名义上与光绪皇帝同时听政，实际上仍专断一切。袁世凯对她继续奉承逢迎，大量上贡，竭尽所能讨其欢心。

有次慈禧因为国库空虚，令袁世凯筹措特别款项。袁世凯答应马上照办，可是直隶刚经过八国联军之役，士民困苦，筹款极为不易。几经考虑，他决定让官员报效巨金，便于署中设下盛宴，折柬邀饮，在席间道出了己意。众官听后，各道薪俸有限，不敷所用，生活艰窘，婉言拒绝。

袁世凯交不了差，愁眉深结，眼看就到年终，忽然思得一策。令人传来天津蔚长厚票号的执事，对他说现有大宗公款，很想存在贵号。

执事立即答允，询问息金多少。

袁世凯答道："三分。"

执事笑道："敝号存款，息金至重不过八厘，若是三分，实在不能负担。"

袁世凯正色说："此乃官款，不能同其他款项并论。"

执事回答道："敝处惯与官场往来，所存的官款也很多，如藩司（布政使）三十万，臬司（按察使）二十万，还有些道员、总办、统领均有储蓄，总计不下百余万，利息率大都是五厘、六厘至七、八厘不等，从没有一分以外的。"

袁世凯头摇了两摇，说："我不相信。"

执事说："官保如果怀疑我说的是假话，我立即回去取来账簿呈核如何？"

袁世凯盼望的正是如此，当即点头。执事去后，袁世凯向戈什哈（侍从武弁，满语护卫之意）吩咐了两句。

执事取来账簿，袁世凯接过正想展阅，戈什哈忽然来报有客谒见。袁世凯对执事说："你暂且回去，账簿留在这里，待我阅后再还给你。"

执事没有任何怀疑，当即辞出。次日至督署索要账簿，门房回答说总督大人尚未核对。执事来回跑了几次，已到新年的正月上旬了。

每逢新年，印委各官照例必到督辕贺喜。袁世凯见账簿上有名的人到齐了，同时传见，留下赴宴。席间又提起筹款的事，各官仍如以前一样回答。

袁世凯突然沉下脸来，愤然说："我听说各位均有巨款存在蔚长厚号，为什么老向我哭穷呢？"

各官力辩没有其事。

袁世凯马上将账簿从袖中取出来叫大家看。

大家先前没有承认，现在也不敢承认了。

袁世凯接着说："我原本就想各位必定没有这些造孽钱，这必定是奸商假托各位的名义存入的。"

于是传来蔚长厚票号的执事，厉声斥责："我遍询各位大人，他们都说并无巨款存在你们号中，你胡乱借用他们的名义，按法应当严惩。"

执事心中已经明白是怎么回事了，俯首不敢回答。

袁世凯当即宣布："这些存款既然为人假冒，理应入官。"遂不容置辩，派人跟随执事前往号内，按名提取，共得百多万两。

各官如同哑巴吃黄连，有苦说不出。

袁世凯给慈禧奉上这笔银子，以后又贡献了很多银钱和物品。

在满族亲贵中，袁世凯以前主要依靠荣禄作为奥援，其他人包括庆亲王奕劻在内均不在其眼中。光绪二十九年（1903）荣禄病危，袁世凯探知奕劻将进入军机，立即改变态度，派杨士琦奉送上十万两银票。旋即荣禄逝世，奕劻成为军机领袖，其子载振为商部尚书，父子俱贵，势焰熏天。袁世凯越发投靠攀附，月有月规，节有节规，年有年规，按时奉送。甚至奕劻及福晋（夫人）生日，其子成婚，格格（小姐）出嫁，孙子弥月周岁的一切费用，均由北洋开支。奕劻在巨金贿买下，言听计从，变成了袁世凯的傀儡。二人紧密勾结，互相依靠，互相包庇，狼狈为奸，营私舞弊。

天津密迩京城，朝廷殷切期望袁世凯表率群僚，办好各项新政，使直隶成为各省的模范。袁世凯也极想大干一番，取得朝廷的完全信赖，让天下皆晓得他袁某确实身手不凡。所以对朝廷布置的各项新政，事事率先倡办。

他最热心举办的新政，首先是大练常备军。光绪二十八年（1902），令人仿效外国的征兵制度，修订了募练新军章程和募兵格式，招募新兵六千。继而创设军政司，作为治军的领导机关，自兼督办。下辖兵备、参谋、教练三处。这一新式机构，成为此后各省军事领导机关的蓝本。与此同时，制定了常备军的营制饷章，把军队分为常备兵、续备兵和后备兵三种，也就是将军队区分为现役和预备役，改造成新的多层次结构的西方近代军制规范。次年，他建议清政府在兵部之外，设立练兵处，推荐奕劻总理其事，铁良协助。清政府立即任命奕劻为总理练兵事务大臣，袁世凯为会办大臣，铁良为襄办大臣。表面看来，练兵处的大权由满人掌握，但该处的总提调徐世昌、军令司正使段祺瑞、军政司正使刘永庆、军学司正使王士珍，以及副使冯国璋、陆建章等，均为袁世凯的嫡系亲信，实权仍在他的手里。练兵处成立以后，参照袁世凯训练北洋军的一套办法，拟订了各项章程，全国训练新军的制度始归统一。

光绪二十八年（1902），袁世凯在保定首先仿照外国的办法，创办了巡警局，开办了巡警学堂。收回天津后又把巡警推广到全省和铁路。

他认为只有切实兴办实业，才能开辟利源，改善人民生活；增加财政收入，使国家富强；才可抵制洋货进口，堵塞银钱外流。因而对朝廷谕令兴办实业，积极执行。光绪二十九年（1903）委派周学熙创设直隶工艺总局，饬令各级官员劝谕绅民考究工业农艺，大力提倡。在工艺局的具体劝导、奖励、推动下，直隶的工商业有了很大发展。

袁世凯并非科甲出身，进入仕途以后，往往被某些人看不起。他十分恼怒，恨透了科举，同时也自负有实际才干，将某些科甲出身的官员视为废物。他更认为，国家的强弱在于有无人才，而人才的培养在于学校。中国虽然提倡设立学校，发展仍极缓慢，主要原因就是科举阻碍。

因为学校与科举并存，学校为培养人才之地，选拔人才却靠科举，利禄之途，众所争趋，以致学校有名无实。科举一日不废，学校一日不能大兴，士子永远无实在学问，国家永远无救世人才，中国也永远不能进于富强。欲使文人学子专注于学校一途，必须废除科举。

为了使朝廷易于采纳，他征得以文闻名朝野的张之洞同意，于光绪二十九年（1903）二月十二日联名上奏，说明科举对国家的危害，请求将科举取中名额按年递减，学政岁科试分两科减尽，乡会试分三科减尽。以前的举贡生员按照不同情况，给以出路。朝廷谕令从丙午（1906年）科起，分三科减尽。光绪三十一年（1905）八月二日，袁世凯再次领衔，与赵尔巽、张之洞、周馥、岑春煊、端方联名上折，极陈现在危迫情形更甚昔日，奏请立停科举，推广学校。朝廷谕令自丙午科起，所有乡会试和各省岁科试一律停止。

科举制度的废除，打破了千余年来以科名选拔官僚的体制格局，为新式的近代学校教育在中国扎根发展从制度上扫清了障碍。袁世凯认为这是他一生中最为得意的事情，以后经常谈及。

袁世凯改革教育制度，大力提倡兴办新式学堂，成就相当突出。光绪二十八年（1902）设立学校司（后改学务处），组建起督办全省教育的行政领导机构。通令各地成立劝学所、宣讲处和阅报所，进行引导宣传，各州县分期分批组织士绅赴日本考察教育，派遣查学员考核官绅办学情况，形成一套上下呼应的办学机构。为了兴办学校，普及教育，袁世凯尽力筹拨公款，劝导地方出资办学。并带头捐款二万两，表率群僚。对捐资兴办学校的，他均奏报请奖，给以鼓励。为了解决新式学堂的师资困难，他还多方延揽通晓西学的教师，设立师范学堂，选派学生赴日本学习师范。在其大力提倡和上述举措下，直隶的新式教育发展很快。据学部光绪三十三年（1907）统计，直隶共办各类学堂八千七百二十三所，在校学生十六万多，位居全国第二，而学务资产则为各省之冠。

他举办新政认真，雷厉风行，成绩突出，朝廷屡加表扬，各省也派官员前往学习。他在宦海中一帆风顺，红得发紫，愈益得意忘形，骄傲狂妄，目空一切，睥睨天下。

结党营私

至光绪三十一年（1905），袁世凯已完成了北洋常备军六镇，即陆军第一、二、三、四、五、六镇的编练计划，共有官兵八九万人，素质远远优于旧军，此外还兴办了各种军事学堂，兵权之重为全国任何一个疆臣所望尘莫及。非但如此，除第一镇外，所有的统制（相当于后来的师长）、统领（旅长）和标统（团长），皆其亲信嫡系，俨然是一个针插不进、水泼不进的独立王国。他身兼八大要职，直接控制着清政府的许多重要部门。在他推荐下，把兄徐世昌和心腹赵秉钧、杨士琦等均担任了中央和地方的要职，党羽成群，权倾朝野，"朝有大政，每由军机处问诸北洋"。他成了事实上的清政府的决策人之一，梁启超等人号称天津为"第二政府"。这一切均令人侧目而视。随着革命运动和立宪运动的高涨，更遭满族亲贵的疑忌。

革命运动与立宪运动都主张建立民主国家，只有采取手段和将来组织政权形式的区别，没有根本宗旨的不同，同属于资产阶级民主政治的范畴。

革命运动鼓吹排满和推翻清王朝，无论是满族亲贵和汉族官僚均主张坚决镇压。立宪运动既反对采取暴力手段推翻清王朝，也反对封建专制，主张彻底改革政治制度，实行君主立宪，在统治集团中引起了不同反响。

当立宪初步勃兴之时，东南立宪派的领袖张謇游说两江总督魏光焘、湖广总督张之洞奏请立宪，并代他们拟了折稿。胆小谨慎的张之洞不敢上奏，令其试探一下袁世凯的态度。张謇认为如能得到袁世凯的倡导，对推动立宪非常有利，乃放弃对他的厌恶之感，在与他断交二十年之后，主动致其一函，请其赞助立宪。

善于观察风向的袁世凯以为不是时候，答复说需要等等看。

光绪三十一年（1905），立宪运动的声浪愈来愈大，某些高级官员奏请实行，清政府开始讨论派遣大臣出国考察政治的问题。张謇又致书袁世凯，从个人的安危荣辱下说辞来打动他。

袁世凯看到立宪的潮流不可阻挡，想执立宪之牛耳，博取美名；企图通过立宪限制君权，防止光绪帝执政后打击报复，保住自己；同时借以从满族亲贵中夺取更多的权力，消灭革命运动，遂一改昔日反对之态，联合张之洞、周馥电奏实行立宪。朝廷决定派遣大臣出洋考察政治以后，他又奏请考求各国宪法，变通施行。

六月十四日，朝廷宣布派遣镇国公载泽、户部侍郎戴鸿慈、军机大臣徐世昌、湖南巡抚端方带领随员，分赴东西洋各国，考求政治。从此，袁世凯的调门越唱越高，俨然以立宪的倡导者和主持者自居。马上奏请派遣官绅游历日本，开启民智，为将来实行地方自治打下基础。带头筹措出洋考察经费十万两，显示对立宪是多么热心卖力。为了让长子袁克定增长阅历见识，以后迅速晋升，让他充当了出洋考察政治大臣的随员。

袁克定字云台，号蝶庵，后来自取别号慧能居士，生于光绪四年十二月二十六日（1879年1月18日）。幼时体弱多病，瘦骨嶙峋，咯血几乎死去。以后到朝鲜读书，由袁世凯的大姨太太抚养，学了些纨绔习气。袁世凯回国以后，他一直随侍在侧。袁世凯没有科举功名，早年也希望他将来超过自己，一举成名，光宗耀祖，不惜重金为他聘请优秀的教师。他颇用功，但参加了一次乡试落榜后，就学起了老子的榜样，不再下场，以为时文无用，全部付之一炬。

有些迂执之徒见此，争相在袁世凯面前说袁克定不求上进。知子莫如父，袁世凯听了笑笑，未置一词。

袁克定焚毁时文之后，学习英、德、法、日各国语言文字，精通德文、英文，与西方官吏谈论天下大事，滔滔不绝，许多西方官吏认为他是个奇才。袁世凯则认为，外交需要人才，学习外语，诚属当务之急。但在官场中，必须学贯中西，才通古今，方足为当世所器重。中国人应当以中文为根底，倘若文理不通，难登大雅之堂。仅通外语，并不足道，因而叫他从师兼学中文。袁克定听了教训，请宏博之士，闭户讲论，博求经世之术，攻读经史群籍，暇时阅读兵法。十年下来，学问居然猛进。

由于耳濡目染，袁克定对官场中的事情非常熟谙通达，政治上很有野心。袁世凯很喜欢他，信任他，经常让他代表出外办事，或者会见外国人。由于他是长子，所说的话，所做的事，无论在亲友中还是在其父亲的僚属中，均颇受重视。不过，他对其父亲属下的文武官员少所满意，除了武将中的王士珍和文官中的赵秉钧等，其余的在他看来，皆碌碌不足道。

袁世凯考虑到他今后的前程，为他捐纳了候选道。盛京（今沈阳）将军赵尔巽实行新政，改革军制，听说袁克定勤奋，招之入幕，参赞军事。

在众多的弟妹中，袁克定与父亲接触最多，受熏染也最深，时不时地流露出与父亲一样的专制作风来。他是长子，又系唯一的嫡出，处处要做弟妹们的表率，平时总要摆出一副恪遵"父慈子孝，兄友弟恭"的尊容，显得道貌岸然，循规蹈矩。他不抽烟，不喝酒，一举一动均合规矩。对父母极其恭顺，每当袁世凯与于氏生气的时候，他总是恭恭敬敬、和颜悦色地跪着回话。对各位庶母也同样周到尽礼，对弟妹们很客气，说话总是面带笑容。但弟妹们均认为他虚情假意，不乐于与他亲近。

他的妻子是吴大澂的女儿，芳名吴本娴。门户虽然相当，婚姻却不遂心愿。吴本娴耳朵很聋，与其说话只能用笔谈，他自然不会很满意。但这桩婚姻是由父亲包办的，他不敢口出怨言，仅对妻子采取敬而远之的态度。吴本娴比较自觉，也不主动接近他。按照封建迷信的说法，他的生肖属虎，吴本娴属龙，龙虎相斗，互相冲克，不会和谐美满，必须找一个属鸡的女性"牵一牵"，才能破解得开。这给了他一个纳妾的最好借口，蜜月尚未度完，征得其父同意，又娶了个小户人家的姑娘马彩凤。然而马大姨太太相貌平平，同样不如他的意，不过因为她以后生了个儿子，母以子贵，克定与她尚能和谐相安。

八月二十六日，考察政治五大臣（后加派绍英）与随员自京城正阳门车站起程时，革命党人吴樾携带炸弹上火车爆炸，死伤十几人，五大臣中也有人受伤。袁克定虽未受伤，却吓得亡魂大冒。于氏本来就不愿独生子远涉重洋，听说被炸，惊惧异常，吵吵闹闹，无论如何也不让他出洋了。袁世凯只好迁就了她。

慈禧慨叹办事之难，决定出洋暂时延缓。袁世凯以为她想取消出洋考察，马上将高调降为低调，谓可有立宪之实，不可有立宪之名，成为立宪的主要阻挠者。他的出尔反尔，一度动摇了慈禧的决心，以致使出洋考察行期迟迟难定。但朝廷调整了考察大臣后，还是分批出访了。

通过出访，五大臣认识到，中国与列强的根本差别，就是先进与落后两种社会政治制度不同。不革除封建专制政治，中国无论如何努力，也不可能富强，缩短与列强的差距。因此，他们在光绪三十二年（1906）

夏归来后，同声奏请立宪。

此时立宪已成为铁定之局，袁世凯一改前此消极观望，又表现得空前的积极和热心，并自报奋勇，请求将直隶作为试办之省。

七月六日，朝廷命醇亲王载沣、军机大臣、大学士、政务大臣和袁世凯阅看考察政治大臣条陈的折件。袁世凯进京后，逢人就扬言："官可不做，法不可不改。当以死力相争。""有敢阻立宪者，即是吴樾！""即是革命党！"无限上纲，大扣政治帽子，压服反对派，气焰十分嚣张。

奉命阅看折件的大臣大多数赞成立宪。七月十三日（9月1日），朝廷宣布仿行宪政，从改革官制入手，以立预备立宪基础。至于何时正式实行立宪，以后视进展情况而定。次日又派载泽等编纂官制，制定政治体制改革的方案。袁世凯也是编纂大臣之一，并且控制了实际工作。

政治体制改革既关系到如何预备立宪，也是一次权力的再分配，牵涉到所有官员和集团的切身利害，引起各方面的密切关注。袁世凯想和奕劻共同组阁，控制朝政，极力主张裁撤军机处和原内阁，设立责任内阁。有的大臣不同意，双方唇枪舌剑，互相非难，各不相下，常常弄成僵局。即使真诚赞成立宪的官员，也因为袁世凯有政治野心，只主张设立责任内阁而不主张同时设立国会，认为后者必定造成流弊凌君的大臣专制政体，从而加以猛烈攻击。

皇室中的王公、贝子、将军等更恨袁世凯不让他们干预政治，纷纷怂恿年轻的醇亲王载沣与其为难。载沣为光绪帝的同父异母弟弟，现为满洲正红旗都统，年方二十三岁。据传，在一次会议上，载沣从腰中拔出手枪，直抵袁世凯胸前，怒声道："尔如此跋扈，我为主子除尔奸臣！"奕劻出面排解，载沣方始息怒。

太监们听说袁世凯提出要裁去太监，恨得咬牙切齿。一天，袁世凯下朝，百余名太监上前围住，有的出言谩骂，有的欲饱以老拳。袁世凯急得团团转，大呼奕劻为之解围。奕劻百般劝解，并担保绝对不裁，众太监才撤围而去。

排袁的空气一天浓似一天，京中谣言四起，纷传袁世凯甚不可靠，将不利于皇室。袁世凯觉得不妙，接连上疏，皆被留中不发。慈禧召见时，他又面奏令守旧大臣退休。慈禧予以严厉斥责，并将许多参劾他与奕劻的折子交给他看。至此，他才深感处境恶劣至极，恐惧万分，借阅新军秋操之名，急急请训出京，前往彰德。

彰德秋操完毕，与袁世凯同为阅兵大臣之一的铁良看到北洋军的训练情形，疑惧心理陡增，排袁之心愈切。向慈禧密奏袁世凯遇事跋扈，广布党羽，各省要差皆其私人，居心叵测。慈禧看过京官的条陈，害怕责任内阁成立后君权潜移，疑忌袁世凯权势过重，加上反对袁世凯专权的瞿鸿禨暗中奏陈，责任内阁制终于搁浅。

九月二十日（11月6日），朝廷发布裁定中央官制上谕，内阁、军机处照旧，各部尚书均充参预政务大臣。同时命奕劻与瞿鸿禨仍留军机处，世续补为军机大臣，林绍年在军机大臣上学习行走。鹿传霖、荣庆、铁良、徐世昌均开去军机大臣，专管部务。次日任命了各部尚书，外务部仍存旧有体制，以奕劻为管部总理大臣，那桐为会办大臣，瞿鸿禨为会办大臣兼任尚书；其余各部尚书分别为：吏部鹿传霖，民政部徐世昌，度支部溥颋，礼部溥良，学部荣庆，陆军部铁良，法部戴鸿慈，农工商部载振，邮传部张百熙，理藩部寿耆。

军机处的保留，使袁世凯大失所望，铁良任陆军部尚书，邮传部的增设，和中央强调专责，关系到袁世凯的军权和财权，同样令其大为不快。他不愿丧失权力，密派杨士琦进京找奕劻设法。但奕劻不敢擅改定下来的制度，只好加以婉劝。

九月初，盛京将军赵尔巽因东三省在日俄两国的侵略威胁下，形势危殆，奏请简派大员前往查看。朝廷准备明年将三省改为行省，增设总督、巡抚，即派载振和徐世昌前往。袁世凯令天津县事先预备好公馆和欢迎招待事宜，并派南段巡警局总办段芝贵等迎接。二十六日专车抵达天津，袁世凯率领全城文武司道印委各官、商会和各学校学生，齐赴新车站迎接。然后陪同载振、徐世昌下榻中州会馆，备极殷勤，特别着意拉拢载振。停留两天，载振与徐世昌前往东北，袁世凯又令段芝贵等随行，并带领巡警保护。

限于制度，保留兼差和过多的权力已不可能。袁世凯无奈，于十月三日奏请辞去八大兼差，陆军第一、三、五、六镇归陆军部管辖。但借口直隶需要，请求将第二、第四镇仍归自己统辖督练。朝廷对辞去兼差，着照所请；对请求督练二、四两镇，只准暂时由其调遣训练。陆军部马上接管了四镇兵权，名曰近畿各师，派凤山督练。继而林绍年参劾袁世凯弄权专擅，铁良声言要彻底清查北洋军报销的各项经费。袁世凯气恼万分，颓丧至极，以致抑郁生病，终日躲在楼上，非要客不见，非要事不办。然而他视权如命，极不甘心，仍在觊觎着更大的权势。

十一月十七日，载振和徐世昌等回到天津，袁世凯将他们接至中州会馆，密商三省人事。他以为东三省地盘大，离京城远，很想调任东三省总督，去做东北王。载振、徐世昌均无意见。

第三天晚上，在中州会馆演戏，招待两位贵宾，由段芝贵主持。段芝贵投靠袁世凯的时候是个武弁，由于工于溜须拍马，善于逢迎谄谀，甚得袁世凯的宠信，逐渐升为道员，赵秉钧调京任职后，他接任了南段巡警局总办。此次随载振、徐世昌去东北，对他们照顾得无微不至，与载振相处得尤其融洽。

演过两场折子戏，袁世凯陪着载振和徐世昌方才进来入座。压轴戏的主角为天津女名伶杨翠喜。杨翠喜是直隶通州人，家中很穷，十二岁时曾随父母来到天津，当时正闹义和团，社会上极乱，他们逃避到芦台。后因无以谋生，被父亲卖给一个姓陈的恶棍。社会秩序趋于稳定以后，陈某带杨翠喜来到天津，将其转卖给杨茂尊。此时天津的歌姬舞女盛极一时，有个名叫陈国璧的购买了两个幼女，一名翠凤，一名翠红，在上天仙戏院演出，收入颇丰。杨茂尊看得眼红，与陈国璧商妥，令杨翠喜随翠凤等人学戏，专演花旦。她演的戏多为《拾玉镯》《珍珠衫》《卖胭脂》《青云下书》之类，从此堕入孽海。学了两年，开始在侯家后协盛茶园登台，收入甚微。不久受大观园之聘，津门豪客纷纷为之捧场，身价顿增。后受上天仙之聘，月获包银八百元，名冠津门，时方十八岁。她长得相当漂亮，长身玉立，演起戏来，唱做俱佳，声容并茂，备极妖冶，可谓色艺双绝。

载振年方三十，皇室豪门的生活，养成了骄奢淫逸的习性，既好渔色猎艳，又爱观剧。看了娇柔妖媚、风情万种的杨翠喜演出，立即为之倾倒，心旌神摇，意乱情迷，想入非非，不知不觉抬起手来，击节拍板。段芝贵见他这种神魂颠倒的样子，以为奇货可居，散场以后，马上以一万二千两银子将杨翠喜赎出献上，曲意承欢。载振大喜，欣然受之。

载振与徐世昌回京时，仍由段芝贵等护送。

光绪三十三年（1907）二月二十七日，为奕劻七十大寿，段芝贵从天津商务总会会长王竹林处借了十万两，作为寿仪。

奕劻本来内定袁世凯为东三省总督，后来慈禧说，东三省好比后门，北洋好比大门，袁世凯离开北洋，大门无人看守，徐世昌与袁世凯至好，去了仍与北洋一气，于是改为徐世昌。袁世凯以为徐世昌处理同日俄两国的交涉不如自己，但他去了东三省可以作为自己的外府，而且朝中业已决定，未再有所表示。

军机大臣讨论东三省人选时，奕劻按照袁世凯的安排，提出以徐世昌为东三省总督，唐绍仪为奉天巡抚，朱家宝为吉林巡抚，段芝贵赏给布政使衔，署理黑龙江巡抚。瞿鸿禨见这些人皆属袁党，特别是段芝贵以道员而越级超升巡抚，实为罕见，力加反对。林绍年也认为段芝贵声望太轻，不称边帅之任，力争其不可。但三月八日慈禧还是按照奕劻的意见宣布了。

举朝闻之大哗，台谏中的"三菱公司"——御史江春霖、赵启霖、赵炳麟尤其愤愤不平。继而段芝贵向载振献歌妓杨翠喜，送奕劻寿礼十万两的秘密也传播开来。

岑春煊字云阶，广西西林人，庚子年（1900）积极率兵勤王，护驾西逃有功，极得西太后宠信，由布政使一直做到总督。他为政尚严猛，不讲情面，经常参劾违法乱纪和庸劣的僚属，人们目之为"官屠"，与"士屠"张之洞、"民屠"袁世凯并称为天下"三屠"。又因其忠于朝廷，敢说敢干，不畏权贵，被称为"肝胆总督"。他极端痛恨奕劻、袁世凯的所作所为，深感有当面向皇太后和皇上陈奏的必要，于是以赴四川总督任为名，抵达武汉，即电请顺道入觐，而且不待复电就于三月十七日径自来到北京。

从他到达的次日起，慈禧和光绪帝一连召见三天。他痛哭流涕地面奏，近年亲贵弄权，贿赂公行，纪纲扫地，皆由奕劻贪庸误国，引用非人所致。若不力图刷新政治，重整纪纲，人心必将离散，挽回无术。参劾大僚二十多人，将打击的矛头直指奕劻、袁世凯集团。又万分诚挚地表示："臣不胜犬马恋主之情，意欲留在都中为皇太后、皇上做一看家恶犬，未知上意如何？"

慈禧大受感动，二十一日授他为邮传部尚书。同日，岑春煊又在慈禧面前参劾该部侍郎、奕劻的走狗朱宝奎，使其革职。

消息传出，京中官员均称岑春煊为"活炸弹"。

奕劻、袁世凯对岑春煊的一举一动倍加注意，彼此密电频繁，互通情报。得知岑春煊参劾多人，且涉及南北洋，慈禧的态度十分严厉，奕劻有被推倒的可能，袁世凯惶惶不安，夜不能寐。

岑春煊见袁世凯根底深厚，一时难以攻倒，乃幡然变计，与其联络，派人赴津谒见。袁世凯更不想树敌过多，为了表示友好，也派人进京回拜，并命三月十八日刚刚授为农工商部右参议的儿子袁克定告诉岑春煊，情愿将京中的北洋公所相让，借以拉拢。二人表面看来极为和衷，实则水火不容。

二十五日，御史赵启霖毅然上折参劾奕劻父子，折中叙述了段芝贵献杨翠喜和送奕劻寿礼的事实，袁世凯受段芝贵蒙蔽，将其大力提拔。然后指出："在段芝贵，以无功可纪，无才可录，并未曾引见之道员，专恃贪缘，骤跻巡抚，诚可谓无廉耻。在奕劻、载振父子，以亲贵之位，蒙倚界之专，惟知广收贿遗，置时艰于不问，置大计于不顾，尤可谓无心肝。"

慈禧览奏大怒，又听岑春煊密奏外边物议沸腾，立即撤去段芝贵的职衔，命程德全暂署黑龙江巡抚；命醇亲王载沣、大学士孙家鼐确切查明，务期水落石出。并怒斥奕劻："如是欺蔽朝廷，不如用麻绳缢死我母子为佳。"奕劻惊惧万分，唯有伏地叩头，请求查办。

载振吓得面如死灰，不知所措，急走天津问计于袁世凯。

袁世凯听了，心惊肉跳。因为参折中牵连到他，新任命的东三省督抚皆他所保的亲信，即使奕劻父了不自弥缝，他也要极力包庇。何况又同奕劻狼狈为奸，奕劻如果被推倒，下面就要轮到自己了，无论如何，必须设法挽救。

经过再三思考，他告诉载振，只有将杨翠喜秘密送回，消灭实据，让查办的人抓不到任何证据一个办法。载振金屋藏娇，在温柔乡中不多几日，自然舍不得，但处此危境，又不能不忍痛割爱。而后袁世凯立命办事干练的探访局总办杨以德火速随载振进京。当晚，杨以德用一辆带篷的骡车将杨翠喜秘密载出庆王府，到得城外，星夜疾驰百里，在黄村换乘火车，返回天津。

此时袁世凯已令人找到杨茂尊夫妇和王益孙、王竹林，布置得天衣无缝。王益孙名锡瑛，捐有花翎三品衔，农工商部郎中，现年三十一岁，过去与杨翠喜相好。开设三处钱铺，数处典当铺，有房产一百五十九处，另有志成银行成本，开州、东明两处引岸，富甲津郡。袁世凯令其应承在农历二月上旬用三千五百元购买杨翠喜做使女，并与杨茂尊夫妇以倒填日月的手法，立下字据；令王竹林否认有借款给段芝贵之事。王竹林、王益孙与杨茂尊不敢不遵。天津的某些报纸跟着登出了关于报道杨翠喜一事的更正。

江春霖以为天津各报更正大有蹊跷，上折要求调查，以便追究袁世凯利用职权胁迫报馆掩饰载振渔色之事，折被留中。

孙家鼐和载沣派人前往天津调查时，杨翠喜、王益孙、杨茂尊夫妇，还有介绍人等，均异口同声地说杨翠喜在二月卖给王益孙当使女，并立有字证；王竹林矢口否认借款给段芝贵。将他们提京面讯，也无异词。

军机大臣世续忠于朝廷，在满人中素有声望，与奕劻比较亲近。有次慈禧赴颐和园在万寿寺休息，召其独对。世续虽不作左右袒，却微露岑春煊与奕劻夙有嫌怨。慈禧似乎明白了参案的内幕，心中有了决定。

载沣奉诏查办之日，曾指着上谕后面的"水落石出"四字，对孙家鼐说："圣意在此。"世续闻知，告诫说："这是多么重大的事，不可轻于发话。王年轻，诸事宜委诸寿州（孙家鼐安徽寿州人），切切慎重，免出过错。"载沣胆小谨慎，闻言便不多问了。

孙家鼐为光绪皇帝的师傅，戊戌变法时，官居吏部尚书、协办大学士，曾向光绪皇帝进呈冯桂芬著《校邠庐抗议》一书，差点遭受横祸。政变后又大力反对慈禧废立，旋借口有病辞职。光绪二十六年（1900）慈禧逃到西安，起用他为礼部尚书，回京后拜为内阁大学士。他晓得奕劻、袁世凯朋比为奸，有他们从中作梗，慈禧与光绪皇帝的隔阂仍未消失。因此，他一言一动，均极谨慎，唯恐稍有疏忽，影响光绪皇帝的安危。他认为慈禧令他和载沣调查参案，显有悔悟；惩治奕劻，圈禁载振，博取舆论赞扬不难，难的是奕劻为皇室亲王，与汉族大臣翁同龢不同，不能使其离开京城，遇到年节吉日，递如意，蒙召见，与在位时一样，甚或仍可令其在内廷行走。其女儿四格格整日在慈禧左右，极受宠爱，袁世凯在北洋如故，他们时时能为奕劻作卷土重来之计，而且得便即可造谣生事，挑拨离间，加以陷害，防不胜防。他今年八十岁了，并不为自己担心，但却不愿意因自己获取刚直的好名声，而为光绪皇帝树怨。同时又考虑到，岑春煊未必能致袁世凯死命，即使得志，恐怕岑春煊也不一定矢忠于皇上，劝母以慈，劝子以孝。基于这种深深的用意，四月五日，他与载沣将调查的情况上奏。

慈禧阅后，见所参各节俱无实际，大为震怒，要给赵启霖处分。林绍年说，御史风闻言事，赵启霖无罪。但慈禧仍然以赵启霖任意污蔑亲贵重臣，予以革职。林绍年不服，称病不出。

奕劻父子虽然在袁世凯的大力包庇下安然无恙，却无法平息已经沸腾的舆论，载振被迫于次日辞职，得到允准。

都察院的御史们认为如此处理，其中大有文章，个个不平，准备联名上奏。都御史陆宝忠力加调停，并上折为赵启霖辩护，赵炳麟也以挂冠去职力争。江春霖则上折指出孙家鼐和载沣的复奏存在着明显的疑窦，要求彻底查清。朝廷皆不予理会，轰动一时的杨翠喜案就此结束。

好事者以王益孙不费分文而得美姿（名义上的使女），为之作艳福歌；

以载振在短期内失去美妾，为之作长恨歌。

杨翠喜案的满天风雨消散以后，载振感谢袁世凯的深厚情谊，与其结拜为盟兄弟。袁世凯与奕劻的勾结更为紧密，立即发起反击，进行报复，倾全力排挤打击瞿鸿禨、林绍年和岑春煊，而以瞿鸿禨和岑春煊为主要对手，在政界掀起一次很大的风潮，史称"丁未政潮"（"丁未"年即光绪三十三年，1907年）。

军机大臣瞿鸿禨兼任外务部会办大臣和尚书，为官清廉，勇于任事，颇负清望，深受慈禧信赖。他对奕劻的贪婪昏庸和袁世凯的植势跋扈、结党营私，深恶痛绝，一直同他们积不相能。

过去，袁世凯曾经着意拉拢，先示意愿列入门生，瞿鸿禨以受宠若惊，万不敢当却之。继又托人询问是否可以换帖，瞿鸿禨仍然婉辞。去年中央官制改革时，袁世凯想同他搞好关系，提出愿与他和奕劻一起组阁。而瞿鸿禨却密奏慈禧，否定了责任内阁制。袁世凯连碰几个硬钉子，知道他不愿与自己同流合污，衔恨益深，立即告知奕劻，必须将其赶出军机，否则必受其害。奕劻在用人问题上屡遭瞿鸿禨阻挠，早有此意。他们又认为，岑春煊之敢于自行入京，踔厉风发地参劾大臣，是受瞿鸿禨指使；赵启霖与瞿鸿禨为同乡，过从甚密，其敢于上参折，措辞如此尖锐，定然得到瞿鸿禨和岑春煊的大力支持。因而便把一腔愤怒发泄到瞿鸿禨和岑春煊身上。

他们又认为，岑春煊敢于言事，不畏权贵，于己大为不利，但他甚得慈禧信赖，不可能马上打倒，应当首先将其排斥出京。于是散布流言蜚语，使其不安于位。并以五十万两银子贿赂荣寿固伦公主向慈禧进言。

荣寿固伦公主为恭亲王奕䜣的长女，慈禧非常喜欢她，继而养在宫中，人称大公主。她下嫁不久，驸马去世，常在宫中陪伴慈禧，有时进谏，无不采纳。荣寿固伦公主得便向慈禧说："岑春煊所陈时政，意在力图富强，各项办法也未尝不善，只是非一朝一夕所能办到。他每天奏事，必在两点钟以上，太后春秋已高，何能受这样的辛劳？不如仍然令其在外坐镇，以固国防，使奕劻等人从容整理政务，太后稍得安逸，国事也可望治，这样可以两全其美。"

适巧此时广东钦州发生土豪刘思裕聚众劫掠的事情，袁世凯以为是个大好时机，立电两广总督周馥，令其张大其词上奏，并将意图电告奕劻。周馥遂电奏廉州、钦州等处均有土匪滋事，潮州的饶平县也发生了聚众戕官重案。慈禧览奏，深恐再有洪秀全之事重演，立即召集军机大臣商议。奕劻提出周馥不懂军事，难以胜任，非简授岑春煊为两广总督不可。慈禧听厌了岑春煊长时间的陈奏，觉得他心胸狭窄，不能容物，见奕劻说得有理，极表同意。瞿鸿禨和林绍年虽不乐于岑春煊离开，因为事涉军事，也不便提出反对。四月十七日慈禧下令周馥开缺，另候简用；岑春煊免去邮传部尚书，补授两广总督，迅赴新任。

朝旨如同迅雷不及掩耳，岑春煊闻后大惊，气得高叫："朝廷用人竟然如此！既有今日，当初何必调我到云南和四川？我现在还在咯血，方冀休息，也不能如愿了，我的命太苦了！"说罢匆匆离部。

次日，奕劻奏请授林绍年为度支部侍郎，企图将其赶出军机。经瞿鸿禨力争，林绍年始得暂保原位。

岑春煊看到自己条陈的计划已被奕劻、袁世凯破坏，朝廷无振作之意，江河日下，情势艰危，断非一人所能挽救，不免灰心丧气，乃上疏陈述病情，恳求开缺调治。慈禧加以慰勉，赏假十日，仍令前往。

五月二日，岑春煊出都而去。临行之时，又上密疏，参劾奕劻甚为激烈。慈禧颇为动心，准备将奕劻免职，意尚未决。一天，奕劻请假，慈禧单独召见瞿鸿禨，谈了奕劻贪婪受贿的事情，并询问谁可继任。

瞿鸿禨极不谨慎，回家后将奕劻要出军机的事对其妻子傅夫人讲了，傅夫人又告诉了《京报》创办人、瞿鸿禨的门生汪康年之妻和曾广铨之妻，这两位夫人又告诉了她们的丈夫。曾广铨为英国《泰晤士报》聘请的记者，急将这一消息发了出去，《泰晤士报》马上登载出来。

英国驻华公使朱尔典从未听说过此事，深恐奕劻下台后会影响中英关系，当慈禧在颐和园宴请各国公使夫人时，使其夫人得便询问有无其事。慈禧闻问非常惊愕，连忙否认。心想此事只对瞿鸿禨谈过，必然是他有意泄露，大为不满。

袁世凯得悉岑春煊临行参劾奕劻甚烈，极其担心不日朝局将有大变。及至闻报奕劻将被黜退，愈益恐慌。为了保住自己，亟与奕劻和死党、农工商部侍郎杨士琦密谋对策，决定采取主动进攻的策略，由杨士琦起草折稿，贿买御史，参劾瞿鸿禨。但瞿鸿禨享有清誉，御史们不愿做他们的鹰犬，一概谢绝重贿。后来杨士琦找到翰林院侍读学士恽毓鼎，奉送白银一万八千两，并答允事成后将其外放为布政使，令其具名参劾。恽毓鼎热衷利禄，甘做枪手，立劾瞿鸿禨暗通报馆，授意言官，阴结外援，分布党羽。所谓暗通报馆，指的是汪康年所办的《京报》，自杨翠喜案发生后，该报连篇论列段芝贵、朱宝奎之罢斥，赵启霖之革职，载振之开缺，对奕劻父子抨击不遗余力。所谓授意言官，指的是赵启霖上参折之事。所谓阴结外援，指的是英国的《泰晤士报》。所谓分布党羽，指的是瞿鸿禨托法部保荐其亲家余肇康为该部丞参。

过去，瞿鸿禨曾多次密请赦还康有为、梁启超，忤逆慈禧的意旨。奕劻、袁世凯又乘机诬陷他主张归政光绪帝，这更触犯了慈禧的忌讳，刺到慈禧的痛处。加上泄密，慈禧览折以后，立即于五月七日下令将瞿鸿禨开缺，将余肇康革职。林绍年大为不服，要求调查。慈禧无奈，只好派孙家鼐和铁良查明所参各节具奏。孙家鼐和铁良提出阅看原折，慈禧因有阴结外援的事，怕牵涉到英国，把事情闹大，也不给看。

五月九日，奕劻为了试探慈禧的态度，奏请开去军机大臣。慈禧因为没有适当人选接替，没有同意。但对他已不再像以前那样信任，同日又命醇亲王载沣在军机大臣上学习行走，以分其势，并作将来取代之计。

同月中旬，孙家鼐和铁良复奏瞿鸿禨参案，授意言官，暗通报馆等款均查无实据。慈禧将折留中，并未收回成命。

二十六日，革命党人徐锡麟在安庆起义，刺杀安徽巡抚恩铭。赵炳麟见奕劻、袁世凯朋比为奸，结党营私，排斥异己，左右朝政，次日上《请销党见疏》，内言大臣争权，小臣附势，人心险诈，朝纲废弛，皆因威福下移，天下只知有大臣，不知有天子。请饬令各部院及袁世凯将康熙皇帝禁绝朋党的上谕竖于衙署，使之触目警心，预防流弊。慈禧即令各部院及袁世凯执行。

袁世凯闻报恩铭被刺身死，看到上谕，晓得朝廷起疑，忧惧交加，于是病倒，具折请假。

御史陈田乘机而起，六月二日参劾袁世凯揽权营私。五日，都御史陆宝忠相继上折，请明降谕旨，严饬臣工，务必除掉相互排挤之念。用人尤宜审慎，不可轻于更易。虽未言明何人，矛头所向显指奕劻和袁世凯。七日，慈禧下令开复了御史赵启霖的革职处分。

袁世凯屡遭攻击，深感不安。见赵启霖开复革职处分，更担心瞿鸿禨将被起用；清廷企图通过陆军部和度支部逐渐收回督抚军权和财权，又使他无法忍受。他不甘坐以受困，以日本与法国订立协约，时局危殆为由，六月十六日奏请赶紧认真预备立宪。他密陈了十条管见，即国信必须昭彰，人才必须善任，国势必须振兴，满汉必须融化，赏罚必须并行，党派必须分明，政府必须早建，资政院必须设立，地方自治必须试办，教育必须普及。

在"国势必须振兴"条下，他谈了些外交人才的选用，然后大肆攻击陆军部尚书铁良。略谓：陆军部设立已经十个多月，尚无振作之气象，兴革之举动。诸如兵法如何厘定，兵区如何规划，兵备如何筹计，兵数如何扩充，以及何以作养人才，何以增进兵格，何以侦察各国之兵势，何以会通各国之兵学，皆未议及。即便本部章制，也未实行。至于近畿已成之四镇，全部委诸副都统凤山督练，更不妥当。凤山不是学堂出身，不是当兵起家，从未经过战事，即论其军营阅历，也甚短浅。仅在京旗兵备处当差，负责庶务，才非出众，识非过人，无有威望可言，无有功绩足数。他奉派为专司训练，而在文牍列衔，竟然自称为督练大臣，捏造谕旨，自署崇衔，谬妄若此，其人可知。将四万人之重任，付诸谬妄人之手，中外腾笑，将士解体，狡诈之徒，益得借以簧鼓，远近煽惑。似此非但武备决无起色，而且恐怕愈趋愈下，时间一久，更加危险。我国介乎日本和俄国两大列强之间，日俄均在扩张军队，我国如果仍然这样泄沓，几视兵事如儿戏，欲厕身于列强而侥幸免祸，岂能有所希望？请饬庆亲王奕劻破除情面，慎选办理武备人才，挽救时艰。企图将铁良攻倒，收回交出的四镇兵权。

在"党派必须分明"条下，他写道：公党利国，私党害国，执掌国政者不应问其党不党，只需分辨其为公为私就行了。近来瞿鸿禨阴险嫉妒，固势贪荣，不登贤进能，专门汲引私人，阿比亲旧。如对魏光焘之衰耄昏庸，聂缉椝之声名狼藉，皆多方掩护，曾广铨、汪康年、余肇康之徒，皆奔走其门。甚至内外勾结，排异联同，意欲专擅政柄，把持朝局，声势赫然。倘非圣明洞烛其奸，予以罢斥，恐私党日盛，善类不伸，将至妨贤害政而蠹国。曾国藩任用同乡，搞的是公党，瞿鸿禨专引私人，搞的是私党，他们二人的区别，就在于公私二字。现在预备立宪，政党将兴，公私之间，毫厘千里，唯望朝廷格外留意，严辨于君子小人之界。嗣后凡有称为党者，必须察其所行所为，究竟是为公为私，从而加以劝惩，使人人知所趋向，小人不得进谗。企图把他和奕劻搞的私党说成公党、君子之党，蒙蔽朝廷，并落井下石，防止瞿鸿禨死灰复燃。

在"政府必须早建"条下，他写道：东西立宪各国，皆实行责任内阁，使君主超然为不可侵犯之神圣。今日改革官制而不建责任内阁，就是舍本逐末，主脑既差，精神全失。过去军机处与各部彼此隔膜，自为风气，以致怙私者得便以把持，苟安者得借词以推诿。循此不变，非特宪政无有希望，即使旧有的政令也会日益败坏。如果设立责任内阁，就不会发生这些问题。若是牵于旧制，责任内阁一时不能设立，也应把军机处与政务处合而为一，冠以政府名称，务使与各国内阁制度不甚参差。立宪关键，此其先务。他还想建立既不对皇帝负责，也不对国会负责的大臣专制政体，希图和奕劻组阁执政。

密折上后，会议政务处否定了建立责任内阁，袁世凯大为丧气。铁良得知袁世凯攻击他，毫不示弱，声言是非自有公论。并乘机向慈禧进言：袁世凯存心叵测，若不早为抑制，满族势力必不能保全。接着又奏保凤山办事异常得力，使其获赏头品顶戴。

铁良没有被撼动，袁世凯又将打击的矛头指向岑春煊。岑春煊被排挤出京时，慈禧对他的眷宠并未全衰，袁世凯与奕劻立意将他彻底打倒。他们知道慈禧最恨康有为和梁启超，要打倒岑春煊，必须从此下手，于是密奏岑春煊曾入保国会，为康有为、梁启超的死党，不可相信。慈禧未加轻信，待之如初。这时甘心为袁世凯效劳、冀得高官的蔡乃煌，从照相馆寻找到康有为和岑春煊的照片，并让照相馆加工，将两张照片合为一张，好像两人密商事情的样子，献给袁世凯。袁世凯大喜，当即交给奕劻密奏，作为岑春煊结交乱党的证据。此时岑春煊尚在上海养病，未到两广总督之任。七月二日，袁世凯又贿买恽毓鼎参劾岑春煊不奉朝旨，逗留上海，勾结康有为、梁启超，密谋借日本势力，推翻朝局。这些诬陷不实之词，深触慈禧之忌。四日，慈禧将岑春煊开缺。继而袁世凯与奕劻又奏请林绍年出任河南巡抚，将其赶出军机。

"丁未政潮"至此结束，袁世凯与奕劻获得胜利。他们肆无忌惮地结党营私，无所不用其极地打击政敌，政治野心愈益暴露，阴险奸诈更加昭然。

七月七日，湖北按察使梁鼎芬上折参劾奕劻贪私受贿，语极幽默。其附片所奏，主要是参劾袁世凯。他说，袁世凯由钻营骤升侍郎、巡抚，擢至今职。其人权谋迈众，城府阻深，能诏人，又能用人，卒皆为其所卖。最初投拜荣禄门下，以后投拜奕劻门下，袁世凯之权力，遂为我朝二百余年满汉疆臣所未有。奕劻老实无能，袁世凯则侮之以智术；奕劻日用浩繁，袁世凯则济之以金钱。枢府要密，皆袁世凯言之，奕劻行之。于是袁世凯以私交荐荣庆、徐世昌为军机大臣，荐周馥、唐绍仪、杨士琦、吴重意为总督、巡抚、侍郎。尤可骇人者，徐世昌无资望，无功绩，忽为东三省总督，其权大于各省总督数倍；朱家宝本一直隶知县，不数年即署吉林巡抚，皆袁世凯为之。袁世凯自己握有北洋重权，又使其党在奉天、吉林皆有财权兵权。自直隶而奉天，而吉林，皆袁世凯兵力所到之地，能不寒心乎？汉末曹操，一世之雄，当其为汉臣时，有大功于天下，不知篡汉者曹操也。晋末刘裕北伐时，也有大功于天下，不知篡晋者刘裕也。袁世凯之雄不及曹操、刘裕，而就今日疆臣而论，其办事之才，恐怕无有出其上者。如此之人，乃令其狼抗朝列，虎步京师，臣实忧之。谨披沥密陈，伏乞圣鉴。

时隔不几日，御史成昌又上封奏，指出袁世凯门生故吏布满天下，甚非国家之福。

一个接着一个的弹劾警告，使得慈禧疑虑丛生。七月二十七日（9月24日），下令免去袁世凯的直隶总督兼北洋大臣职务，调任为外务部尚书兼军机大臣，同时被任命为军机大臣的还有湖广总督张之洞。军机大臣的地位比总督高，然而却无总督那样的实权，慈禧如此安排，阳为尊崇，阴实裁抑，并且使他们互相牵制，容易驾驭。袁世凯再三力辞不准，只得到京任职。

在任直隶总督期间，袁世凯的四姨太太因产后得了月子病而去世，继而娶了五、六、七三个姨太太。

五姨太太姓杨，天津杨柳青人，小家碧玉，在后一阶段最得袁世凯欢心。她的容貌并不太漂亮，袁世凯对她特别宠爱，主要是赏识她管理家务的才能，喜欢她心灵口巧，遇事善于决断，尤其喜欢她有一双缠得很小的"金莲"。自从她来之后，袁世凯对自己的日常生活，既不操心，也不过问，无论吃什么，穿什么，该换什么衣服，该做什么东西，都交她一手经管，即使贵重财物也不例外。非但让她照管自己生活上的一切，还让她管理整个家务，各房的女佣和丫头，众多儿女，以及后来的姨太太。由于大得宠爱，她难免恃宠而骄，全家人不论是谁，只要不服从她的约束，她就告诉袁世凯，由袁世凯出面解决。因此全家上下均对她抱有畏惧心理，即便于氏也不例外。

七姨太太姓邵名惕若，山东潍县人，幼年丧父。有一年遇到灾荒，跟随母亲逃荒在外，无法生存，卖给官宦人家为婢。后来官宦人家家道中落，又将其转卖到袁府，侍奉大姨太太沈氏。沈氏待她甚好，令袁克文教她读书识字。她不很聪明，可是肯用功，学习一段时间，即可写短札，大字写得也不错。袁世凯颇为欣赏，遂将其收为七姨太太。

六姨太太芳名叶丽俦，江苏丹徒人，肤如凝脂，身材窈窕，容貌十分靓丽，而又温柔典雅。她原本与袁克文有婚嫁之约，结果却做了袁世凯的如夫人，克文的庶母，弄成"鹊巢鸠占"的荒唐局面。

袁克文字豹岑，又字抱存，光绪十六年七月十六日（1890年8月31

日）出生于朝鲜汉城。母亲为袁世凯的三姨太太金氏，不久过继给大姨太太沈氏为子，光绪二十年（1894）甲午战争爆发以前随家人回国。

他天赋颖悟，却很顽皮，既没有正正经经地念过书，也没有正正经经地练过字，但有过目不忘的本领。六岁开始读书识字，七岁读经史，十岁学写文章，十五岁学作诗赋，就学于天津北洋客籍学堂，三年后受业于方地山，各方面的成绩均很优异。

光绪三十年（1904），朝廷赏他从一品荫生。光绪三十三年（1907），授为法部员外郎。有次部里派他会同验尸，他害怕看见尸体，用墨汁把眼镜涂黑了，糊里糊涂地走了个过场。回来以后，尚且病了一场。

袁世凯对他比较偏爱，有时得了好的古玩，便叫了他来，当面赏给。有时看到桌上有好菜，也经常叫他来同吃。有时也将重要的信件，交他代写。

继母沈氏更是十分溺爱，克文向她要钱，她从不驳回，如果实在不能满足要求，就向袁世凯转要。

继母的溺爱，富有的家庭，公子哥儿的习性，使他过早地开始了荒唐生活。从十五六岁起，他就经常去妓院酒楼，住在外面，彻夜不归。沈氏非但不加管教，反而替他百般隐瞒，甚至声言："谁要是告诉他爸爸，我就和谁拼命。"有次金氏因他在外面宿娼，实在气得无法，以生母的身份把他痛打了一顿。但沈氏却和金氏大闹了一场，吓得金氏从此不敢再管了。他有恃无恐，越发沉湎声色。

一天，他奉父亲之命到南京去办事情，得暇就游山逛水，前往秦淮河、钓鱼巷寻芳猎艳。他年轻英俊，风流倜傥，斯文儒雅，花钱如流水，备受妓女的青睐，由此结识了叶丽俦。两人一见倾心，彼此爱慕，卿卿我我，形影不离，不久订下鸳盟。临别时叶丽俦送给他一张小照留作纪念，嘱其早来迎娶。他出入青楼，多半逢场作戏，然而此次见了这位年方十七岁的南国妙龄美女，却真心相爱，用情颇深，郑重答允，一定尽早来迎，而后两人洒泪而别。

依照袁家的规矩，儿女从远道归来，首先要向父母磕头请安。克文返津复命，见到袁世凯跪下磕头时，不知怎么搞的，竟有一物失落在地上。

袁世凯望见，马上指着地上，连声肃然问道："那是什么？那是什么？"

克文低头一看，原来是叶丽侪的照片。当时他尚未结婚，不敢在父亲面前暴露自己的荒唐行为，吓得面色惨白。也许是惊吓过度，也许是太过自私，也许是薄幸负心，也许是兼而有之，或是其他原因，总之，为了保住自己不受惩罚，他一时"情急智生"，竟将与叶丽侪的婚约抛到九霄云外，信口胡说在南方为父亲物色了一个很好看的姑娘，现在带回来这张照片，征求父亲的意见。

袁世凯令其呈上照片，一见上面的倩影果然美丽无比，超出原有妻妾多多，无比欢喜，连声高兴地说："好，好！"

克文知道事情无可挽回，头脑也冷静下来，心突地下沉，怔怔地退了出去。

袁世凯马上派向来干这种差使的总管符殿青带了银钱南下。叶丽侪因与克文有嫁娶之约，见袁家来人迎接，自然想到克文身上，根本没有怀疑会出现问题，收拾行装，欣然北上，心中时刻梦想着甜蜜的生活，脸上始终洋溢着幸福的微笑。没想到洞房花烛之夜，却发现自己朝思暮想的翩翩少年，竟变成了鬓发花白、满嘴胡须、年近半百的老人。她最初以为是在做噩梦，旋即晓得这是严酷的现实，美好的愿望顿时消失得无影无踪。她失望，痛苦，哀怨，悲伤；她恨克文言而无信，更恨把她出卖给老爹；她无处诉说，呜呜大哭。但生米已经做成熟饭，她无力改变自己的命运，只有永远地悲叹红颜薄命。

袁世凯起先并不知道克文的荒唐行为，后来虽然知道，但因克文献庶母有功，也知道子类乃父，便装作糊涂，不闻不问了。

不久，袁世凯带领克文进京给西太后拜寿。西太后接见他们时，看克文长得英俊聪明，十分欢喜，向袁世凯提出，欲将其娘家的侄女许配克文为妻。袁世凯虽然常以儿女婚姻作为政治联络的手段，却怎么也不敢高攀君临天下、威权至上的西太后，但又无胆量明确拒绝，灵机一动，回答说从小已给克文定了亲。西太后听了只好作罢。实际上克文并未定亲，他如此回答，犯有欺君之罪。

回到天津，为了能够圆上对西太后说的谎话，袁世凯暗中四处托人给克文提亲，条件是只要姑娘本人好，门第、贫富均可不论。于是定下了直隶巡防营务处即补道刘尚文的姑娘，一切陪送的东西都是袁家代办的，很快举行了婚礼。

这桩婚姻虽说门户不太相当，但刘姑娘本人确实不错。刘姑娘名姌，字梅真，安徽贵池人，容貌秀美，能作小楷，亦擅吟咏。婚后两人的感情很好，时相唱和，有人比之为宋代的赵明诚、李清照夫妇。但克文已形成追香逐玉的劣性，婚后不久便开始纳宠。他刚纳妾的时候，刘梅真哭闹得厉害，并向三姨太太哭诉。袁世凯听了以后，不以为然地说："有作为的人才有三妻四妾，女人吃醋是不对的。"有了父亲的支持，克文更加无所顾忌。

罢官归隐

　　袁世凯进入军机，更加紧密地勾结奕劻，党同伐异，争权夺势，越发激起一些官员的愤慨。醇亲王载沣、民政部尚书善耆和铁良，以及张之洞等人，也与他明争暗斗。

　　光绪三十七年（1907）九月二十日，梁鼎芬再次上奏，谓徐世昌、杨士骧、陈夔龙等都是因为夤缘奕劻、袁世凯而当上大官，弄得纲纪荡然，人们只知有奕劻、袁世凯，而不知有皇太后和皇上。奕劻、袁世凯贪私，负我大清国至此已极，若仍怙恶不悛，臣随时奏劾，以报天恩。不久，又有马玉昆参劾袁世凯。

　　袁世凯任军机大臣和外务部尚书之日，正值各省人民收回路矿权利斗争方兴未艾之时。从光绪三十一年（1905）开始，浙江和江苏两省绅商成立了商办铁路公司，奏准修筑苏杭甬铁路。英国以曾经订立借款代筑该路草约为由，要求清政府改订正约，不准江浙两省商办。两省绅民群起力争。袁世凯上任后，请朝廷颁发借款筑路谕旨，只准两省绅商搭股。两省人民痛路权之丧失，立即掀起坚拒借款、铁路商办的热潮。袁世凯竟然叫嚷"外交首重大信，议约权在朝廷"，不准反对。载沣、张之洞主张废除与英国所订的草约，以固结民心。袁世凯又声称外务部的事情一向独立，军机大臣不得干预。同时上奏说，草约万万不能废弃，否则就会引起八国联军那样的战争。当江浙两省代表进京力争时，他仍强调万难中变，坚持借款。

袁世凯的媚外行动，激起民众万丈怒火。十二月八日，《神州日报》以东京来稿名义发表一篇国民请代奏折。该文首先总结了历史上权奸乱政亡国的经验教训，接着胪列了袁世凯自入仕途以来的一系列罪状。然后指出，其进入军机以后，奕劻借袁世凯为爪牙，袁世凯倚奕劻为护符，陵轹朝臣，遍引私人，位置中外，疆臣如徐世昌、杨士骧、吴廷斌、冯汝骙，部臣如陈璧、杨士琦、梁如浩、汪大燮、严修、赵秉钧，至于丞参和三司以下各官，更多得不可胜数。诸人皆知有袁世凯，不知有朝廷。袁世凯羽翼既成，意欲因事立威，乃借苏杭甬路事，试探朝廷，震慑海内。他之所以敢于抹杀商办谕旨，无非是为了结外援，而使海内人民嫉恨朝廷，揭竿而起，从而总揽兵权，侥幸成功。袁世凯之枭雄与曹操、王莽不相上下，其奸滑则过于王伦、秦桧。最后归纳了他在路权问题上的十大罪状，请求朝廷将其明正典刑。此文公开发表在报纸上，所产生的巨大影响，远非官僚们的封奏所及。

光绪三十四年（1908），各省立宪团体和先进人士认为朝廷设立的资政院不能代表民意，相继推选代表入都请愿，要求确定召集国会的年限，早建国会。对这个群众性的政治爱国运动，袁世凯内心是反对的，暗中阻止都察院将民众的请愿书上奏，而在立宪派代表面前，又大耍欺骗手腕，说他十分赞成。与此同时，和张之洞共同推荐从日本留学归来的立宪派巨子杨度进入宪政编查馆，给满族亲贵讲解立宪的好处，以掩饰自己假立宪的真面目。

在请愿的过程中，政闻社社员陈景仁电请三年召开国会，并将阻挠立宪的宪政考察大臣于式枚革职，以谢天下。袁世凯衔恨于康有为、梁启超和政闻社总务员马相伯秘密联合肃亲王善耆及其他亲贵排斥自己，乘机大进谗言，力促张之洞举发康、梁"乱政秘谋"，终于挑唆得慈禧下令查禁了政闻社。立宪派大为不满，抨击愈益猛烈。袁世凯、奕劻深恐民气激昂，演变为暴力革命，不得不奏请朝廷于八月一日（8月27日）颁发了《钦定宪法大纲》和《逐年筹备事宜清单》，宣布从当年起，预备立宪时期为九年，届时召开国会，公布宪法。

八月二十日（9月15日）为袁世凯的五十大寿。按照清例，大臣年至六十，始得邀赐寿之典。慈禧以其有匡济大功，特颁诏旨，按照亲王之例赐寿。袁世凯进宫谢恩时，慈禧当面赏赐她亲手所绘的三星图一轴，寿字银锭二千枚，道光帝御用翡翠朝珠一挂，御用珍珠带头一件，御用银器全副，康熙霁红瓷瓶一对，御笔扇四十柄，还有其他珍宝锦缎若干，例赐之品尚且不在其内。

自从戊戌政变之后，光绪皇帝就对袁世凯恨之入骨。幽居瀛台期间，每天在纸上写下袁世凯的名字，然后撕得粉碎。庚子年（1900）出逃西安时，经常画个乌龟，在龟背写上袁世凯的名字，贴在墙上，而后用竹制的小弓箭对之射击；既而取下，再用剪子剪碎，扬向天空，令风吹散。见慈禧有了特殊赏赐，他不能不有所表示，也赏了御书联额和蟒袍扇缎等物。

袁世凯获得这种殊荣，震动了朝野。京内外官员前往庆贺者盈门，献颂贡谀者成百上千。奕劻及其子载振也送了寿礼，奕劻在对联上落款直书其名，载振在对联上落款则署"如弟"字样。

海外的华侨也有一联相赠，十分耐人寻味。上联为"戊戌八月，戊申八月"；下联为"我皇万年，我公万年"。上联上句指其出卖维新运动，下句指其寿期（戊申，1908年）；下联上句祝愿光绪皇帝万寿无疆，下句明是贺袁世凯长寿，暗实咒其早死。

刚直不阿的江春霖对袁世凯庆寿一事特别注意，九月九日毅然上折参劾袁世凯权势太重。列举表现十二条，即：奕劻在对联上不称王而书名，载振自称"如弟"，有干禁例，此乃交通亲贵；干涉都察院封进条陈，把持台谏；保举民政部侍郎赵秉钧，农工商部侍郎杨士琦，外务部侍郎梁敦彦、右丞梁如浩，直隶总督杨士骧，出使大臣唐绍仪，吉林巡抚陈昭常，安徽巡抚朱家宝等，引进私属；排挤林绍年等人，代之以门下、世交，徐世昌、端方、冯汝骙、袁树勋等督抚，不是其谱兄契友，即其亲家同宗，联盟树党，纠结疆臣；引门生杨士骧代为直隶总督，遥执兵柄；科举递减，兴办学堂，保送举贡，加额优拔，均出自袁世凯之奏，阴收士心；提议召开国会，而又阻止都察院代递请愿书，反诬朝廷愎谏之名，归过圣朝；处理苏杭甬铁路问题，假借英国威势，压制江浙绅商；保举在日俄战争时期无功人员三百名为异常劳绩，滥邀军赏；奏请州县选缺概归外补，破坏选法；其子袁克定以候补道入农工商部任参议，旋署左右丞，借势而得美官，骤贵骄子；同宗十余人吸食鸦片，官员畏其势焰，不敢处理，远庇同宗。最后说，虽然不能遽指袁世凯为奸邪，但权臣大者贻忧君国，小者祸及身家，为国家计，为袁世凯子孙长守富贵计，也应予以裁抑。此折名为替袁世凯善全始终着想，实际上是要求查办其罪。

光绪皇帝看了奏折，痛哭流涕，但因畏惧慈禧，只得将折留中，不敢发下。

由于长期受到慈禧压制，诸事不得自主，光绪皇帝心情异常抑郁，时常生病。近来又病倒在孤岛瀛台，而且很重。

十月十日（11月3日），慈禧度过了七十四岁寿辰，患了痢疾，卧床不起。这时有人告诉她，袁世凯要废掉皇上，拥立载振为帝。她未必真的相信，但对袁世凯与奕劻的紧密勾结还是很戒备的。十四日，她命奕劻前往东陵查看菩陀峪万年吉地（慈禧的陵墓），然后令段祺瑞的第六镇军队开往涞水，将第一镇调来控制了北京。

二十日（11月13日），光绪皇帝病危。慈禧降下懿旨，授载沣为摄政王，命将其三岁的儿子溥仪抱在宫内教养，在上书房读书。

次日（11月14日），年仅三十八岁的爱国皇帝光绪逝世于瀛台的涵元殿。慈禧当即召集载沣和军机大臣奕劻、世续、张之洞、鹿传霖、袁世凯，宣布立溥仪为嗣皇帝，承继同治皇帝之嗣，兼承光绪皇帝之桃；溥仪年幼，着载沣监国，所有军国政事，悉秉承其训示裁度施行，待溥仪年长，学业有成，再亲裁政事。

二十二日（11月15日），慈禧自知不起，又降旨命载沣裁定军国政事，遇有重大事件必须请皇太后（指光绪皇后隆裕）懿旨，随时面请施行。旋亦死去。

两宫同时"晏驾"，引起种种揣测。对于光绪皇帝辞世，有许多说法，其中之一，是说吃了袁世凯送来的一剂药而丧命（据科学化验，光绪帝系慢性中毒而死）。

据传，光绪皇帝死前留下一道遗诏：必杀袁世凯。

康有为在海外闻悉光绪皇帝殡天，马上通电讨袁。并上书载沣，历数袁世凯罪状，请求为先帝复大仇，为国民除大蠹。同时联络肃亲王、民政部尚书善耆和镇国公、度支部尚书载泽等人倒袁。一些素来与袁世凯有矛盾的亲贵官僚也主张迅速除袁。

袁世凯整天提心吊胆，不知祸发何日。

载沣对于袁世凯出卖光绪皇帝深切痛恨，对其贪权植势极为疑忌，很想将他除掉，为兄报仇雪恨，杜绝后患。光绪的皇后自然赞成。但在国丧期间，他们没有采取行动。

十一月九日（12月2日），溥仪即帝位，定明年为宣统元年。

二十六日，为了表示新朝的恩泽，朝廷优赏奕劻亲王世袭罔替；赏加世续、鹿传霖太子少保衔，用紫缰；张之洞、袁世凯太子太保衔，用紫缰。

赵炳麟乘机上疏，密陈用人大计，说袁世凯在军机最令人担心。因为他变诈多端，善于制造骨肉之间的矛盾，包藏祸心，不知大义，树植私党，挟制朝廷。先帝长君，尚且束手就箝，今日主少国疑，他久在枢垣，将来必生意外之变。现在其党羽虽多，皆是富贵利达之人，袁世凯一出军机，他们多半解散。若待其党根深蒂固，谋定后动，虽欲除去，也无可如何。必须迅速将其罢斥，以奠国本而杜后患。

继而，御史陈田上疏揭参袁世凯。袁世凯反对度支部清理直隶财政，擅用军机处名义发电，企图请隆裕训政等等传言，也有人告知了载沣。

善耆和载泽同时向载沣秘密进言：内外军政方面皆是袁世凯的党羽，必须速作处置。从前袁世凯所畏惧的只有慈禧太后，太后一死，在袁世凯心目中已无人可以钳制他了。异日势力养成，削除更为不易，且恐祸在不测。

载沣经过慎重考虑，决定惩治袁世凯，拟了一道将袁世凯革职，拿交法部治罪的谕旨，其中有"跋扈不臣，万难姑容"之语，分别征求世续、奕劻和张之洞的意见。

世续与袁世凯的关系较好，有意保全，提出将其开缺，令其回籍养病（秋间袁世凯忽然患了腿病，疼得不能走路，曾经请假医治。尚未完全医好，因为军机大臣的事情繁重，不得不销假，但上朝必须要人扶掖，至腊月疼得更厉害了）。

奕劻威胁说："杀袁世凯不难，不过北洋军造起反来怎么办？"

张之洞尽管与袁世凯政见不同，但认为其才可用，弃之可惜。晓得载沣不愿再用，只得说："主少国疑，不可轻于诛戮大臣。项城本有去志，可否允其所请，令其回籍？"

袁世凯从奕劻那里得知消息，吓得惊魂失魄，唯恐杀头，匆匆化装成普通百姓，乘坐夜车前往天津，住在英租界利顺德饭店，想通过直隶总督杨士骧乘轮逃往日本避祸。杨士骧接到电话，大吃一惊，立令其子向他说明利害，劝其速速回京。袁世凯接受了建议，复返北京。

载沣优柔寡断，听了世续、奕劻和张之洞的意见，决心动摇。十二月十一日（1909年1月2日）发布上谕，借口袁世凯现患足疾，步履维艰，难胜职任，着即开缺回籍养疴，强行将其罢官。

袁世凯奉到上谕，面孔涨得像猪肝，强作狞笑说："天恩诚厚。"遂进宫见载沣磕头，出宫而去。次日又具折谢恩。

学部侍郎严修之能迅速晋升，完全得力于袁世凯的保荐，闻袁世凯开缺，立即上折，请朝廷收回成命，受到严厉申斥。

对于归隐，袁世凯早有准备。他不想再回原籍项城，因为家中房屋不多，不敷全家人应用，另外也不愿同不准其将生母葬在祖坟的二哥世敦往来。多年以来，他利用搜刮的巨款，在豫北的卫辉府治所汲县、浚县、辉县和彰德（今安阳）购置了大量田地山林，也购置了房舍。

卫辉府的房舍在马市街，房屋不太多，是托何兰芬代购的。何兰芬原名棪，字芷庭，卫辉府人，小站练兵时任新建陆军粮饷委员，做过一任地方官，后来辞官家居。辉县的房舍在城西关，园中修竹茂密，清幽澄淡，海棠、桂花、蜡梅、木香均是数十年前种植的，但房屋也不多。袁世凯决定先到卫辉府暂居。

他还决定让任农工商部右丞的长子克定和任法部员外郎的次子克文继续留京供职，其余诸子跟着回去，以便督促他们读书；五姨太太和七姨太太跟随侍候，余下的家人全部暂到天津借居，以后再行接回。

奉旨回籍养疴，必须迅速离京，不能多耽搁。十二月十五日（1909年1月6日），天气阴霾，朔风怒吼，滴水成冰，寒气砭骨，袁世凯一行在天津乘火车南下。到车站送行的，只有严修、杨度和那桐之弟内阁学士那晋、礼部右丞刘果寥寥几个人，显得倍加冷冷清清，凄凄惨惨戚戚。由此他领略到了世态的炎凉，人情的冷暖。当然也因此而对严修和杨度等特别感激，回到河南以后，仍然经常想起他们相送的"桃潭情重"。对严修上书载沣请收回开缺成命，"独持侃侃之论"的笃厚风义，尤其敬佩，比之为古代贤人。

袁世凯初到卫辉府，余悸未消，唯恐步军统领衙门派来监视的袁得亮和地方官胡乱禀报，招来横祸，表面上慎守着大臣去位，闭门思过之道。除了当地的绅士如老部下何兰芬，很少接触外人。至于官场人物，报社记者，更是一概谢绝。

卫辉府城内有两位著名的绅士，一名王锡彤，一名李时灿。王锡彤字筱汀，拔贡出身，禹州蚕业学堂监督，主管三峰矿务公司，并任河南高等学堂教务长，为潼洛铁路主办人之一。李时灿字敏修，光绪十八年（1892）进士，授刑部主事，后在汲县、长垣、武陟、禹州担任书院山长多年，现任河南学务公所议长，优级师范学堂监督，河南教育总会会长。他们平时非常崇拜袁世凯，认为他是治理中国最适宜的人。接到原广西知府王祖同（丁忧在籍）劝他们前往谒见的信后，二人相商，袁世凯在位时轰轰烈烈，不便趋谒，致蹈攀附之嫌。现在罢官而归，忧谗畏讥，住在同城，即论乡邻之谊，也当致地主之敬，何况是平日崇敬之人呢？于是共访何兰芬，请其先向袁世凯致意，待春节后往谒。何兰芬向袁世凯讲了，袁世凯同意接见他们，但约定不谈国事。

宣统元年（1909）元旦过后，王锡彤与李时灿来到袁府，见袁世凯须发皆白，神色黯然，犹如六七十岁的老人，知为忧虑所致。又见其二目炯炯，精光射人，仍存英雄气概，心中窃喜。寒暄过后，因为事先约定不谈国事，他们谈了一些开矿、工厂、教育方面的事情，相当投机，袁世凯对他们甚为嘉许器重。

袁世凯任直隶总督时，委派周学熙办了许多企业，自己并没有派人参与经营。周学熙丁忧在籍，特专程前来与袁世凯研究实业经营替代人问题。袁世凯深恐实业受损，极想找一位代为主持之人进入企业，与王祖同谈起此事，王祖同举荐了王锡彤。王锡彤与袁世凯连日畅谈，旁及天下大局，极为欢喜。袁克定与其谈古论今，尤为投契，视为知己，遂结为异姓兄弟。袁世凯益发信任，令其出任北京自来水公司、唐山启新洋灰公司的董事和协理。武昌起义后，又令其随办营务，延为幕宾。袁世凯帝制自为，王锡彤表示异议，但仍代表袁世凯主持私人经济方面的事务。

李时灿生平不愿为官，乐于治学办事。袁世凯慕其一代大儒之名，在退隐期间，曾经借口研究经史，尊其为师友，请其伴读。李时灿婉辞未就。

前来拜年的，还有在朝鲜和北洋时期的幕僚知交谢恒及其族弟谢恺和袁乃宽等。谢恺有些医术，懂得建筑，袁世凯遂将他们兄弟留下，协助自己处理一些事情。

袁世凯请来医生给自己医治足疾，也给年轻的七姨太太邵氏治病。袁世凯罢官前，邵氏正在患病，听说罢官，受到惊吓，加以仓皇跟随南下，旅途劳累，受些风寒，病情愈重。过了一个多月，邵氏病故，年仅二十岁。她未有子女，照当时的礼俗，只可称姑娘，不能称姨太太。袁世凯甚为哀悼，且怜其贤惠，以侧室之礼葬于汲县西郊。后来袁克文以其最顺从父亲，死得可怜，得到父亲许可，为她向朝廷请得了夫人封典，并以庶母之礼题写了墓碣。

袁府临近市场，人烟稠杂，嚣闹异常，不宜养病；房舍不但狭隘，而且年久失修。袁世凯深恐夏天雨季到来，有倒塌的危险，一方面派人修葺辉县的府第,一方面另觅新居,同时在辉县营建别墅。

辉县西北五里有名胜百泉、苏门。百泉为卫水之源,流水清澈,毛发可鉴,周围建有楼台亭阁,与嵯峨苍翠的苏门山交相辉映,风景极为佳丽,自汉晋以来,即成为名流隐士的游览栖迟之所。魏晋时期的隐士孙登,竹林七贤之一的阮籍,宋代以来的程颢、程颐、周敦颐、邵雍、耶律楚材、姚枢、许衡、孙奇逢等理学家、经学家、政治家以及不食清粟而死的彭了凡,均曾来此游览、隐居或讲学。乾隆皇帝也来此驻跸过。

闰二月下旬,辉县的别墅已经建造完毕。这个别墅在百泉之南三里,约百余亩,内有竹林、池塘、稻田,云山环绕,清幽绝尘,空旷宁静。三月初,袁世凯令袁克定将在天津的家属全部接到卫辉府团聚,然后独自与谢恒等到别墅居住。

春风融融,泉水清清,百花盛开,百鸟争鸣。袁世凯在此或引泉叠石,莳花灌园;或静坐养神,拄杖眺山;或临百泉赏景,登苏门寻胜;优哉游哉,啸咏其间,一时忘掉了不少烦恼。在孙登长啸的啸台遗迹上,前人留下了不少题咏,他也书写了一副对联:"运际昌期,应不容先生长啸;闻犹兴起,却常留终古高台。"

令其遗憾的是,百泉、苏门的名贤祠宇衰落不堪,胜迹遗踪久所荒废,垣墙倾塌,栋宇腐败,满目荒凉,枯叶遍地,连最闻名的啸台和安乐窝也仅仅只剩下石坪、老树与三间破屋而已。经过考虑,袁世凯打算捐款重修,保存传统文化,让后人学习;如果捐款宽裕,再办个书社,将前贤的著作刊印,以备硕学名流前来浏览观摩,遂写信将此意告诉了徐世昌。徐世昌家在辉县水竹村,离百泉、苏门很近,欣然同意。于是由他们发起,致函北洋老部下及友好亲朋,得到大力支持。捐款汇到,袁世凯令谢恺主持其事。他在此住到四月底,方回卫辉府过端午节。

与此同时,袁世凯还用一千二百两银子买下辉县以西六十里薄壁左近的一片山林，周围约二十余里。此处土脉滋润，宜于种植，群山环抱，静僻幽深，风景别具一格。越过西寨山庄，即可见四面峰峦环拥，诸峰俱秀，山前层层梯田，山西崖畔有瀑布三叠，注入溪涧，到了下边，如壶注水，蔚为一大奇观。泉水流到半山，有紫石数块，绿苔掩映，峭峰上立，亦如人间仙境。入此山口，石壁陡立，一峰耸立如壁，此即薄壁之名的由来。兴云山下有龙峪寺，山上有白云寺。登高远眺，豁人心目。袁世凯派了同宗的几户农民到山上居住经营，种上修竹翠柏花草，请工匠将寺宇修葺一新，营建了一些亭子，将山路拓宽整修，使之焕然一新。他准备明年夏天来此消夏，与山农木客为伍。

端午节过后，由于卫辉府的水土不好，加以天气大旱，气温很高，儿女之中有不少生了病。恰好其亲家何炳莹在彰德北门外的洹上村有空宅一所，总面积二百余亩，闻知其房屋不敷所用，有意相让。袁世凯爱其宏大轩敞，开朗清静，前临洹水，右拥太行，土脉华滋，宜耕宜稼，遂将其买下，于同月中旬携全家迁居到彰德。而后大兴土木，重加修建。

修建后的府邸四周砌有高大的院墙，院墙上有几个炮楼，由地方当局派的两营马队守护，从外面看去仿佛是个寨堡。院内修建了一些"群房"，供男佣的家眷居住。袁世凯及其妻妾则住在由高墙围绕着的众多四合院里。

院内辟有菜园、瓜园、果园、桑园，饲养着家畜、家禽和鱼蟹，四周种植着许多槐树和柳树。

在住宅的东边，袁世凯辟地百亩，与次子克文精心设计，蓻花树木，筑石引泉，修茅亭，建巨阁，营造了一座大花园。并以昔日慈禧曾赐御书"养寿"二字，命名为养寿园。园中的匾额、楹联绝大部分系袁克文所题。

养寿园的中央，为三列巨大的建筑，有宽广的走廊相连，轩敞为全园之冠，名为养寿堂。该堂楹联系集前人诗句："君恩毂向渔樵说，身世无如钓屠宽。"

其南为谦益堂，"谦益"二字也是慈禧所赐。袁世凯在跋中说，他以此命名，意在出入瞻仰，用以循省。该堂的楹联为袁世凯亲拟："圣明酬答期儿辈，风月婆娑让老夫。"

其余的景观和建筑还有五柳草堂、乐静楼、红叶馆、纳凉厅、澄淡榭、葵心阁、啸竹精舍、杏花村、临洹台、洗心亭、垂钓亭、盖影亭、滴翠亭、枕泉亭、接叶亭、待春亭、瑶波亭、泻练亭、天秀峰、碧峰洞、椎风洞、散珠崖、汇流池、鉴影池、卧波桥等。

汇流池广达十亩，系从外面引漳河天平渠灌溉农田的水入园，汇聚而成的人工湖，碧波荡漾，临岸鉴影，里面种植荷菱，养殖鱼蟹。湖中心建有广大的洗心亭，备有船只，可通往来。每当春秋佳期良辰，即同妻妾在此宴乐赏月。该亭之东为垂钓亭，袁世凯常常执竿在此垂钓。

整座园林，名花遍布，香飘四季，茂林修竹，婆娑滴翠，小溪长流，高石泻泉，瀑散珠玉，朱栏半隐，曲径通幽，远离城区，偏僻清静，空气清新湿润，确是一所景色绝佳、清幽恬静、适于颐养天年的处所。

在此期间，袁世凯又纳了两个小妾。

八姨太太名叫郭宝仙，浙江归安人。其母原为某富室之妾，生有两个女儿，因故携幼女宝仙离去，堕于风尘，流落天津。宝仙长大，亦张艳帜。后来母亲病死，她典卖了衣物，又借妓院二千余金，方把母亲营葬。她还有一个幼弟赖其抚养，生活甚是穷苦。为了摆脱这种生活，她倡言，谁能以万金相聘，即嫁给谁。有几个富商大贾听说，愿意出资，可是，她又不愿嫁给商人。袁克文游天津，从相好的妓女蟾香处听到宝仙的事情，回到洹上向继母沈氏说了。沈氏考虑到袁世凯罢官家居，心情抑郁，唯恐他闹出病来，知其好色，便想给他找个女人解闷，遂派克文携带银钱到天津将其赎出。宝仙欣然答允，偿还欠债，带着幼弟，随克文来到洹上。袁世凯一见大悦，立即列为侧室，并令其弟入学读书。

九姨太太姓刘，天津人，出身小户人家，喜欢吃斋念佛，性情直率，在诸姨太太中年纪最小。她不住在养寿园，住在彰德城内的府第。

袁家有大量的田地，吃的粮食绰绰有余，又自种菜蔬瓜果，饲养家畜、家禽和鱼蟹，副食瓜果等物也很充足，有的尚可拿到市场上出售。袁世凯还派人从南方请来一些蚕娘和纺织娘养蚕缫丝，将缫出来的丝送到他在彰德所办的纱厂里织成绸缎出售。并让各房姨太太喂蚕缫丝，所得的银钱归自己支配。尽管如此，袁家的采买人每天还要进城购买一次，每隔两三个月，再专程去天津、上海购买些在彰德缺乏的东西。

经过治疗，袁世凯的足疾有些减轻，步履已能如常，唯远行一里之外，颇觉费力。他归隐林泉，学着名士派头，过着貌似闲云野鹤式的生活：时而与幕宾亲友在花前月下吟咏，诗酒唱和；时而柳岸听莺，池畔垂钓；时而设宴园中，与家人共享天伦之乐；时而接待宾客，谈笑风生；时而带着家人去看蚕娘和纺织娘喂蚕缫丝。在他的生日、妻子整寿或过年的时候，就传来北京京剧界的名角，如谭鑫培、王瑶卿、王惠芳、杨小朵等来唱堂会，间或也听听河南坠子或柳子戏。有时单独与三姨太太荡舟赏月下棋，面对皎洁的月光，耳听她弹奏的悠扬琴音，显得特别高兴。

宣统元年（1909）七月，袁世凯派克文将三兄世廉及其姨太太接来同住，为其治病。袁世廉病情好转以后，袁世凯每天陪他在溪边扶杖漫步，或游养寿园，或坐在园中下棋闲话，酌酒烹茶，极为欢乐。关于他们游园的事，袁世凯留下一首诗，题为《清明偕叔兄游养寿园》：

昆季偕游养寿园，清明雪尽草初蕃。

苍松绕屋添春色，绿柳垂池破钓痕。

画舫疑通桃叶渡，酒家仍在杏花村。

莺歌燕语无心听，笑把埙箎对坐喧。

隐逸期间，为了与大僚联络情谊，宣统二年（1910），他托山东提法使胡建枢执柯，主动为七子克齐向山东巡抚孙宝琦的五女求婚，孙宝琦欣然答允。次年六月督办粤汉川汉铁路大臣端方上任路经彰德相访，他又将次女许配给端方的侄子（袁世凯死后，女儿悔婚，另嫁无锡资本家薛学海）。

袁世凯虽然退隐，但其身价之高和关系网之密尽人皆知，因此仍有不少人为了升迁或调剂优缺而请其说项。对此，袁世凯采取的态度因人而异。关系一般的，一律告以不与当局通问，尤其不便有所陈请，概加拒绝。关系密切，所托之事自己又能说得上话的，则无不尽力而为。

对于早年的业师，袁世凯感情极为淡薄，也许早已忘却。在南京读书时，他有位业师名叫申天骐，字翼廷，济南人，江苏候补知县。袁保庆死后，袁世凯回籍，从此不通音讯，迄今已三十余年。一日，突然接到申天骐之子申式丰来信，云其仍住南京，其父灵柩存放寺院，请予资助，以便迁回原籍安葬。作为弟子，业师的葬事不能不管，但袁世凯不知真假，唯恐受骗，没有立即寄钱，乃致函镇江关道、原来的幕僚刘燕翼派人代访是否确实。不久接到刘燕翼回信，查明确有其人其事，并看着他的面子，拟将申式丰调到镇江，委个典史的差使。袁世凯仍恐多花钱，又令其代为询问申式丰到底需用多少。刘燕翼询问后，告以约需四百两。袁世凯遂如数寄给刘燕翼，令其转交。

他还有两位在信中不具名字的"夫子大人"，一位姓王，一位姓张，均暌违多年。宣统元年（1909）十月，王业师去世，袁世凯接到其子讣告，仅仅奉上一函，呈上祭幛一悬。张业师现任福建粮道，宣统元年（1909）十二月主动致函慰问，他方不冷不热地回了封信。

袁世凯颇以名士自命，流连诗酒，每当兴之所至，即与人唱和。袁克文将唱和的诗抄录下来，辑为一册，以袁宅前横亘于洹水上的圭塘小桥为名，题为《圭塘倡和诗》，刊行于世。

与袁世凯唱和的，有沈祖宪、凌福彭、史济道、权静泉、陈夔龙、费树蔚、闵尔昌、吴保初、王廉、田文烈、王锡彤、丁象震等人。

沈祖宪字吕生，浙江会稽人，袁世凯小站练兵前即入幕府。袁世凯罢官后，在直隶任知县，旋即挂冠，来到河南，跟从袁世凯隐退。

闵尔昌字葆之，江苏甘泉人，袁世凯任直隶总督时的文案。

费树蔚字仲深，又号韦斋，江苏吴江人，也是袁世凯的文案。他年少时父亲去世，即有经世之志，不学帖括，喜读近代名人笔记，过目不忘。吴大澂以其有奇才，将女儿许配其为妻，他与袁克定是连襟。后以主事改任知州，分发河南，赴京引见，途经天津，谒见袁世凯。袁世凯一见即大为赏识器重。经机要文案张一麐举荐，也留在北洋幕府。袁世凯进入军机，他与张一麐随去。袁世凯罢官以后，他受徐世昌之聘，到奉天编辑《东三省政书》。徐世昌调任邮传部尚书，他在该部任员外郎，并在京汉铁路兼职。不久母亲去世，回籍服丧，常来洹上做客。

凌福彭字润台，广东番禺人。袁世凯为直隶总督时任天津府知府，后来升任顺天府府尹。

陈夔龙字筱石，号庸庵居士，贵阳人。中年始中进士，长期在总署任差，沉滞下僚，相当苦闷。袁世凯小站练兵时被胡景桂参劾，荣禄带他前往查办，他顺从荣禄的意思拟了折稿，包庇袁世凯，袁世凯对他甚是感激。他受到荣禄的赏识，又让妻子认奕劻为义父，巴结上权贵，以后便平步青云，宣统元年（1909）杨士骧死后接任直隶总督兼北洋大臣。

吴保初字彦复，又字君遂，吴长庆的次子。他是个孝子，父亲去世后，朝廷赏他一个主事，在京供职。他工诗歌，精篆刻，喜结交，得暇便与朋友吟诗作赋；性情耿直，议论时政，毫无顾忌。光绪二十三年（1897），上书对朝政多所指责，刚毅不肯代递，遂称病辞职。因妻子凶悍嫉妒，便浪迹江湖之间。二十七年（1901）两宫回銮以后，他又上书请西太后归政，遭到拒绝。他再下上海，恣意声色，名噪沪上，不几年便将田产卖尽，过着穷困潦倒的生活。有次招妓女菊仙侑酒，次日菊仙得了咯血之症，门庭寥落。他听说以后，多方奔走，为其请医。菊仙病愈，闭门谢客，独约保初清谈。他们愈谈愈投机，一个不顾生活困难，只想嫁个大丈夫；一个不求别的，只求得个知己，二人毅然结合在一起，菊仙遂恢复了彭嫣本名。定情之夕，他欢喜到极点，写了一首《满庭芳》词。彭嫣手挥琵琶，曼声歌唱，乐得无以言喻。以后他教彭嫣书法篆刻，彭嫣的名字遂在公卿之间广为传播，他的生活却更加贫困了。迫不得已，他携了爱妾前去投奔做直隶总督的袁世凯。袁世凯与他相识已久，了解他的为人，知其属于名士一流，不愿求人，谈了些别后情况，便问他：来此有何贵干？要不要老哥帮忙？他仰天狂笑一阵，答道："我是来要饭吃的。"袁世凯笑得前仰后合，给他在文案上挂了个名，领一份薪水，告诉他愿来就来，愿走就走，一切随意。但怕他思想偏激，惹出祸来，连累自己，又告诫他不要乱议论时政。他因生活所迫，暂时答应下来，其实心情并不愉快。

田文烈字焕庭，早年在朝鲜即为袁世凯的下属，以后投奔袁世凯，在新建陆军中任职，一直到袁世凯进入军机，方脱离袁世凯的直接领导。

王廉字介亭，河南开封人，后来迁居安阳。他是同治时的进士，官居湖南布政使。光绪二十三年（1897）因受一案牵连降级，罢职家居。二十九年（1903）开复原官，充直隶课吏馆馆长，兼法政学堂监督，为袁世凯的下属。袁世凯到洹上后，时与钓游，曾一同到林县纵览黄华山名胜。

丁象震字春农，道员，袁世凯在信中称其为"十哥姻大人"。

史济道字子希，江苏江都人；权静泉字效苏，直隶静海人。这二位女士都是袁氏家塾中的教师。宣统三年（1911）辛亥革命爆发后，二人皆告假离去，参加了革命。

收在《圭塘倡和诗》中的袁世凯的诗共有十五首，大多是优游林泉、无心问世之作。如：

乍赋归来句，林栖旧雨存。

卅年醒尘梦，半亩辟荒园。

雕倦青云路，鱼浮绿水源。

漳洹犹觉浅，何处问江村。

曾来此地作劳人，满目林泉气象新。

墙外太行横若障，门前洹水喜为邻。

风烟万里苍茫绕，波浪千层激荡频。

寄语长安诸旧侣，素衣早浣帝京尘。

背郭园成别有天，盘餐尊酒共群贤。

移山绕岸遮苔径，汲水盈池放钓船。

满院莳花媚风日，十年树木拂云烟。

劝君莫负风光好，带醉楼头抱月眠。

连天雨雪玉兰开，琼树瑶林掩翠苔。

数点飞鸿迷处所，一行猎马疾归来。

袁安踪迹风流渺，裴度心期忍事灰。

二月春寒花信晚，且随野鹤去寻梅。

烹茶檐下坐，竹影压精庐。

不去窗前草，非关乐读书。

垂丝几树拂池塘，夹岸红云绚夕阳。

番信风来惊睡梦，落花飞向水中央。

楼小能容膝，高檐老树齐。

高轩平北斗，翻觉太行低。

为了表示看破红尘，决心隐遁，袁世凯还专门装模作样地照了一张头戴斗笠，身披蓑衣，旁放鱼篓，手持钓竿，坐在船头垂钓的相片，在上面题写"烟蓑雨笠一渔舟"，洗了数百张，分送亲友。并为此作了四首七律，令人相和。此诗不载于《圭塘倡和诗》，今录其二：

身世萧然百不愁，烟蓑雨笠一渔舟。

钓丝终日牵红蓼，好友同盟只白鸥。

投饵我非关得失，吞钩鱼却有恩仇。

回头多少中原事，老子掀须一笑休。

百年心事总悠悠，壮志当时苦未酬。

野老胸中负兵甲，钓翁眼底小王侯。

思量天下无磐石，叹息神州变缺瓯。

散发天涯从此去，烟蓑雨笠一渔舟。

袁世凯的文章写得不好，作诗亦非其所长，写来往往不合格律，但浅显直率，颇类其人。他这些陶醉于闲情逸致的作品，同各楼台亭榭的题名和在辉县徜徉于山水一样，无非是表明淡泊名利，超然物外，意在韬光养晦，欺骗清政府，借以消除对他的注意力。他虽然自书过"不文不武，忽朝忽野，今已老大，壮志何如？"显得情绪有些消极悲观；然而他的权势欲望无穷，政治野心很大，又与清廷结下深仇大恨，不可能谢绝尘寰，乐天安命，所以在诗中亦难免隐隐流露出不甘蛰伏的情绪。如"漳洹犹觉浅，何处问江村"，"高轩平北斗，翻觉太行低"，均属于此类。其后一首"烟蓑雨笠一渔舟"，尤足见其目中无人之概。

袁世凯相当迷信星相卜筮，每当需要的时候，总要请人算卦、相面、批八字。宣统二年（1910）他在汲县遇到盲人许长义，请其批八字，决断终身流年。许长义将其生辰八字批算完毕，先对其前半生的命运加以奉承，最后说，到了明年的八月节，官星就动了，而且官职比以前还高。袁世凯喜出望外，与之亲切交谈，问其姓名住址，送其卦礼十元。并对他说，届时如能应验预言，定有一番厚意（民国以后，许长义以预言应验，进京去找袁世凯。袁世凯让他在总统府的招待处住了个把月，送他一千银圆，派人护送到汲县。从此他购置田产，声望日高，收入增加，成为地主）。

袁世凯不甘蛰伏，具有各种条件和因素。他训练的北洋军仍然掌握在嫡系高级将领手中，这些高级将领因为清廷将军权集中于皇室，产生兔死狐悲之感，对其更为怀念。每到其生日与年节，都有不少人前来祝寿拜年。在其罢官后的第一个生日，即有一些胆大的前来祝寿。袁世凯此时非常小心，装腔作势地令门房挡驾。提督张勋不理这一套，建议大家齐闯上房，说罢前行，大家哄然跟随在后，演出一幕活剧。至宣统二年（1910）的生日时，老部下祝寿再也不藏头露尾，全都明目张胆，毫无顾忌。平时亲来看望，或派人送东西和奇花瑶草、珍禽异兽，通信，儿女婚嫁时赠钱赠物的就更多了。其中的知名军人有：王士珍、段祺瑞、冯国璋、陆建章、吴凤岭、王英楷、张勋、姜桂题、何宗莲、段芝贵、曹锟、雷震春、张士钰、徐邦杰、张永成、张怀芝、陈光远、靳云鹏、王汝贤、孟恩远等。他相信北洋军绝对忠诚，一旦有风吹草动，就是自己出头之日。

在朝中，奕劻、世续等人依然掌权。徐世昌在宣统元年（1909）由东三省总督调为邮传部尚书，第二年进入军机，第三年内阁成立，奕劻出任总理大臣，那桐与徐世昌为协理大臣。这些人均为袁世凯的同党，时刻与其暗通消息，朝中许多事情，京中官员尚未闻信，远在彰德的袁世凯就知道了。宣统元年（1909）袁世凯的女儿出嫁时，奕劻、那桐、世续均赠送食具多种。宣统三年（1911）二月奕劻的女儿出嫁时，袁世凯也送了"奁敬"。

袁世凯依旧同中央和地方的亲戚故旧书来信往，每天发电报同各地联络，结交达官显贵，在政治上发展着潜势力。他联络的重要人物有：总督袁树勋（两广）、张人骏（由两广调任两江）、陈夔龙（直隶），巡抚增韫（浙江）、朱家宝（安徽）、冯汝骙（江西）、陈昭常（吉林）、宝棻（山西）、孙宝琦（山东）、吴重憙（河南）、袁大化（山东），督办粤汉川汉铁路大臣端方，京官梁敦彦（外务部尚书）、杨士琦（农工商部侍郎）等，至于布政使和侍郎以下的官员那就更多了。

原有的僚属，如在袁世凯开缺后主动辞职的学部侍郎严修，被勒令退休的民政部侍郎赵秉钧，因贪污遭到革职的黑龙江民政使倪嗣冲等，均与他保持着联系，或做过袁府的上宾。

此外，他还同日本的大隈重信伯爵，法国驻京公使马士理，德国驻胶州总督都沛禄通信，其子袁克定与英国驻京公使朱尔典更保持着密切交往。

光阴似箭，袁世凯在等待、盼望、焦急中度过了极不平常的两年多时间。在这两年多中，大江南北各省的农民掀起了广泛的抗捐、抗税、抗粮和抢米风潮。孙中山领导的革命党在广州发动了两次武装起义。立宪派人士则领导了四次全国规模的群众性国会请愿运动，以后又进行了反对皇族内阁的斗争。湖北、湖南、广东和四川也开展了轰轰烈烈的保路运动。全国如同一堆干柴，星星之火，即可燎原。

国内形势的巨变，使得袁世凯的党羽有了起用他的借口。从宣统元年（1909）起，就不断有人提出这个问题。至宣统三年（1911）三月，以奕劻为首的满汉大员十余人因日俄两国加紧侵略东三省，即同声请求起用他出任东三省总督，挽救危局。四月皇族内阁遭到攻击，协理大臣那桐奏请辞职，公开赞扬袁世凯之才胜其十倍，力请特用，徐世昌从旁附和。载沣之弟、海军大臣载洵同样认为有起用袁世凯的必要。帝国主义列强也广造应当起用袁世凯的舆论。

袁世凯为了保住头颅，极力隐藏自己的形迹，对外装出一副病魔缠身，行将就木的可怜相。说什么久病衰朽，志气颓靡，不堪更为世用，殊不作用世之想，不足再言功名事业，无心过问政事，只应息影空山，经卷药炉，莳花种竹，优游泉石，长作乡民，与老农为伍，以了余年，于愿已足。或是回答说，报纸上登载的消息失实，不可听信。即使对真心商量他本人"出处"，即请他出山的亲信知交杨度、张士钰、袁树勋、王祖同和王锡彤等人，亦小心翼翼，不敢有明确的流露。如他复函杨度说："都门一别，迅已两年，伟议英姿，固无时不在念也。昨奉手翰，备荷注存，并代商鄙人出处，语长心重，可谓实获我心，具仰相知之深，见爱之厚，不同恒泛。矧兄侵寻衰病，精力迥非昔比，遗大投艰，实难胜任。"

清政府的腐败黑暗，如火如荼的群众斗争，各方面的舆论，使袁世凯看到了希望。他虽然有时大骂皇室亲贵年轻无知，目无元老，如此下去，国将不国；但却对他们的昏庸无能幸灾乐祸，等待东山再起的时机。

他等待时机，也告诫党羽们耐心等待。宣统二年（1910）七月，杨度来信表示很不得志。他极表同情，复信说："吾弟委蛇京邸，不克发抒素抱，良代扼腕。然环顾时局，挽回补救，终赖才隽。愿益宏所蓄，以待时会，灰心思退，似觉未可。"宣统三年（1911）六月，他函告张士钰："事势如此，唯有归之气数，千万不可激烈，是所至属。"他还对旧僚们讲，大局不糜烂，他不会得到起用；及至糜烂出山，大局又不易收拾了。

宣统三年（1911）五月，立宪派的东南领袖张謇因事从汉口乘车进京，经随行人员劝说，过彰德下车访问袁世凯。张謇与其道故论时，谈了不少。

袁世凯初时不明张謇来意，谈吐闪烁，尽打官腔。后见张謇态度坦率，方说："有朝一天蒙皇上天恩，命世凯出山，我一切当遵从民意而行，也就是说，遵从您的意旨而行。但我要求您，必须在各方面，把我的诚意告诉他们，并且要求您同我合作。"道出了急于出山的迫切心情。

张謇以其议论视二十八年前大进，意度远在碌碌诸公之上，觉得不虚此行。

全国各地风云漫卷，形势朝着袁世凯的期望发展。他晓得当途人才日形消乏，清廷没有奠安大局的能力，更加遏止不住出山的欲望，准备着出来收拾乱局了。

东山再起

宣统三年八月二十日（1911 年 10 月 11 日），京津亲友故旧群集洹上，祝贺袁世凯的寿辰。次日，资产阶级革命党人十九日（10 月 10 日）在武昌起义的电报传来，座客相顾失色。袁世凯立命撤去酒宴，停止唱戏。

纵谈国事成了议论的中心话题，大家认为起义不会成功，袁世凯必将起用。袁世凯以为革命党人占据武昌后，进取汉阳，志不在小，远非洪秀全、杨秀清领导的"长毛"可比。而湖广总督瑞澂和统制张彪均为无能之辈，载沣少不更事，奕劻昏庸贪鄙，平息下去并非易事。

革命党人一举攻克武昌，瑞澂和张彪弃城逃走的电奏到达北京，举朝惶惶。二十一日早朝，载沣非常惊慌，同内阁总理大臣奕劻和协理大臣那桐、徐世昌商议对付之策。他们三人均为袁世凯的同党，那桐、徐世昌乘机奏请起用袁世凯，一起向载沣施加压力。奕劻以为武汉变乱非同小可，如不及早扑灭，势必蔓延，非袁世凯出山，长江一带，不堪设想。但他与袁世凯的关系太深，为了避嫌，同时也想试试载沣等有何伎俩，所以没有开口。载沣闻那桐、徐世昌之言，立予申斥。下令将瑞澂革职留任，命陆军大臣荫昌督率陆军两镇赶往湖北镇压，并饬令海军提督萨镇冰率领军舰，会同长江水师往援。

奕劻、那桐、徐世昌晓得荫昌没有带兵经验，万难指挥袁世凯训练的军队，对他没抱幻想，均持消极态度。那桐请求告老退休，奕劻不上朝议事。载沣的两个弟弟海军大臣载洵、军咨大臣载涛都掌握军权，却对军事毫无所知，遇到如此大事，惊得不知所措，只好恳求奕劻设法。载洵还向载沣提出，此种局面，非袁世凯不能收拾。

载沣无奈，只得请来奕劻、那桐、徐世昌重新计议。奕劻声明，本人年老，绝对应付不了当前的非常局面；袁世凯有魄力，军队系他一手训练，赴鄂剿办，必操胜算；而且驻京各国公使也盛传非袁世凯不能收拾。载沣唯恐袁世凯篡夺皇权，问其能否担保不出别的问题。奕劻打了保票。载沣素无主见，想不出对付当前局面的善策，害怕帝国主义，也怕奕劻等人拆台，只好忍泪屈从。

一些王公大臣闻信，均埋怨载沣从前不该放虎归山，此次尤不应引狼入室。载沣虽然后悔，也无办法，二十三日（14日），任命袁世凯为湖广总督，督办剿抚事宜，节制湖北军队和各路援军，会同节制调遣荫昌、萨镇冰统带的水陆各军。还要他力顾大局，不得推辞。同时下令以荫昌所统的陆军第四镇及混成第三、第十一协为第一军；以第五镇及混成第五、第三十九协为第二军，命冯国璋督率，听候调遣；以禁卫军与第一镇为第三军，派载涛督率，守卫京畿。

当天，奕劻派内阁参议阮忠枢带着上谕和自己以及徐世昌的亲笔信到洹上劝驾。阮忠枢见到袁世凯，呈上上谕信函，并转述了载沣的话，语极恳挚。与他同来的还有内阁统计局局长杨度。

对于袁世凯是否应清廷之命，杨度与袁克定、王锡彤均持反对态度。

杨度认为革命初起，袁世凯督师，必能一鼓平息；但清廷腐败已极，欲其改善，殆无希望。

王锡彤则以为乱事一平，袁世凯必有性命之忧，再三申述。

袁世凯怫然不悦，说："余不能为革命党，余子孙亦不愿其为革命党。"

王锡彤感到自己的话可能会影响到袁克定，准备回家躲避。恰巧此时赵秉钧和张锡銮到来，告以荫昌南下，将过彰德，嘱其留下听候消息。

袁世凯久盼东山再起，断然不会辞而不就。然而，他不是那种任人招之即来，挥之即去，无事则弃，有急则用的人。现在载沣有求于他，更不能自贬身价。他断定出山已成定局，决心报复载沣一下，吊吊载沣的胃口，加重讨价还价的砝码，取得最合算的条件。更主要的是，他认为鄂军全变，各路援军极少，纵然前往，无兵节制，用什么剿抚？至于调到前线的北方各军，均归荫昌统辖，他仅有会同调遣之权，调遣起来，势必推诿，何况屈居荫昌之下？总之，官小权轻，马上应命，尚非其时。于是开具节略八条，大意谓无兵无饷，赤手空拳，能办何事？拟就直隶续备军、后备军调集万人，编练二十五营，带往湖北，以备剿抚之用；请度支部先筹拨三四百万两，作为军饷及各项急需；军咨府与陆军部不可绳以文法，遥为牵制等等，让阮忠枢面呈奕劻。并说，如果朝廷答允照办，马上出山，否则，仍在洹上垂钓。同时复信奕劻和徐世昌，告以身体有病，需要稍加调理，方可南下。

接着袁世凯拜发了谢恩折，折中除了感激天恩之外，还写道：值此时艰孔亟，理应恪遵谕旨，迅赴事机。惟臣旧患足疾，迄今尚未大愈。去冬又牵及左臂，时作剧痛。现当军事紧迫，何敢遽请赏假。但委顿情形，实难支撑。已延医赶加调治，一面筹备布置，一俟稍可支持，即当力疾就道。载沣以足疾令其回家养病，他即以足疾未愈不即受命，来个以牙还牙，以眼还眼。

他以为南方的军事尚易结束，北京的政治头绪棼如，必须有人预为布置，于是派人密告梁士诒和唐绍仪居中策划一切。

二十五日，荫昌过访，袁世凯装病，在寝室接见，晤谈片刻，荫昌离去。

一些僚属和将领如开缺奉天度支使张锡銮、革职黑龙江民政使倪嗣冲、直隶候补道段芝贵等闻袁世凯重新起用，纷纷函电要求前来效力。袁世凯告诉他们，待决定出山之后，再行电邀。

二十七日，载沣因武汉事情紧急，命内阁电寄袁世凯迅速调治，力疾就道。袁世凯接电后马上奏请招募一万二千五百人，作为湖北巡防军；拨款四百万两；令开缺副都统、江北提督王士珍襄办军务；军咨使冯国璋到彰德筹商一切，其所统第二军不必急于调发；张锡銮、倪嗣冲、段芝贵和山东军事参议官陆锦、直隶补用副将张士钰、补用知府袁乃宽随往前敌委用；第四镇统制吴凤岭迅赴前敌；江北提督段祺瑞立赴湖北。清廷立即全部允准。但袁世凯仍然坐在洹上抱膝长吟。

革命军占领武昌后成立了军政府，推举原清军第二十一混成协统领黎元洪任军政府都督。继而一鼓作气攻克汉阳、汉口，克复京山、天门、黄州、宜昌和刘家庙。其他各省热烈响应，九月一日（10月22日）湖南独立，次日陕西独立，江西新军也开始起义，占领湖口和马当两个要塞。

袁世凯乘机奏派冯国璋总统第一军，段祺瑞总统第二军，陆续开拔到河南信阳一带集结。并嘱驻扎通州的提督姜桂题镇慑京畿，千万不可轻动。

载沣见荫昌无所作为，一筹莫展，被迫再次向袁世凯屈服，九月六日（27日）令冯国璋、段祺瑞分别统率第一、二军，召还荫昌，授袁世凯为钦差大臣，节制调遣所有赴援之海陆军、长江水师及派出各军，并声明军咨府和陆军部不为遥制。

袁世凯满足了要求，准备出山，并决定给民军一点颜色看看，当日密令北洋军进攻汉口。

正在此时，北方局势发生剧变。一是屯兵滦州的第二十镇统制张绍曾联合统领蓝天蔚、卢永祥、伍祥祯、潘矩楹电奏清廷，提出速开国会，改定宪法，组织责任内阁，皇族永远不得充任总理和国务大臣等十二条要求。接着扣留了运往湖北的一列车军火，表示断不督师南下与民军作战。二是太原新军起义，枪杀巡抚陆钟琦，推举阎锡山为军政府都督。

隆裕太后和载沣惊惧异常，准备偕溥仪逃往热河。为救燃眉之急，载沣应资政院之请，于九日颁发四道上谕，宣布实行宪政，迅速起草宪法，革除亲贵秉政，大赦国事犯（即政治犯）。

目睹各地汹涌澎湃的起义浪潮，清廷统治的土崩瓦解，袁世凯命王士珍驻在洹上村，主办军队后路；令袁克文主持家事，张士钰统领守兵，袁乃宽掌管军需，共同守卫家园。而后带领段芝贵、倪嗣冲、张锡銮等人离开彰德南下。次日抵达信阳，与荫昌办了交接，遂至湖北孝感萧家港视师。

北洋军为给袁世凯出山助威，十一日（11月1日）猛烈攻下汉口。

奕劻和其他国务大臣看到袁世凯一出山就取得如此重大的胜利，一齐奏请辞职。载沣允准，任命奕劻为弼德院院长，那桐和徐世昌为该院顾问大臣。授袁世凯为内阁总理大臣，着其即行来京，组织完全内阁，开赴湖北各军仍归其节制调遣；命王士珍署理湖广总督。

袁世凯到达萧家港不久，即接到原来的文案张一麐劝进的电报，倪嗣冲也劝其仿效陈桥驿兵变，来个黄袍加身。他怦然心动，然而他考虑得更深更远。他以为世受清室恩遇，如从孤儿寡妇手中夺得天下，会被后世诟骂为活曹操，落下恶名；清廷旧臣尚多，具有相当的势力；北洋高级将领尚未灌输此种思想，他们未必赞成；人心向背，同样是个问题。

如果帝制自为的旗帜一经公开打出，必定遭到革命军与清廷两方面的强烈反对，嫡系部队中忠于清室和有封建正统思想的人也会站在对立面，自己就要陷于四面楚歌、绝对孤立的危险境地，落个悲惨的结局。因此，他不敢采纳他们的意见，冒天下之大不韪，决定站在清廷一面，与民军角逐争雄。待降服民军，夺取全国政权，再伺机逐步实现称帝的美梦。

人心的倾向决定了清王朝的败亡，袁世凯不想挽回，也无力挽回。他懂得养敌自重的道理，有革命军在，自己就有权在，也无意于将革命的火焰一下子扑灭。但革命党必须服从自己，所以对革命党要采取软硬兼施、双管齐下的方针，又打又拉，又剿又抚。

基于这种考虑，他在出山之前就主张对革命党人领导的民军剿抚兼施，并令刘承恩以同乡的关系致函黎元洪，进行和谈试探。现在云南、江西、贵州、上海相继独立，他更坚持上述主张。攻占汉口以后，他自以为民军的锐气大挫，令刘承恩致函黎元洪，说明朝廷决意改革，国事尚可振兴，务望和平了结，结果吃了闭门羹。他十分恼怒，又不死心，一方面亲赴滠口向冯国璋密授方略，调兵遣将，伺机攻取汉阳；一方面再令刘承恩派王洪胜持信渡江往见黎元洪。黎元洪虽加拒绝，但并未封死，留下了和谈的余地。

此时驻石家庄第六镇统制吴禄贞正与张绍曾等人和山西民军秘密商议，准备联合进攻北京，一举推翻清廷，然后再解决袁世凯，进一步完成革命任务。吴禄贞毕业于日本士官学校，有才干，有胆略，倾向革命，反对袁世凯。其所以能于宣统二年（1910）十一月充任北洋系的高级将领，完全是二万两银子贿赂奕劻的结果，并不受本镇官兵欢迎。到任不久，他即强行将第十二协统领周符麟撤职，不仅得罪了周符麟，而且与陆军部尚书荫昌的关系搞得极为紧张。荫昌在向袁世凯交接时，将其种种可疑之处讲了。第六镇的军官也不断向袁世凯密报。

袁世凯对吴禄贞的为人早有了解，十分警惕。接到各方面的情报，极其惊惧。如果吴禄贞的密谋得逞，非但夺取全国政权的计划势将告吹，自己也将受到南北夹击，有性命之忧。他不敢北上就职，去电辞谢。载沣不允。袁世凯以新颁布的宪法信条十九条规定，总理由国会公举，声称不敢奉诏。十七日（11月7日）凌晨，吴禄贞在石家庄突遭枪杀。此案虽然不能完全断定系袁世凯指使人所为，但其确有涉案嫌疑。

十八日（11月8日）资政院开会，正式选举袁世凯为内阁总理大臣。

十九日，地位仅次于孙中山的同盟会第二号领袖人物、鄂军总司令黄兴致函袁世凯，指出必须推翻满清，恢复汉族主权。而后劝其起义反正，明确写道："明公之才能，高出兴等万万，以拿破仑、华盛顿之资格，出而建拿破仑、华盛顿之事功，直捣黄龙，灭此房而朝食，非但湘鄂人民戴明公为拿破仑、华盛顿，即南北各省当亦无有不拱手听命者。苍生霖雨，群仰明公，千载一时，祈毋坐失。"

袁世凯见革命党的第二号人物以中国的第一任大总统相期，心中大喜，当即派刘承恩和蔡廷干为代表，持其亲笔信渡江与革命党人议和。因其以革命党承认君主立宪为前提，又遭到拒绝。革命党人的强硬态度使袁世凯暴跳如雷，并认为若不重创民军，和议固然无望，即本人半生威名亦将付之东流。乃决定狠狠地教训他们，然后再行议和，遂令冯国璋速悬重赏，倾全力攻取汉阳。

部署好前线军事，袁世凯即带领大批卫队北上，于二十三日（11月13日）抵达北京。

次日，隆裕太后和载沣召见袁世凯，命其不要辜负重托。袁世凯诚惶诚恐地表示，一定要以古代圣贤之心为心，誓死保全社稷，杀身成仁。

他会见了朝中大臣，与徐世昌进行了密商。还特别召见了同盟会的重要人物，宣统二年（1910）三月因谋杀载沣，与黄复生、罗世勋一同被捕入狱，博得壮烈美名，释放不久的汪精卫。

宣统三年（1911年）九月十六日，清廷为怀柔革命党人，应法部奏请，将汪精卫、黄复生、罗世勋开释，发交两广总督张鸣岐试用。当狱吏给汪精卫打开镣铐时，他以为要拉出去砍头，吓得瘫倒在地。其时袁世凯尚在湖北，闻悉立电袁克定留下三人，以待其来。

黄复生、罗世勋得知大惊，当即避地他去。汪精卫则独自留下，与袁克定过从甚密。

袁世凯召见汪精卫，谈得颇为投机。汪精卫以为中国非共和不可，共和非袁世凯促成不可，而且非袁世凯担任不可，遂卖身投靠。袁世凯即令袁克定与其结拜为把兄弟。并指使汪精卫与杨度发起组织国事共济会，发表宣言，制造和谈气氛。提出南北双方停战，召开国民会议，公决实行君主立宪还是民主立宪，决定之后，双方必须服从，否则即为国民公敌。

二十六日（11月16日），袁世凯组成责任内阁。各部大臣、副大臣大多是他的亲信党羽，农工商部大臣张謇、司法部副大臣梁启超则是立宪派的首领，他们一在光复的江苏，一在日本，均坚辞不就。

这时，江苏、浙江、安徽、广西、广东、福建相继独立，除南京尚在清军之手外，南半个中国均已脱离清廷的统治；民军与清军在汉阳的争夺战已打了几个昼夜。至十月七日，北洋军攻占汉阳，民军退守武昌，鄂军总司令黄兴前往上海。

北洋军占领汉阳，据有龟山之险，如果乘胜而进，渡江强攻武昌，民军能否固守得住很成问题。但袁世凯的目的在于教训民军，使他们不能目中无人，屡拒和谈，而不是一举荡平武昌。保存武昌，既显示了自己对民军的宽大容让，又可证明民军力量不可轻估，继续向清廷要挟。所以他只准北洋军用炮隔岸向武昌城头轰击，不准渡江进取。建功心切的冯国璋和其他将领几次摩拳擦掌，要求强攻，均被他用电话亲自制止。旋将冯国璋调回北京担任第二军总统官兼禁卫军总统官，改派段祺瑞接统第一军。段祺瑞得到密令，陈兵不动，军事行动戛然而止。

袁世凯以为严重教训了民军，也给足了面子，乘机和谈，民军不难俯首听命。为使和谈成功，他除派原来的刘承恩、蔡廷干外，又令其子袁克定派人与革命党人联络，来个双管齐下。

由于革命党人反对，刘承恩、蔡廷干再次失意而归。袁世凯遂向英国驻京公使朱尔典表示愿意停战，请其居间调停。朱尔典即电汉口总领事葛福与湖北军政府接洽。

袁克定虽然遵照父亲的指示让汪精卫致函革命党人，说袁世凯将率北军反正，请南方举其为总统，以免兵连祸结，并派甘愿为袁世凯效力的同盟会员朱芾煌持信往见革命党人，做疏通工作，但他一心想推翻清廷，让其父亲称帝，自己好做太子。清廷授袁世凯为总理大臣时，他曾南下阻止其父北上，袁世凯没有理会。回到北京，他以锡拉胡同的府邸作抵押，借了数千两银子，作为运动费，购置炸弹，招集数百人马，以唐天喜统领，并与倪嗣冲密议，准备攻入清宫，驱逐溥仪。起事前一日夜晚，他令倪嗣冲在起事之夜，带兵护卫袁世凯坐专车前往天津，事成之后，即推袁世凯在天津即皇帝位，且嘱严守秘密，不可外泄。时已半夜，倪嗣冲向段芝贵讲了。段芝贵以为事情紧急，有关大局，唯恐惹出祸乱，与其一同往见徐世昌。徐世昌听后，同他们去见袁世凯。袁世凯闻听，即请他们回去，并安慰倪嗣冲不必担心。紧接着命人次日早晨将汽车开到门前，告知京汉铁路局准备专车。

拂晓，袁克定向父亲请安。袁世凯以其母亲于氏生病想念，彰德社会秩序很不安定，不可疏于防备，命其速速前往，与袁克文和张士钰筹商。袁克定借口今日有事，回答明日再走。袁世凯不允。袁克定不敢违背，只得怏怏离京，进攻清室大内的计划遂成泡影。

南方各省独立后，缺乏统一领导，处于各自为政的状态，对革命发展极为不利，于是协商召开各省代表联合会。代表联合会于十月十日在汉口举行第一次会议，经与湖北军政府商榷，同意了袁世凯停战议和的要求。十二日，江浙联军攻克了南京。同一天，各省代表联合会与袁世凯的代表达成了停战三天的协议。由于革命派只求排满，建立形式上的民主共和国家，认为袁世凯力量强大，与其对抗，没有必胜的把握，如其赞成共和，推翻清廷只在指顾之间，革命即可早日成功。因而还通过了如袁世凯反正，当公举为临时大总统的决议。

袁世凯屡次提出和谈，使得恭亲王溥伟、肃亲王善耆等皇室贵族大为怀疑其居心叵测，派人当面厉声质问。袁世凯讨厌他们作梗，更讨厌朝中体制束缚和向摄政王载沣请示。为了将权力集中于手中，在军事未定的借口下，他迫使载涛取消了第三军，取得近畿各镇、各路军队和姜桂题所部的节制调遣权；在责任内阁制的堂皇名义下，他奏请除国务大臣外，停止召见其他官员和各衙门上奏事件，应行请旨事件由内阁核办，或由内阁代递等等，使所有政令政务均归内阁，皇帝只剩下钤章的权力。

载沣丧失了实权，被迫辞去形同虚设的摄政王。隆裕太后准其以亲王退归藩邸，岁给俸银五万两，不再预政。嗣后用人、行政均责成总理大臣和国务大臣担负责任。从此，清廷只剩下一个孤儿，一个寡妇，更易为袁世凯利用了。

十月十五日，各省代表会议决定和谈纲要四条，即推翻满清政府，主张共和政体，礼遇旧皇室，以人道主义待满人。并决定以汉口为议和地点，公举伍廷芳为议和全权代表，温宗尧、汪精卫等为参赞。

十七日（12月7日），清廷授袁世凯为和谈的全权大臣。袁世凯当日委唐绍仪为总代表，严修（未去）、杨士琦为代表，杨度等为参赞，到南方和谈，假惺惺地嘱咐他们维持君主立宪到底。

唐绍仪一行抵达汉口，因伍廷芳不能离开，遂往上海。谈判之初，伍廷芳提出，人心倾向共和，必须承认共和，方可开议。唐绍仪致电袁世凯请示。袁世凯从黎元洪、黄兴、汪精卫等人的函电谈话中已经得知，只要赞成共和，被推为总统大有希望，复电姑先开议。

一些反对议和的满族亲贵再次公推代表质问袁世凯："从前洪（秀全）、杨（秀清）革命，十三省都沦陷，而胡林翼、曾国藩都能讨平。现在南方革命党并无多大实力，黎元洪、程德全都是政府官吏，公然叛逆，若不讨伐，成何体统？"

袁世凯则以在独立各省担任要职的原立宪派人士张謇、汤寿潜、汤化龙、谭延闿都是老百姓的代表，绝对不能讨伐，回答他们。

由于南方以承认共和为先决条件，袁世凯一时拿不出办法，和议中断了几天。唐绍仪建议召开国民大会，公决民主立宪或君主立宪。袁世凯认为自己不能开口向宫廷和亲贵提出共和，召开大会便可公开讨论，意见可行，遂将情形奏明，请速召集宗支王公会议，讨论决定。隆裕太后召集宗支王公讨论，多数赞成。

十一月十日南北双方举行第三次会议，达成召开国民会议，公决国体的协议。

次日，南方选举孙中山为中华民国临时政府大总统。

袁世凯因为孙中山当选为临时总统，自己当总统的希望渺茫，不承认唐绍仪与伍廷芳拟定的召集国民会议办法。唐绍仪进退维谷，电请辞职。袁世凯批准，和议濒临破裂。

十一月十三日，即公历 1912 年元旦，孙中山在南京就任临时大总统之职，宣告中华民国成立，从这天起改用公历，以本年为中华民国元年。他完全同意袁世凯当总统，故就职以后，即将暂时承乏，虚位以待之意，明确电告，请其早定大计。

但袁世凯以小人之心度君子之腹，根本不信。为压迫革命党人屈服，唆使部将冯国璋、段祺瑞等四十余人电请内阁代奏，并转达伍廷芳，声言若以少数人的意见采用共和政体，必定誓死抵抗。

孙中山知道袁世凯不放心，次日再次恳切地致电表明，只要他能不通过战争而达到共和，一定将大总统之位相让。

十一月十五日南京代表选举黎元洪为副总统。

袁世凯致电伍廷芳，气势汹汹地质问选举总统是何用意？伍廷芳理直气壮地阐述了理由，驳得他无言以对。

其后，和议表面上陷于停顿状态，实际上唐绍仪、汪精卫等人一直在与伍廷芳等私下协商。袁世凯一面密令各军备战，一面授意党羽广造舆论，一时"收拾大局，非袁莫属"之说，纷纷腾诸南北报章。

孙中山见袁世凯无和谈诚意，决定出师北伐，打了几次胜仗。这时，革命阵营内部一部分人经不住帝国主义的恫吓，发生动摇。汪精卫更攻击孙中山有权力思想，贪恋总统名位而破坏议和。在此情形之下，孙中山不得不终止北伐。

十一月二十七日，唐绍仪询问伍廷芳，如果清帝退位，举袁世凯为总统有何把握。伍廷芳电询孙中山。孙中山依然明确回答：如果清帝退位，宣布共和，临时政府绝不食言，本人正式宣布解职，以功以能，首推袁氏。

汪精卫当即致袁克定长电，请其向其父陈词。唐绍仪、杨士琦、张謇等人唯恐袁世凯错过机会，亦电袁世凯，促其痛下决心，当机立断。

袁世凯仍不放心，指使党羽继续摸底。及至证实孙中山不会欺骗，自己当总统万无一失，方命袁克定和梁士诒电告汪精卫和唐绍仪、杨士琦转告伍廷芳等，清帝退位，势在必行，唯不能自他而发。已将此意训示北洋将领和驻外公使、各省大吏，令其联衔劝幼帝退位。另拟优待皇室条件，征求南方同意。

由于袁世凯成为清政府的首脑，派张锡銮、曹锟率大军进攻山西民军，残酷地镇压北方各省的革命活动和王金铭、施从云等领导的滦州起义，北京、天津的革命党人认为他无和谈诚意，是革命的大敌，封建的毒根，为人阴险无信，极想将其除掉。二十七日深夜，通州的革命党人被姜桂题部逮捕斩决，北京的革命党人义愤填膺，侦知袁世凯次日将去早朝，遂召开紧急会议，决定进行暗杀。

二十八日（1912年1月16日），袁世凯在养心殿将与国务大臣联衔的奏折呈给隆裕，开始逼宫。这份奏折叙述了议和过程，陈明了海军尽叛，军饷无着，强邻虎视，人心涣散等万分危急情形。而后以法兰西皇帝路易十六不识时务，子孙被革命党人杀光相威胁，请求俯鉴大势，顺从民心。

隆裕看后，默无一言，唯有用手绢拭擦流不尽的泪水。

中午，袁世凯从宫内出来，在东华门坐上双套马车，由卫队保护着回石大人胡同官邸。行至东华门大街时，革命党人从街旁的酒楼上投下三颗炸弹，其中两颗爆炸，炸毙护卫管带袁振标，炸伤两匹马，袁世凯侥幸未死，在卫兵簇拥下急忙逃脱。次日，革命党人张先培、黄之萌、杨禹昌三人被害。

袁世凯唯恐革命党人再打他的主意，急急派人向革命党人表示，一定效忠革命，推翻清廷。同时借机称病不朝，将逼宫的任务交给民政部大臣赵秉钧、署理外务部大臣胡惟德、署理邮传部副大臣梁士诒等人，自己躲在幕后指挥，掩盖世人耳目，免得落下篡夺政权的骂名。

奏请清帝退位的消息一经传出，"谁说袁世凯不是曹操"的说法在亲贵中占了上风，一部分满蒙王公摆出拼命的架势，扬言要对汉人采取恐怖行动，进行报复。二十九日，隆裕召集宗室王公开御前会议，讨论是否实行共和。奕劻和贝子溥伦主张自行退位，颁布共和，遭到多数反对。次日仍无结果，良弼、溥伟、铁良等几十人齐赴庆王府，围攻奕劻。

十二月一日，御前会议继续召开。胡惟德、赵秉钧、梁士诒在会上提出，革命党力量强大，北方军队已不足恃，袁世凯欲设临时统一政府于天津，与革命党开议。王公大臣愤激异常，一致表示反对。赵秉钧凶相毕露地指斥王公亲贵会而不议，议而不决，声称再如此下去，就辞职不干，说罢愤然离去。

良弼等人极不甘心，发布激烈宣言，成立了以保卫清室、反对议和为目的的宗社党。各亲贵也帮着运动禁卫军合力反对共和，遍发传单，耸动人心，京中到处流传着将有暴动的传闻。蒙古王公纷纷出京，各回本旗，组织义务勤王敢死队。袁世凯感到处境危险，立调曹锟的第三镇军队入京护卫。

由清廷授权在天津组织临时统一政府既受王公亲贵激烈反对，也遭到孙中山等人的坚决驳斥。袁世凯两处碰壁，唯有加紧逼宫，同时用重金购买晚清最坏也是隆裕最信任的太监总管小德张（张兰德），进行恐吓。小德张对隆裕太后说，各省独立，饷项难筹，若不答应民军的要求，革命军杀到北京，性命难保；倘能让位，南方有优待条件，仍可安居宫中，长享尊荣富贵。隆裕在内外夹攻下动摇起来。

十二月四日，孙中山为促使议和早日成功，提出最后解决办法五条：

1. 清帝退位，由袁世凯知照驻京各国公使，电告民国政府；

2. 袁世凯必须宣布政见，绝对赞成共和主义；

3. 接到清帝退位通知，孙中山即行辞职；

4. 由参议院举袁世凯为临时总统；

5. 袁世凯必须宣誓遵守参议院所定之宪法，乃能接受事权。

袁世凯接到伍廷芳的通知，方始真正放心。现在的关键是清帝退位，只要做到这一步，大总统即可到手。然而御前会议不解决问题，隆裕在反对派的坚持下，仍未拿定主意。袁世凯怒火中烧，病假一续再续，撒手不管，进行刁难。同时密令段祺瑞联合北洋将领电奏赞成共和，反对帝制，向清廷与反对退位的亲贵提出严重警告。

十二月八日晚上，主战最力、嫉恨袁世凯最甚的宗社党头子良弼被革命党人彭家珍用炸弹炸断一条腿，第三天死去。彭家珍则当场牺牲。王公亲贵闻风丧胆，再也无人敢说反对退位的话，有些人干脆潜赴青岛、大连、天津的租界，藏匿起来。

隆裕惊惧万状，当即召赵秉钧、胡惟德和梁士诒进宫，哭着向他们说："我母子二人性命，都在你们三人手中，你们回去好好对袁世凯说，务要保全我们母子二人性命。"为了羁縻袁世凯，使其无异心，又降懿旨，封袁世凯一等侯爵。

袁世凯马上要当总统了，如果接受封爵，势必要效忠清室，等于作茧自缚，逼宫戏再也不好演下去了。他大为不快，连上数折，请收回成命，未获允准。

十日，孙中山电告伍廷芳，共和不能实现，全是袁世凯阻挠。此次停战期满，不再延期，战争再起，唯袁世凯是咎。

袁世凯为免丑行被揭露，急令杨度在北京发起成立共和促进会，宣言目前主张君主立宪为时已晚，为挽救国家危亡，保全皇室，应速实行共和。并命王锡彤前往开封进行运动。前不久王锡彤曾得袁克定同意放走革命党人，此次赴河南便先到彰德往见袁克定。袁克定赞成他的请愿共和而不独立之策，并电前敌将士照此策进行。

隆裕仍然恋恋不舍皇室的尊荣，提出采取虚君共和政体，即君主不干预国政的办法把皇帝保留下来，没有得到允许。走投无路，她只好做出了享受优待条件，皇帝退位，颁布共和的明智选择。十六日授予袁世凯全权，与南方协商清帝退位条件。

袁世凯马上销假，将所拟的优待条件电告伍廷芳。然而，隆裕并未决定何时退位，袁世凯乃嘱段祺瑞等以前敌名义拍发电报，严厉指斥二三王公败坏大局，陷两宫于危险之地。声称宇内不容有此败类，谨率全体将士入京，与其剖析利害。电文刀光剑影，令人不寒而栗。各王公大臣看了面色如土，毛骨悚然。

几经协商，双方在退位条件问题上达成协议。二十四日，隆裕认可，决定下诏退位。袁世凯将退位诏旨电达南方，复发一电，盛赞共和为最良国体。同时表明政治态度：从此努力进行，务令民国达到圆满地位，永不使君主政体再行于中国。

腊月二十五日（1912年2月12日），隆裕太后以宣统名义颁发三道诏旨：一是清帝退位诏。此诏由南京临时政府电寄北京，袁世凯蓄意将退位诏书中"即由袁世凯以全权与民军组织临时共和政府，协商统一办法"一句，改为"即由袁世凯以全权组织临时共和政府，与民军协商统一办法"，以示政权来源受自清室，与南京临时政府无关。二是公布优待条件，包括清帝退位后优待条件，皇族优待条件，满蒙回藏各族待遇条件。三是劝谕臣民。

至此，统治中国长达二百六十余年之久的清王朝灭亡了。

当天，袁世凯剪掉了脑袋后面的辫子，开心地哈哈大笑。

（以下纪年采用公历）

一统南北

清帝退位的次日，即 1912 年 2 月 13 日，孙中山向南京临时参议院辞职，同时因袁世凯促使清帝逊位有功，宣布绝对赞成共和，且富有经验，送交了举荐袁世凯为中华民国临时政府大总统的咨文，以践前言。为了将袁世凯调离北洋军长期盘踞、封建势力顽固的北方，以法律形式限制其不得胡作非为，他在咨文中附加了三项条件：

1. 临时政府地点设在南京，为各省代表所定，不能更改；

2. 辞职后，待参议院举定新总统亲到南京就任之时，大总统及国务员乃行解职；

3. 《中华民国临时约法》为参议院所定，新总统必须遵守。

15 日，参议院选举袁世凯为中华民国临时政府大总统，电请他到南京受职。

袁世凯当选为临时大总统，如愿以偿，欢欣若狂。然而，他对孙中山所附三条的用意极为清楚，深恐调虎离山，即电告孙中山和南京临时政府及各省、各军，到南京就职，实有无穷窒碍。因为北方军民意见尚多分歧，隐患实繁；皇族受人愚弄，根株潜长；外交团向以其离开北京为虑；奉天、黑龙江两省时有动摇；外蒙各盟迭来警告。若是离开北京，一切变端立见。举人自代，又无合宜之人。与其孙大总统辞职，不如由他退居。待南京政府将北方各省、各军接收以后，他即退归田里。总之，当以爱国为前提，决不欲以大总统问题酿成南北分裂之局。

第二天，他发觉如此表态不太妙，又致电孙中山及参议院，说他始终以国利民福为目的，当此危急存亡之际，国民既以公义责难，不敢不勉尽公仆义务。不再提退归的问题，只请求体谅其不能南下就职的苦衷。当日，又会见各国公使，争取支持。各国公使表示临时政府一定要设在北京，否则不予承认。

孙中山仍然坚持首都设在南京，致函袁世凯解释。同时委派临时政府教育总长蔡元培为专使，外交次长魏宸组、参谋次长钮永键、法制局局长宋教仁和汪精卫等为欢迎员，偕同唐绍仪北上，迎接袁世凯南下，迫其离开北京。

袁世凯闻知，立令袁克定加紧策划。

袁克定召集姜桂题、曹锟、杨士琦和杨度开会，研究办法。他先以袁世凯南下后兵权交给别人，大部分军人要裁汰调动相启发，后乃明言等专使到来，应将他们吓回去。此次会议没有结果，他又与曹锟及其所部军官密商。并通知陆建章和赵秉钧，届时不准执法处和巡警出面干涉。

20日，参议院选举黎元洪为副总统。

接到专使北来的电报，袁世凯指示直隶当局予以特别招待，派袁克定为代表至天津迎接。25日，蔡元培一行到达北京，袁世凯命打开正阳门隆重欢迎。下午，蔡元培一行会见袁世凯，递交了参议院选举总统的选举状，敦请南下。晚上，袁世凯委派外务部首领胡惟德举行盛大宴会热情招待。

袁世凯考虑到如再拒绝南下，舆论不利，如果因此而孙中山不解职，或参议院另有推戴，愈益糟糕。因而在同专使的接触中，绝口不再谈南下的困难，但云有些事情尚需布置，一旦安排好留守坐镇的人选，即刻动身，表现得极为痛快。

蔡元培等抵京后，北京当局下令举行三天大会，晚上提灯游行，庆祝中华民国的诞生和对专使表示欢迎。

29日晚上，时近八点，游行开始不久，城东北方向突然传来轰轰几声炮响。正当人们猜想放礼炮的时候，许多士兵拥向街头，口中不断高嚷："宫保要走了，我们没人管了！抢啊！"旋即奔向大街的金号、银店、绸缎庄及其他大商号，枪声刺耳，火光冲天，充满了恐怖气氛。人们才猛然醒悟发生了兵变，哭喊着逃命而去。变兵在东四、北新桥、东单、王府井、前门、虎坊桥等处抢掠通宵，方鸣枪归营。他们还特别到达专使下榻的招待所叫嚷，吓得蔡元培等逾墙逃入六国饭店。

3月1日，变兵又抢掠北京西城。

英、俄、德、日等国则出动驻扎于京津的军队在通衢大道巡逻，继而调进几千军队进京。

这些均证实了袁世凯所说的，若是离开北京，一切变端立见。

蔡元培等为袁世凯的骗吓术所迷惑，认为如若再有此种事情发生，难免外国人不自由行动。为了稳定大局，现在最紧要的问题是速建统一政府，其他均可迁就。遂将此意电达临时参议院，要求在南下问题上让步。

袁世凯一面通电全国，说明不能南下的苦衷，一面派人到南京疏通。

孙中山与参议院拿不出稳妥的办法，只有迁就。3月6日，参议院通过了统一政府组织办法六条，允许袁世凯在北京受职。

袁世凯如释重负，8日致电参议院，承认六条办法，并将誓词电达。

10日，他身着大礼服，顾盼自雄，在北京就任临时大总统。宣读了下面的誓词："民国建设肇端，百凡待治。世凯深愿竭其能力，发扬共和之精神，涤荡专制之瑕秽，谨守宪法，依国民之愿望，蕲达国家于安全强固之域，俾五大民族同臻乐利。凡兹志愿，率履勿渝！俟召集国会，选定第一期大总统，世凯即行解职。谨掬诚悃，誓告同胞。"

袁世凯就职后，马上着手组织政府，首先提议深受信任的前清僚属唐绍仪为国务总理。南京临时参议院因唐绍仪平时与南方颇为接近，而且为取信于革命党人加入了同盟会，顺利通过。在拟定各部总长名单的时候，则发生了争论。如陆军总长一席，南京方面坚决主张黄兴，袁世凯则坚持用段祺瑞，争论到月末，方始定局。各部总长是：外交陆征祥，内务赵秉钧，财政熊希龄，陆军段祺瑞，海军刘冠雄，司法王宠惠，工商陈其美，农林宋教仁，教育蔡元培，交通唐绍仪（兼，4月8日改为施肇基）。在阁员中，王宠惠、陈其美、宋教仁和蔡元培均为同盟会会员，加上唐绍仪，有人称此届内阁为同盟会内阁。其实，他们不过得到几个冷衙门而已。

为敷衍革命党人，袁世凯任命黄兴为并无实权的参谋总长，黄兴不接受。袁世凯又任其为南京留守，使其负责维持处理南京地方事务和整理南方各省军队。

4月1日，孙中山解除临时大总统职务。2日，参议院议决北迁，不久即与临时政府迁到北京，实现了南北统一。

袁世凯在总统府设立了军事处和秘书处。军事处设立之初，袁世凯为了敷衍革命党人，任命原为黄兴参谋长的李书城为处长，傅良佐为副处长，重要司员有军事参议唐在礼等。不久，李书城因傅良佐太过霸道，气愤不过，不辞而别。袁世凯任命统率禁卫军的冯国璋兼任处长。秘书处以梁士诒为处长，秘书有张一麐、闵尔昌等。

《中华民国临时约法》在正式宪法产生之前，具有与宪法同等的作用。它规定了资产阶级共和国的国家性质，国家的政权形式为责任内阁制，一切重大法令必须经国务员副署方能生效，对总统的权力作了限制。

袁世凯抓权成癖，独裁成性，欲壑难填，永无止境，当然不满意让内阁操纵实权，自己做味同嚼蜡的总统。他当初之所以痛快地允诺南京临时政府遵守《临时约法》，只是为了早日将总统捞到手的权宜之计。同时也考虑到，在北洋系文武诸人中，若论患难之深，感情之笃，共事之久，无有出唐绍仪之右者，而且一向忠诚可靠，由他出任总理，定会唯命是从，得心应手。

可是，唐绍仪接受新思想较快，辛亥革命爆发后即倾向共和，以后加入同盟会，革命党对其期望颇大，谆谆嘱其尽忠民国，总理的地位又促使其想发挥责任内阁的作用。所以他就任总理后，主张与同盟会合作，俯顺舆情，强调遵守《约法》和对国家负责，不再如过去那样恭顺，有时将总统府的决定驳还，与袁世凯争得面红耳赤，不肯稍让。

袁世凯认为唐绍仪成了革命党人的内线，挟革命势力自重，欲独树一帜，大逆不道，决定搞垮责任内阁。他首先直接插手重要部门，如外交和陆军、海军的事情，均不让唐绍仪插手，同时指使内务总长赵秉钧不服从领导。赵秉钧自视甚高，对唐绍仪出任总理很不服气，经常流露出对立的情绪，有袁世凯在背后支持，益无顾忌，拒不出席内阁会议，也不执行内阁决议，甚至横生枝节，百般挑剔。

内阁成立之初，结束南京临时政府急需相当大的一笔经费，唐绍仪开始向英、美、德、法四国银行团商议借款，银行团要求条件极为苛刻。为解燃眉之急，唐绍仪与比利时财团签订了借款英金一百万镑的合同。英、美、德、法四国公使马上向袁世凯提出抗议。此事立即被人利用，大肆散布借款用途不明，甚至说是为了接济革命党军费。袁世凯推波助澜，风波越闹越大，搞得唐绍仪坐卧不安。

非但如此，袁世凯还不时在心理上对唐绍仪施加压力，在精神上予以折磨。每当二人争论起来，袁世凯理屈词穷时，就阴阳怪气地说："我们是没有几天好做的，这个位置早晚要让给你们的。"或者公开说："少川，我老了，你当总统吧。"弄得唐绍仪大大不安于位，二人的关系愈益恶化。

参议院在南京时，曾经通过接收北方统治权案，议定各省督抚一律改称都督，咨议局改为省议会，都督由省议会公举。继而直隶代表推荐驻南京第三军军长王芝祥为直隶都督。唐绍仪向袁世凯报告，袁世凯当即表示"此事好商量"。唐绍仪认为袁世凯已经同意，通知了直隶人士，省议会跟着做出了推举王芝祥为都督的正式决议。

直隶为袁世凯发迹的地方，卧榻之旁，岂容一个接近同盟会并控制军权的都督酣睡？王芝祥到京后，袁世凯表面称誉不绝，聘为高等顾问，暗中却密令直隶五路军人发出反对王芝祥为都督的通电，并遍发匿名信，恫吓省议会的人士。然后即借军界强烈反对为词，拒绝王芝祥任直隶都督。

任命王芝祥的问题直接关系到内阁的威信和职权，如不坚持，将来内阁势必沦为总统的附属机关。因此，唐绍仪一再申述应当尊重《约法》，不能食言，不要失信于直隶人民。袁世凯竟然矢口否认曾经同意王芝祥任都督，委任他为南京宣抚使，让他帮助黄兴解散留守部队。唐绍仪拒绝在命令上签字，进行抵制。6月15日，袁世凯将不经内阁副署的委任状交给王芝祥，同时给他一笔远远超过实际需要的宣抚经费，示意余款不必上交，王芝祥便南下了。

唐绍仪见袁世凯逼迫过甚，忍无可忍，6月15日留下一道辞呈，愤而拂袖出京。

唐绍仪辞职，正中袁世凯下怀，但他还是要将表面文章做到好处。先是准其请假，以陆征祥代理国务总理，继而派梁士诒和段祺瑞到天津面见唐绍仪作形式上的慰留。唐绍仪不忍以私交而损公义，态度十分决绝。

6月29日，经参议院通过，陆征祥出任总理。至7月中旬，内阁中的总长只剩下赵秉钧、段祺瑞和刘冠雄，其余的均辞职了。陆征祥提出补充阁员名单，遭到参议院全部否决。袁世凯一面招待全体议员，进行疏通，一面密令军警向议员发起攻击威胁。后来新的阁员虽然通过，参议院又弹劾陆征祥失职，陆征祥称病不出。

此时黄兴辞去南京留守职务，袁世凯下令将驻南京的军队大部分解散。为了制造与孙中山和黄兴合作的假象，又电邀他们和副总统黎元洪进京共商国是。孙中山与黄兴复电准备北上。

辛亥革命后，黎元洪与湖北军务司副司长张振武的矛盾迅速激化，极想将其除掉，又怕激起革命党的愤怒，丧失人心。适巧接到袁世凯来函，邀聘张振武等人入京，遂告知张振武等人。8月10日，张振武与将校团团长方维等抵京。11日，黎元洪想借袁世凯的屠刀诛锄异己，即密电袁世凯，说张振武与方维蛊惑军士，勾结土匪，破坏共和，图谋不轨。并假仁假义地说："元洪爱既不能，忍又不敢，回肠荡气，仁智俱穷。"请将他们二人立予正法。

杀了革命党人，势必产生强烈反响，袁世凯心知肚明，岂肯代人受过？为了迫使黎元洪倒向自己，他决定来个将计就计，令冯国璋、段祺瑞、姜桂题等高级将领轮番宴请张振武一行。15日晚，袁世凯密令拱卫军司令段芝贵将张振武逮捕，解送军政执法处。军政执法处处长陆建章不经任何法律手续，即于16日凌晨将其秘密处决。方维在张振武被捕之前已由步军统领枪毙。

这一严重事件引起各方面震骇，舆论哗然。在京的湖北议员和知名人士有的质问袁世凯，有的在参议院提出质问案，要求政府拿出张振武的犯罪证据。袁世凯不慌不忙，将一切责任推在黎元洪身上。

黎元洪弄巧成拙，声誉大损，只得厚着面皮，再三通电全国，一面罗列张振武的罪状，证明其死是罪有应得；一面沉痛检讨，许诺优加抚恤。为保持个人地位，以后便投向了袁世凯的怀抱。

8月20日，袁世凯任命赵秉钧为代理国务总理。赵秉钧对院中的公文概不批阅，一切直接请袁世凯办理，责任内阁完全成为总统的附属机关，袁世凯达到了目的。

黎元洪受到各方责难，不敢进京。革命党人鉴于袁世凯的手段毒辣，一致劝孙中山和黄兴不要轻入魔窟。孙中山认为袁世凯可靠，并且业已答应北上，不能失信于人，但同意黄兴暂时缓行，遂偕夫人卢氏于8月24日抵达北京。

袁世凯特令秘书长梁士诒和各部总长前往迎接，以最高的总统规格，予以隆重的接待。当晚，孙中山驱车前往总统府拜会袁世凯。袁世凯设宴盛情欢迎，致词大肆吹捧，表示不违背孙中山初志，并请孙中山赐教。

此后，他们进行了十三次会谈，每次均由梁士诒作陪，有时也有总理和国务员在座。对孙中山所谈的问题，袁世凯均洗耳恭听，表示赞成，偶有不同意，也要说上两句"贵论宏大，可以参考"的奉承话。孙中山不免稍有怀疑，有次单独与梁士诒谈起，梁士诒略加解释，孙中山也就释然了。

孙中山此行的唯一宗旨在赞助袁世凯谋国利民福之政策，疏通南北感情，融和党见。抵京之后，他就向有关方面人士解释，袁世凯绝无不忠民国之意，劝大家不要心存猜疑，妄肆攻讦。他抵京的第二天，同盟会与其他政党合并为国民党，推其为理事长，黄兴、宋教仁等为理事。他即劝袁世凯入党，表示愿以党的领袖地位相让。袁世凯连连摇手。9月9日，袁世凯特授孙中山以筹划全国铁路全权，月给三万元高薪，孙中山欣然接受。

谈过张振武问题以后，孙中山电告黄兴，此案袁世凯实是迫于黎元洪之急电，不能不照办。请其速来，以止息南方风潮。黄兴于9月11日抵京，受到与孙中山一样的招待。

9月25日，袁世凯通电宣布，经与孙中山、黄兴会谈，并征得黎元洪同意，议定八大政纲：

1. 立国取统一制度；

2. 主持是非善恶之真公道，以正民俗；

3. 暂时收束武备，先储备海陆军人才；

4. 开放门户，输入外资，兴办铁路矿山，建置钢铁工厂，以厚民生；

5. 提倡资助国民实业，先着手农林工商；

6. 军事、外交、财政、司法、交通，皆取中央集权主义，其余兼采地方分权主义；

7. 迅速整理财政；

8. 竭力调和党见，维持秩序。

通过会谈，袁世凯对孙中山和黄兴的评价是："孙氏志气高尚，见解亦超卓，但非实行家，徒居发起人之列而已。黄氏性质直，果于行事，然不免胆小识短，易受小人之欺。"

孙中山与黄兴皆中了袁世凯的圈套。孙中山不仅对外界宣布自己以后从事社会事业，不再厕身政界，与袁世凯竞争总统；还对国民党员讲，袁世凯很有肩膀，头脑清楚，见事明彻，思想亦新，不过做事手腕稍涉于旧。而目前治国，正需要这种人。他推荐袁世凯并无错误，号召全党全力赞助袁世凯。黄兴亦然。

《临时约法》规定，临时参议院成立后，应在十个月内举行国会选举。根据参议院议决，国会采取两院制。此时的国民党已失去了同盟会时期的革命党性质，变成一般宪政国家的政党。为获得国会中的多数席位，与各党展开了激烈的竞选活动，其代理理事长宋教仁尤为热衷。

宋教仁字遯初（亦作钝初），号渔父，湖南桃源人。早年与黄兴等创立革命团体华兴会，后去日本学习，任同盟会司法部检事长，《民报》庶务干事。后回上海，主编《民立报》。1912年南京临时政府成立，任法制局局长。唐绍仪内阁时，任农林总长，唐内阁倒台，辞职而去。他一向主张内阁制而反对总统制，认为要建设好共和国家，首先应组织良好的政府；欲有良好的政府，必须实行政党内阁。他号召全党全力从事竞选，并亲自到湖南、湖北、安徽、江苏、上海、浙江，激昂慷慨地发表演说，抨击时政。经过努力，国民党在参众两院的大选中获得了压倒多数的优势，成为国会中的第一大党。宋教仁当选为参议员，国民党人对他组阁寄予很大的希望。

宋教仁是国民党中组织能力最强、政治手腕最灵活的党魁之一。袁世凯对他特别注意，过去曾经着意拉拢，赠其五十万元的支票一张，遭到婉拒。知其意志坚强，不可以金钱收买，异常嫉恨。侦知他在南方的活动，看到国民党在国会中获得第一大党，对选举总统和总理具有极大的关系，深感事态已到了十分严重的地步，电邀宋教仁赴京会商要政。赵秉钧生怕宋教仁抢去总理位置，见其在演说中公然点名批评，也恨之入骨。

1913年3月20日，宋教仁由上海乘坐晚十一点的特别快车北上。在此之前，同志屡次提醒他有人行刺，要慎重防卫，他毫不介意。十点四十分，火车快到了，他与送行的黄兴等人出了招待室，一起走向检票口，忽然遭到凶徒枪击，身受重伤。于右任急忙弄了辆汽车将他送往沪宁铁路医院抢救。医生取出他身上的子弹，打了麻针。第二天清晨醒来，疼痛难当，呼叫不止。自知不起，遂请黄兴代拟了一通致袁世凯的遗电。

其中说道："今国基未固，民福不增，遽尔撒手，死有余恨。伏冀大总统开诚心，布公道，竭力保障民权，俾国会得确定不拔之宪法，则虽死之日，犹生之年。"

当天，袁世凯复电说："阅路透电，惊闻执事为暴徒所伤，正深骇绝，顷接哿电，方得其详。民国建设，人才至难，执事常识冠时，为世推重，凡稍有知识者，无不加以爱护。岂意众目昭彰之地，竟有凶人敢行暗杀，人心险恶，法纪何存？惟祈天相吉人，调治平复，幸勿作衰败之语，徒长悲观。除电饬江苏都督、民政长、上海交涉使、县知事、沪宁铁路总办重悬赏格，限期缉获凶犯外，合先慰问。"

延至 22 日早晨四点四十八分，宋教仁含恨而逝，年仅三十二岁。

宋教仁惨遭暗杀，国民党人知道定然有大人物指使，一致要求查拿凶手，严惩国贼。

杀人凶手武士英（即吴福铭）及指使其行凶的应桂馨（即应夔丞）很快落网，并从应家搜出他与赵秉钧和内务部秘书洪述祖往来密电本与函电多件，以及凶器手枪一支。

消息传到北京，赵秉钧魂飞魄散，要求辞职避嫌。袁世凯以为越是避嫌嫌疑越大，令其请假。

孙中山得知宋教仁被刺身死，由日本返回到上海，与黄兴等研究对策。他认为宋案的发生，是袁世凯阴谋消灭国民党势力，以便帝制自为，主张从速宣布袁世凯的罪状，举兵讨伐。黄兴则认为袁世凯帝制自为的逆迹尚未昭著，革命军刚经裁汰，必须加以整顿才能作战，主张稍缓用兵，以观其变。当即商定由孙中山密电广东陈炯明，黄兴密电湖南谭延闿，做好出兵的准备，并派李书城等至南京发动第八师。陈炯明、谭延闿回电均言实力薄弱，内部分歧，出兵困难。第八师因兵额缺得太多，亦感不能出兵。有鉴于此，与会者决定暂时不以武力解决，而诉诸法律，在上海组织特别法庭审理宋案，要求赵秉钧到案受审。

袁世凯表面上装得若无其事，也大谈静候法律解决，对来自各方面的责难，一概不加申辩，以表明与宋案毫无牵连。

自4月中旬起，国民党的一些激烈分子就公开猛烈抨击袁世凯，扬言将其打倒。4月26日，江苏都督程德全将在应桂馨家搜出的证据公布于天下。更有一些人号召推翻袁世凯政府，双方的斗争愈趋表面化。

袁世凯恼羞成怒，决定武力消灭国民党。当日夜晚，命赵秉钧、周学熙、陆征祥与英法德俄日五国银行团签订了二千五百万镑的"善后大借款"合同，以此借款作为军事费用。这个未经国会通过的秘密"善后大借款"在报端披露以后，犹如火上浇油，遭到各省各界的一致声讨。

袁世凯怒火万丈，5月5日，命李纯的第六师南下河南信阳。次日，亲自在总统府召开军事会议，确定了对南方作战的总方略，重点攻击江西、江苏，进攻的主力京汉线为李纯部，津浦线为张勋部和第五师。

部署妥当，21日，袁世凯气势汹汹地令梁士诒等传话给国民党人："现在看透孙、黄，除捣乱外无本领，左又是捣乱，右又是捣乱。我受四万万人民付托之重，不能以四万人之生命财产，听人捣乱！自信政治军事经验，外交信用，不下于人。若彼等能力能代我，我亦未尝不愿，然今日诚未敢多让。彼等若敢另行组织政府，我即敢举兵讨伐之！国民党诚非尽是莠人，然其莠者，吾力未尝不能平之！"

岑春煊、伍廷芳等人深恐战端一开，造成南北分裂，特派代表入京面见袁世凯，进行调和。包括孙中山在内的多数国民党上层人物，均对和平解决抱存幻想。但袁世凯已下定决心武力消灭国民党，对调和根本不加考虑。6月9日，下令免去李烈钧的江西都督职务。14日，免去胡汉民的广东都督兼民政长职务。30日，免去柏文蔚的安徽都督兼民政长职务。这三人都是握有军事实力的国民党的重要人物，袁世凯将他们免职，已是司马昭之心，路人皆知。7月2日，又电令李纯部开往九江、湖口。

国民党上层人士在袁世凯节节进逼下，退无可退，始被迫起而仓猝应战。孙中山在上海召开会议，决定兴师讨袁，发动"二次革命"。李烈钧由上海秘密返回江西湖口，12日，率当地驻军起义，宣布江西独立，通电讨袁。自此，国民党的"二次革命"开始，南北战争爆发。7月15日，黄兴亲到南京要求都督程德全宣布江苏独立。接着，安徽、上海、广东、福建、湖南、重庆宣布独立。但由于得不到广大人民的支持，不到两个月，就被北洋军打得一败涂地，纷纷逃窜。

镇压了国民党"二次革命"，袁世凯赶走了反对他的都督，撤换了首鼠两端的都督，调开了不为其十分信任的都督，江西、江苏、安徽、湖南等省均换上自己的心腹党羽。其后又将副总统黎元洪请进北京，迫使其辞去湖北都督；派北洋军进驻湖南、湖北和上海附近，加强监视。南方只有广西、云南、贵州和四川，因兵力不足，鞭长莫及，无力控制，其余各省皆成为袁氏的天下。

段芝贵、雷震春等人以为时机到来，经常试探袁世凯对帝制的态度。袁世凯认为首先应该当上正式总统，然后再一步步向前做去，才顺理成章，千稳百当。要当正式总统，手中必须有个得心应手的工具。为此，他任命进步党的熊希龄为总理。9月11日，熊希龄组成"第一流人才内阁"，梁启超、汪大燮、张謇均被罗致当了总长。

然而，选举总统缺少法律根据。按规定，正式总统必须在国会制定宪法之后，依据宪法选举产生，宪法未定之前，不能选举。此时宪法尚无影子，袁世凯授意党羽散布，若要取得外国承认，使国家免受瓜分之祸，必须先选总统。此意一出，各省都督、民政长发出通电，主张先选总统，再定宪法；或是先从速制定宪法，再选总统。不论何法，一定要在两个月内完成。

9月5日，众议院通过了先制定大总统选举法，选出总统再制定宪法的议案。8日，参议院也通过。10月4日，作为宪法一部分的《大总统选举法》完成，宪法会议于次日公布。

10月6日，国会在众议院会场选举正式总统。这天一早，从宣武门到会场的大街上增添了许多岗哨，荷枪实弹的军队如临大敌，往来梭巡；会场的围墙上站满了军警，三四千号称"公民团"而实为奉命而来的总统府拱卫军则把会场围得密不透风。

在京的议员全部到会，如果采取光明正大的办法，袁世凯一次当选的可能性是有的。因为不仅袁世凯指使梁士诒组织的御用公民党以及进步党的议员和其他被收买的议员会投赞成票，就是一部分国民党议员，由于无适当的人选，幻想通过制定新宪法限制袁世凯，也准备投赞成票。可是，派军警包围会场的卑鄙行径，却刺激着一些有血气的议员站在了对立面。

《大总统选举法》规定，以选举人总数三分之二以上列席，用无记名投票方法，得票满投票人数四分之三者为当选。两次投票无人当选时，就第二次得票较多者二人选之，以得票过投票人之半者为当选。

第一次投票的结果，袁世凯得四百七十一票，虽然最多，却未达到法定票数的要求，必须进行重选。

由检点人数、发票、投票，到开票、计票，选举一次约需四小时。从上午八点开始，第一次选举完毕已至中午。会议主持人宣布休息后继续投票。议员出去吃饭，"公民"们唯恐人走了不回来，不足法定人数而使选举"流产"，立即大声呵斥，不准出门。进步党本部只好给本党议员送来些食品和点心充饥。经解释，系给拥护袁总统的议员用的，方允送进。国民党本部援例送来食品，"公民"们非但不准送入，反而破口大骂

"饿死活该"！

下午举行第二次投票，袁世凯得票最多，仍未达到法定票数的要求，黎元洪次之，必须进行第三次选举。这时已到傍晚，场外的"公民"们急红了眼，连呼："不选出我们中意的大总统，不许选举人出会场一步！"

第三次选举在袁世凯与黎元洪二人之中决选，投票的结果，袁世凯以过半数当选。

次日选举副总统，"公民"未再光临，黎元洪一次当选。

10月10日为中华民国的国庆节，袁世凯将就职典礼与开国纪念同时举行。他选择的就职的地点，既非国会会场，亦非中南海的总统府，而是仿照前清皇帝御极的故事，定为清宫的太和殿。上午，他身穿陆海军大元帅礼服，面向国会议员宣读了誓词："余誓以至诚，遵守宪法，执行大总统之职务。谨誓。"继而宣读了宣言书，通电各省，宣告就任正式大总统之职。

中华民国成立后，并未马上得到各国的承认。1913年4月，美国和秘鲁、巴西首先承认。袁世凯当选为正式总统后，方得到各国的次第承认。对此，袁世凯经常吹嘘，把功劳全部归于自己。

皇帝总统

制定出《大总统选举法》以后，设在天坛祈年殿的宪法起草委员会着手制定宪法，以代替《临时约法》。1913年10月14日《天坛宪法草案》拟出，提交宪法会议审议，基本精神仍是立法权属于国会，责任内阁制等等资产阶级的政治原则。

袁世凯深感国会、责任内阁都是束缚自己手脚的桎梏，民主制度万万不能行于中国。决定进一步向仅存的资产阶级民主政治的表征国会与《临时约法》开刀，千方百计将其扼杀。16日，他故意撇开宪法草案不谈，向众议院提出增修《约法》案，要求扩大总统职权。说现在的国事和政务日益败坏，全是受到《约法》束缚的缘故。其中关于大总统的规定，适用于临时大总统已觉有种种困难，若再适用于正式大总统，困难将更甚。而且大总统受束缚于《约法》，就等于四万万人民受束缚于《约法》。

因此，他提出七条要求：

1.外交大权应归总统，凡宣战、媾和及缔结条约，不必经参议院同意；

2.总统制定官制、官规，任用国务员及驻外大使、公使，不必经参议院同意；

3. 采用总统制；

4. 正式宪法应由国会以外的国民会议制定，总统公布，起草权也应归于总统和参议院；

5. 剥夺或恢复人民的公民权，总统自由行之；

6. 总统应有紧急命令权；

7. 总统应有财政紧急处分权。

18 日，他又向宪法会议强调指出，宪法公布权属于总统，议会对于宪法案只有起草权及议定权，而无宣布权，企图利用公布权将《天坛宪法草案》扼杀。

鉴于袁世凯专横独裁，肆意摧残共和制度，宪法起草委员会的一部分国民党和进步党议员联合起来，组建了民宪党，宣称以贯彻民主精神，厉行立宪政治为宗旨。政府如果逸出宪政常轨，即认为公敌。对于政府绝不阿谀，一定进行完密监督。

国会认为，宪法正在修订，增修《约法》实无必要。关于宪法公布权，宪法会议也以宪法尚未完成敷衍过去。

袁世凯气急败坏，特于 10 月 22 日咨达宪法会议，派遣施愚等八人为委员，代其陈述对宪法的意见。以后召开会议，均应事先知照，让委员参加，妄想强行干涉制宪工作。

宪法会议认为，该会议性质与两院不同，大总统没有提案权，更无派员出席说明的理由，不同意出席。宪草会亦以无法律根据，严词峻拒。

袁世凯怒不可遏，25 日通电各省文武官员说，在宪法起草委员会中，国民党议员占大多数，所拟宪法草案，妨害国家者甚多，企图将行政机关作为国会的附属品，消灭行政独立权。若再照国会的专制办法，天下的文武官吏尽皆附属于议员之下，势非亡国灭种不止。务望逐条研究，共抒说论，以凭采择。

各省文武长官闻风而动，纷纷表态，群起反对。但他们对宪法草案的内容避而不谈，集中攻击宪法起草委员是"国家蟊贼"，破坏民国，形同谋逆构乱。叫嚣要铲除国民党，驱逐国民党议员，解散国会，撤销宪法草案。

10月30日，《天坛宪法草案》全部杀青。次日，宪草会三读通过，提交宪法会议。

袁世凯决定摊牌，彻底解决问题。11月3日上午，他约总理熊希龄到府议事。熊希龄方到，袁世凯即接见外宾，请其在办公室稍候。熊希龄见办公桌上放着前司法总长许世英查报的热河避暑山庄盗宝案卷，悄悄窥视，始知关系到自己以前担任热河都统时的问题，面色立变。会见完外宾，袁世凯同熊希龄谈话，疾言厉色地将国民党大骂一通，提出非解散国民党，取消国民党籍的议员资格不可。熊希龄受到威胁，恐惧万分，只有俯首听命，同内务总长朱启钤在袁世凯事先准备好的命令上签了字。

11月4日，袁世凯下令说，国民党但知构乱以便其私，置国家危亡与国民痛苦于度外，乱国残民，于斯为极。特饬令将国民党京师本部立予解散，其各地所设机关，于三日内一律解散。嗣后再有以国民党名义活动者，均属乱党，应即一体查拿。国民党议员曲庇作乱逆党，阴预倾覆国家乱谋，实已丧失议员资格。因此，自江西湖口地方倡乱之日起，凡国民党议员，一律追缴议员证书徽章。当日下午，大批军警搜查封闭了国民党本部，到国民党议员家中收缴议员证书徽章。

5日，参众两院开会，军警手持名单逐一盘查，不准撤销议员资格者入内。国会因不足法定人数，不能开议，名存实亡。宪法起草委员会也因同样的原因而宣告解散，它的解散，标志着《天坛宪法草案》流产。

进步党人对解散国民党开始是幸灾乐祸的，以为从此国会成了本党的天下。及至看到国会不能继续召开，始悟袁世凯"醉翁之意不在酒"。为了维持国会，他们推举参议院议长王家襄和众议院议长汤化龙面见袁世凯，阐述维持的理由，提出补救办法。张謇和梁启超等也向袁世凯陈述了意见。袁世凯不便公开表示反对，将难题推给熊希龄去解决。熊希龄以调查困难为借口，予以否定。王家襄、汤化龙不得不通告议员，由于不足法定人数，无法开议，从14日起，议院暂时停发议事日程。

议员们不甘心国会被消灭，起而与袁世凯斗争。17日，众议院议员一百九十余人向政府递交《质问追缴国民党议员证书徽章影响及于国会书》。指出：政府审查议员资格，侵害了国会的法定权限；大总统没有以命令取消议员资格的特权，如果政府确为惩治内乱嫌疑，也应拿出证据，交法院审判，不能良莠不分，使国会蒙受解散之实。严厉质问政府：民国要不要国会？是否以法律为正当之解决？要求三日内明白答复。

参议院议员六十余人见政府不作答复，也于12月3日质问政府。强调指出：政府如以为民国应有国会，必须速速取消前令，彼此相见以法律，否则尽可任意所为。可是既非法使国会永无开会之日，又不敢居破坏国会之名，不知是何居心？

袁世凯不想恢复国会，也不愿承担解散国会的恶名，下令召集政治会议，指定前清云贵总督李经羲为议长，张国淦为副议长。

12月22日，各省都督、民政长和护军使通电，痛诋国会，要求解散，请袁世凯向政治会议咨询救国大计。袁世凯遂将救国大计咨询案、增修《约法》程序案交付政治会议讨论。

政治会议认为，现在国会组织不良，而且事实上职权业已停止，应明白宣布解散，暂结残局。又认为，政治会议为政府的咨询机关，无参与增修根本法律的职责，是否增修《约法》，应特设造法机关解决。

对于第一个答复，袁世凯非常满意，1914年1月10日据此下令解散国会，停止议员职务。第二个答复没有解决问题，袁世凯又令其具体讨论。政治会议遂议决造法机关名为约法会议，拟出组织条例一并呈报上去。

2月3日，袁世凯以暴民专制等等为借口，下令将地方各级自治会停办。28日下令解散省议会。至此，从中央到地方所有的立法机关、监督机关和民意机关，尽被取消。

3月18日，约法会议开幕。会议制定了《中华民国约法》，5月1日由袁世凯公布。新约法规定国家体制为总统制，总统的职权除将袁世凯所要求的各条全部接受外，还增加了可以解散国会的重要补充，赋予袁世凯与皇帝相等的权力，以法律形式肯定了他的专制独裁。

袁世凯既羡慕日本天皇明治的励精图治，更羡慕称霸欧洲的德皇威廉二世的强权政治和俾斯麦的铁血主义，常说中国要在东亚图强，必须学习这两个强国。小站练兵时，他聘请的教官基本上都是德国人。任直隶总督兼北洋大臣时，德国驻京公使穆默经常到天津与他接洽重要事情，明言中国图强，德国愿意支持，而且与袁克定过从甚密。袁世凯调任军机大臣后，德国新任驻京公使雷克司与袁克定的关系更为密切。

德国在东亚没有友邦，中华民国建立以后，威廉二世即属意于袁世凯，然而绝不愿中国成为共和国。他曾与中国驻德公使梁敦彦谈及国体问题，谓共和不适于中国国情，应当建立强有力的君主制度。继而通过梁敦彦电告袁世凯，德国准备密派要人谒见，愿尽其财力物力赞助中华民国的建设事业，与东方新起的大国缔结友好关系。后即派要人来京谒见袁世凯，呈递威廉亲自书写的密函。来人告知袁世凯，如果以德皇的建议为然，请即派极为亲信重要之人赴德答聘，德皇当竭诚相商，助定大计。德国公使则极力劝袁克定至德国疗养。

德国公使劝袁克定到德国疗养，不为无因。一天，袁克定前往彰德火车站为克文等送行，返回洹上村时，他没有乘坐自己的骡车，改乘克文的坐骑。不料刚刚入村，马忽前蹶，将其摔倒在地，左足胫骨折断，手也受伤。其母于氏听信巫医之言，只请了个乳母，让他吃奶，没有请大夫及时治疗。后来腿伤虽然自愈，但未完好如初，落下残疾，走路时左腿微跛，以后经常使用一个精致考究的竹手杖。左手手心也没有厚皮，戴着一只手套。

不久，袁世凯便命袁克定以治疗腿伤和休养的名义前往德国报聘，谒见威廉二世，呈上袁世凯的亲笔长函。威廉赐宴便殿，密谈数次，力陈中国非帝制不能图强。并说中国东邻日本，奉天皇为神权，西接英、俄，亦以帝国为宰制。中国地广人众，位于日、英、俄之间，不能师法遥远的美国，美国也不能远渡重洋，给中华民国强有力的援助。方今民国初立，执政者皆帝制时代的旧人，革命分子势力甚弱，如果挟大总统之威权，一变中华民国而为帝国，也是英、日、俄各帝国所愿。德国誓以全力赞助经营，财政器械，无条件地供给，中国当信我能履行诺言。

袁克定久欲其父登上皇位，对威廉感激涕零。1914年他回国时，威廉二世又亲写密函，授其携归，更受到其父的倚重。

袁世凯阅过德皇来信，听了克定的汇报，以为国际上有了靠山，异常欣喜，决定进一步集中权力。

新的《中华民国约法》公布后，袁世凯即雷厉风行地大搞官制改革，加强集权。1914年5月1日，他根据《中华民国约法》的规定，宣布废除国务院，于大总统府设立政事堂，所有官署将以前呈报国务总理的事件一律改呈大总统。特任徐世昌为国务卿，孙宝琦、朱启钤、周自齐、段祺瑞、刘冠雄、梁敦彦、章宗祥、汤化龙、张謇分任各部总长。杨士琦、钱能训分任政事堂左右丞。原总统府秘书厅裁撤，梁士诒改任税务督办。另设内史厅，以阮忠枢为内史监，夏寿田等为内史。

政事堂统一行政，参与审议法令，直接对袁世凯负责，内阁时代的总长职权大为削弱。

袁克定极为羡慕帝王的淫威和特权，野心之大，不亚其父。他向其父建议，要图大业，必须确保兵权，在总统府内设立陆海军大元帅统率办事处，由总统亲自掌握。

袁世凯完全同意，5月8日撤销了前总统府军事处，成立陆海军大元帅统率办事处，掌管全国军事。该处未设最高长官，仅任陆军总长段祺瑞、海军总长刘冠雄、参谋次长陈宧、海军司令萨镇冰和荫昌、王士珍为大办事员。从此袁世凯命陆军和海军两部将要公移到办事处处理，把实权抓在自己手里。

为了避免实力逐渐膨胀起来的疆吏形成尾大不掉之势，5月23日，袁世凯下令改革地方官制，在省与县之间增设道一级行政机构；各省民政长改称巡按使，为一省行政长官，使军民分治明确起来，从而使都督的职权有所削弱。

5月26日，他撤销了政治会议，成立了咨询机构参政院，以黎元洪为院长，汪大燮为副院长。该院在国家立法机关产生之前，可代行立法职权。参政全部由袁世凯直接任命，是个彻头彻尾的御用机构。

6月30日，他又下令裁撤各省都督，一律改称将军；有督理军政任务的仍留各省，没有督理军政任务的，在京师将军府任事。

陆军总长段祺瑞不仅与袁世凯有多年的袍泽关系，而且夫人张佩蘅为袁世凯夫人于氏的义女，情谊本来极为密切。但段祺瑞很有主见，办事刚愎自用，平时对袁世凯不事趋承。关于军官进退，恒以陆军总长名义执行，不向袁世凯请示；其所拔识者，多半为其学生部属，隐然形成一种势力。袁世凯渐渐感觉到他太专擅，桀骜不驯，怀疑他在军队中培养势力，要夺兵权，对他非常不满。

袁克定过去曾数次要求统领军队或担任一省的长官，未得其父允许。他与北洋旧军队素无深切的关系，对宿将尤其不能指挥，早有步武小站练兵，建立新的势力，以对抗旧势力之意，陈光远、陆锦、夏寿田等群相趋附。他对段祺瑞瞧不起自己，尤其忌恨。于是建议在陆海军大元帅统率办事处下，成立一支模范军，由他出任长官，把北洋现役军职骨干人员集中起来，进行教育训练，培养核心力量。而后逐步分配到各军去，加强对各军的控制。这样既可削弱段祺瑞的军权，又可实现军事集权。

袁世凯以为军的目标太大，决定改为模范团。

段祺瑞不甘当有名无实的陆军总长，百般阻挠模范团的成立。后因袁世凯极力坚持，不得不表示同意。但对袁克定出任团长，则力加反对，说他形骸不全，未带过兵，有损军仪，难孚众望。袁世凯便问："你看我行不行呢？"段祺瑞被噎得说不出话，鼻子都气歪了。

10月，模范团成立，袁世凯自兼团长，以陈光远为团副，王士珍、袁克定、张敬尧为筹备委员。兵士由各师下级军官中抽派，半年一期，准备分五期训练十师军官。训练的唯一目的，是服从袁氏个人命令，造成专供袁氏指挥的特别系统，为袁氏效忠，所以颁发了训条誓词，要军人背诵宣誓。第二期开始，袁世凯即让袁克定当了团长。袁克定对德国极其崇拜，指令留胡须的军官一律仿效德国，改蓄牛角式胡须。

在加强专制集权的同时，袁世凯掀起阵阵尊孔祭天，恢复古代官制的浪潮，延揽前清遗老出任参政，搞得遗老们眼花缭乱，昏头昏脑，以为袁世凯要让宣统复辟，以致引起少数复辟狂发出"还政于清"的叫嚣。

12月29日，袁世凯公布了约法会议通过的《大总统选举法》。该法的特点是：

1.大总统任期十年，得连选连任；

2. 选举之年，参政认为政治上有必要时，得以三分之二以上之同意，议决现任大总统留任；

3. 选举之前，大总统有权推荐具有资格者三人为候选人。候选人姓名由大总统书于嘉禾金简，钤盖国玺，藏于总统府特设的金匮石室之中；

4. 大总统由大总统选举会选举，选举会由参政院参政和立法院议员各五十人组成。选举之日，对大总统及其推荐的三名候选人均可投票。

依照该法，袁世凯不但可以一直连任下去，成为终身总统，而且还可使总统为袁氏家族所世袭。

此后，袁世凯经常念叨"共和办不下去"。周围的亲近小人早已窥透他的心思，想做开国元勋，不时提出帝制问题。袁克定更是迫不及待地鼓动其父早日登上九五之尊。袁世凯初尚装模作样，渐渐地也说非帝制不可，最后干脆告诉他们："你们斟酌办去。"正当袁克定等人准备大干的时候，日本提出了"二十一条"要求，袁世凯只得把主要精力放在应付外交上突然产生的棘手问题。

日本政府早有鲸吞中国的野心，只因缺少适当时机，一直未能实现。1914年7月第一次世界大战爆发，各帝国主义忙于大战，无暇东顾，日本认为时机到来，决定参加协约国集团，借口对德国宣战，侵略中国。

针对日本的侵略企图，国内不少人主张对德国宣战，夺回被德国侵占的青岛，使日本失去侵略的目标和借口。袁世凯因德国支持当皇帝，不愿与其失和，宣告中立，更不敢收回青岛。

8月23日，日本向德国宣战。并要求中国政府划出中立区域，准许日军在中立区登岸。

袁世凯不敢得罪，唯有应允。9月初，大批日军在山东龙口及莱州附近登陆，接着向南推进，至11月7日，占领了济南和青岛以及胶济铁路全线。

1915 年 1 月 18 日，日本驻京公使日置益觐见袁世凯，当面递交了"二十一条"，要求接受，并守秘密。并说如能接受，日本政府从此对袁总统亦能遇事相助。

"二十一条"分列五号，前四号的主要内容是：要求享有德国原来在山东的一切权益，中国不得将该省的土地和沿海岛屿让予或租予他国，日本得在省内建筑铁路，开辟省内主要城市为商埠。旅顺、大连租借期限和南满、安奉两铁路交还期限，均展至九十九年为期，日本人在南满和东部内蒙古享有土地租借权或所有权、居住权，以及开矿权。汉冶萍公司中日合办。中国不得将沿海港口、湾岸及岛屿让予或租予他国。第五号的主要内容为：要求聘用日本人充任政治、财政、军事顾问，日本在中国内地所设的医院、寺院和学校有土地所有权，中日合办警政和军械厂，武昌与九江、南昌间以及南昌与杭州、潮州间建筑铁路，福建省内铁路矿山建筑开采，日本有优先权等。

"二十一条"严重损害了中国的主权，承认了它，中国就要沦为日本的保护国和殖民地，亡国灭种。对这种无理要求，中国完全有理由严词拒绝讨论。可是，袁世凯认为现在只有日本有力量干涉中国事务，结好日本，当皇帝就有了国际保证。为了换取一姓尊荣，他不惜出卖国家主权、民族利益，派新任外交总长陆征祥、次长曹汝霖与日置益等人谈判。

谈判开始之前，袁世凯对"二十一条"作了详细批示，定下第五号不议的原则。陆征祥据此谈了多次，没有结果。日本摆出一副大打的姿态，予以威胁。5 月 7 日，日置益向外交部递送最后通牒，限 9 日十八点以前作满意之答复，否则将执必要之手段。袁世凯不敢同日本决裂，9 日将接受的答复书送到日本使馆。25 日，双方正式签约，除第五号日后另行协商，第四号袁世凯以命令形式宣布外，其余各条都满足了日本的要求。正式签约后的条文不再是二十一条，但关于此次交涉，大家习惯上仍称之为"二十一条"。

在谈判过程中，全国人民听到消息，严厉质问政府，坚决反对与日本签约，掀起大规模的抵制日货运动。当承认最后通牒的消息传出，人民怒不可遏，纷纷召开大会，誓死反对，规定5月9日为"国耻纪念日"，要求严惩卖国贼，背城一战。在全国人民的强烈反对下，日本帝国主义的侵略阴谋始终未能实现。

袁克定在中南海有住所，但他大多住在北海的团城。1914年7月以后，以养病为名，经常住在郊区的小汤山，由总统府的拱卫军担任保卫。他同其父一样，既相信批八字，也迷信风水之说。

政事堂有个叫张宗长的人，愚昧而又荒谬，平时好为星相家言，日趋克定之门，克定对其甚为轻视。张宗长为了得到重用，故意散布袁克定当为二十年太平天子之说。袁克定听了如获至宝，将其召来详加询问。张宗长答以推算其命，当从明年开始，为二十年太平天子。大总统若为终身总统，则误其正位。应当立时鼓吹帝制，先推总统即位，以固国本，后讽总统逊位颐养，他便可即帝位了。若是有人阻挠，可用模范团征服。

袁克定大为动心，利用其父的迷信心理，指使在原籍项城替袁家看守祖坟的韩诚，在一块旧石头上刻下"天命攸归"的字样，并进行人为的加工，使之貌似古物，深埋地下，待腐蚀多日，然后取出送到北京展示，作为朕兆。并让韩诚谎称此石埋在袁世凯生父袁保中的坟侧，夜间不时有红光出现，形同火炬，照耀方圆一里多，以欺骗其父。还捏造说，袁保中坟侧突然长一棵紫藤，一丈多长，蜿蜒盘绕，形状如龙。袁世凯以为是祥瑞，厚赏了来人，并命克定前往视察。克定写信报告说，紫藤比小儿的胳臂还粗，色如鲜血，大概是天命攸归，有此瑞验。袁世凯大喜，令其妥为保护。

在同日本交涉的过程中，袁世凯并未忘记谋取帝位，整天考虑能否控制住全国的局面。他认为老百姓都盼着真命天子出现，立意造反的极少，并不可怕。革命党均被赶出国外，亦不足虑。需要特别注意的是握有军事实力的将军，他们大部分均向自己烧香磕头，比较可靠，只有西南半壁让人放心不下，必须派一个可以完全信赖，又能肩负重大责任的人带领北洋军队前往坐镇，以防政局出现大的动荡。1915年2月20日，他命令参谋次长陈宧会办四川军务，带领李炳之、伍祥祯和冯玉祥的三个混成旅前往赴任。陈宧辞行时，袁世凯对他鼓励一番，并令袁克定与他结为盟兄弟，尽力笼络。

对日交涉结束，袁世凯自以为取得了日本的支持，加快了帝制自为的步伐。然而，依靠哪些人作为核心力量，很让他费了一番心神。过去，他依靠的左膀右臂是段祺瑞、冯国璋等人，现在他们都成了有重要影响的头面人物，用起来不顺手。而段祺瑞、冯国璋也确实不如过去那样奉之唯谨了，特别是搞帝制损害了他们的利益，颇为反感。论地位、资历、威望，在共和制度下，他们都有继袁世凯而为总统的可能。改行帝制，皇位世袭，非但做国家元首无望，还要向袁世凯跪拜称臣，此乃他们最不甘心的一点。而其公开表现又各不同。段祺瑞因袁世凯削其兵权久怀怨恨，大唱反调，对以"太子"自居的袁克定更不假辞色，每每以盛气凌之。冯国璋远在南京，暂时同袁世凯没有直接矛盾，反对不很露骨。

袁世凯对他们的态度也有区别。对段祺瑞力加排斥，屡屡对他讲，气色不好，应当好好休息，也就是让他辞职。对冯国璋则极力笼络欺骗。6月下旬，冯国璋进京谒见探问帝制。袁世凯矢口否认，说："我决无皇帝思想，袁家没有过六十岁的人，我今年五十八，就做皇帝能有几年？况且皇帝传子，我的大儿子克定残废，二儿子克文假名士，三儿子克良土匪，哪一个能继承大业？你尽管放心。"

最初秘密参与帝制活动的，只有杨士琦、段芝贵、张镇芳、雷震春、袁乃宽、夏寿田诸人。杨士琦为皖系官僚集团的实际首领，打算由北洋一系包办。袁克定认为这个圈子太小，欲拉进步党帮忙。1915年春，他约梁启超往小汤山赴宴，请杨度作陪。席间，他历诋共和，隐露要梁启超赞成帝制之意。梁启超未作明确表示，返城以后，知道大祸将至，乃携家人出走天津。

进步党靠不住，袁世凯变而去抓交通系。交通系又称粤系，以梁士诒和交通部次长叶恭绰为首领。梁士诒虽改任税务督办、参政院参政，渐渐失宠，但交通系控制着铁路、关税、交通银行和一些公司，握有很大财权，有"财神"之称；且任总统府秘书长多年，同各方面均有关系，活动能力很强，仍然具有相当的力量，颇得英美两国信任。为胁迫交通系就范，1915年6月，袁世凯指使肃政厅参劾陆军部次长徐树铮、交通部次长叶恭绰、财政部次长张弧和津浦、京汉、京绥、沪宁、正太五个铁路局营私舞弊，此即"三次长参案"和"五路参案"，矛头直指交通系。参案来势猛烈，叶恭绰停职查办，铁路局长有的撤职，有的听审，搞得交通系人人自危。狠狠打了两棒之后，袁世凯马上告知梁士诒，参案中本有其名，他下令去掉了，示以恩惠。

袁克定则单刀直入，问梁士诒对变更帝制肯否帮忙，加以恫吓。梁士诒回答说向同人报告后再答复。事情明摆着，赞成帝制，参案可以取消；否则，后果不堪设想。权衡利害，交通系要员们只有俯首听命。并且表示，不干则已，要干就干得有声有色。梁士诒向袁克定报告，袁克定大喜，于是交通系成为帝制活动的中坚。不久，叶恭绰和几个铁路局长官复原职或免议，引人注目的参案烟消云散。

取得各地握有实力的军阀拥护，是实行帝制最基本的条件。袁世凯虽觉有几分把握，但除段芝贵个别人之外，终究未向其他人透露过，心中仍不踏实。便以述职为由，分别将几个省的将军电召进京，以提问题的方式问他们共和办得如何。将军们心领神会，个个说共和办得不行，请总统多负责任。

袁世凯认为再无问题，授意杨士琦、段芝贵、夏寿田等加紧筹备，并将帝制活动由秘密转向公开。夏寿田每日周旋于袁世凯和袁克定之间，传递信息，往返通报。

倡议帝制之初，陆征祥和曹汝霖都提出外交不大好办。袁世凯以为同日本签订了条约，德国早就怵惕，英美两国公使也表示支持，告诉他们外交已经办妥，不用操心。

杨度素主君主立宪，为袁世凯效劳不遗余力。袁世凯对他也颇器重，后因他自命不凡，加之有人进谗，渐渐疏远。但他不甘寂寞，出任参政院参政，国史馆副馆长，经常追随在袁克定左右，将袁克定比作当代的唐王李世民，言下之意，自己就是谋臣房玄龄、杜如晦。他与夏寿田过从甚密，对袁世凯的心思相当了解。1915 年 4 月，他写了一篇《君宪救国论》，袁世凯看后大为激赏，亲笔题写"旷代逸才"，命政事堂制成匾额相赠，以示恩宠。并把文章发交段芝贵秘密付印，分送各省将军、巡按使参考。杨度得知帝制即将公开，立即谒见袁世凯，提出组织机关进行鼓吹，得到允准。遂与曾任革命党要职、后来投靠袁世凯的孙毓筠、胡瑛、李燮和，以及有国学大师之称的刘师培相商，8 月 14 日发表了筹安会宣言，将极负声望的严复的名字也列在发起人之内。

他们宣言：辛亥革命之时，国人激于感情，但除种族之障碍，未暇考虑国情，仓猝确定了共和国体。民国之后，国家历经危险，人民深感痛苦，长此不图，祸将无已。美国的大政治学者古德诺博士（曾任袁世凯的法律顾问）即言君主较民主为优，中国尤不能不用君主国体。作为中国人民更不能苟安默视，坐待其亡。本会成立，特筹一国之治安，研究君主、民主哪种国体适合于中国，专以学理是非、事实利害为讨论范围。并将讨论所得，贡献于国民。

8月23日，筹安会宣告成立，杨度任理事长，孙毓筠为副理事长，胡瑛、刘师培、李燮和、严复为理事，通电各省派代表来京。四天之后，他们又向全国宣言讨论的结果：我国拨乱之法，莫如废民主而立君主；求治之法，莫如废民主专制而行君主立宪。公开鼓吹帝制，敲响了袁世凯帝制自为的开场锣鼓。

与筹安会开张同时，袁世凯也秘密地组织了一个班子，成员有内务总长朱启钤，税务督办梁士诒，镇安上将军、督理奉天军务段芝贵，农商总长周自齐，参政张镇芳，大元帅统率办事处总务厅长唐在礼（旋改任参谋次长），军政执法处处长雷震春，步军统领江朝宗，京师警察总监吴炳湘，拱卫军军需长袁乃宽，作为发动帝制的中枢。该班子密电各省将军、巡按使，共和不适用于中国，亟应改为君主立宪，以救危亡。将军、巡按使复电均表同意，请求袁世凯俯从众意，变更国体，定为君主之制。

筹安会出现，举国惶恐。张謇劝告袁世凯做中国的华盛顿，不要效法上断头台的法国路易十六。机要局局长张一麐也进行劝谏。袁世凯依然装腔作势，指天誓日，不肯承认。

严修在筹安会宣言后，急忙从天津来京谒见袁世凯。他德高望重，素为袁世凯所礼敬，当即接见。严修纵论时局国势，力陈筹安会之举有百害而无一利，切不可为。并云主张帝制的诸人，日挟袁克定蒙蔽总统，外间的真正舆论总统并不知道。他之所以劝谏，完全是为袁世凯和袁克定着想。说时情词恳挚，声泪俱下。袁世凯竟然欺骗他说："究竟你是老朋友，他们实在胡闹，你去拟一道命令来，明日即将他们解散。"严修出来，甚为满意。岂知第二天他带着解散筹安会命令的文稿到总统府请见时，却被传宣处的人挡驾。严修说明系复昨日总统之命。传宣处的人说，今日奉总统之命，无论何人，概不传见。严修方才恍然，知道袁世凯的真意之所在，即日出都而去。

广大群众看到帝制将要复活，愤慨至极，纷纷声讨筹安会的罪行。梁启超则发表《异哉所谓国体问题者》，驳斥杨度的《君宪救国论》；汪凤瀛、徐佛苏致书筹安会，从理论上批驳了筹安会宣言。

有些人更以筹安会鼓吹帝制，煽动复辟，触犯刑法，控诉于司法机关。李诲上呈总检查厅，控告筹安会倡导邪说，紊乱国宪，要求按照内乱罪从严惩治。贺振雄和梁觉上书肃政厅，周震勋上书大理院，分别对杨度、孙毓筠等提出弹劾、起诉，要求将他们缉拿归案，解散党羽，以维国本而杜乱源。肃政厅亦上书袁世凯，指出筹安会倡导异说，引起人民惊疑，应当迅即取消。袁世凯答以学者研究学理，本可自由讨论，只是应有界限。着内务部明定范围，示以限制。

杨度等人因有袁世凯支持，有恃无恐，公然不顾人民强烈反对，抛掉研究讨论的外衣，将来京的各省代表和旅京人士，组成所谓"公民请愿团"，9月2日向参政院递交请愿书，请求改变国体。

改变国体，就是彻底背叛中华民国，袁世凯不能不表示一下态度。9月6日特派杨士琦为代表到参政院宣称，维持共和国体，为本大总统之职分，请愿改革国体，于大总统的地位似难相容，而且急遽轻举，恐多窒碍，不合事宜。至于国民请愿，无非是为巩固国基，振兴国势，如果征求多数国民之公意，自必有妥善之上法。授意参政院利用民意，给帝制活动披上民主的外衣。

在封建君主时代，谁有力量将皇帝赶下台，谁就可以在"天命攸归"的名义下，理直气壮地称孤道寡。民国以后，国家已非一家一姓的私有财产，如果谁胆敢擅自把民主政治制度改为君主专制制度，就要被指为国贼，受到全国人民诛讨。袁世凯虽然自视为一世之雄，对皇位垂涎三尺，也不敢自行宣布做皇帝，必须盗用全国人民的名义，标榜民意，作为帝制自为的遮羞布和谋叛民国的盾牌。

袁克定本无雄才大略，却以太子自居，左右谋士只知谄媚，希冀高官厚禄者经常进言"天命攸归，太平天子"的邪说，更使其骄倨，见人行跪拜礼则喜。他一天到晚搞政治，时常为其父亲出谋划策，筹备帝制也是他在幕后主持一切。袁世凯对他甚为重视，通过他收买段祺瑞的亲近。每天阅过记载国内外大事的《居仁日览》后，就让夏寿田送给他看。

当时日本人在北京办了一家中文报纸《顺天时报》，销售量较大，袁世凯公余之暇专门看它。京中其他报纸或受威吓，或遭封禁，或为收买，大都对帝制不敢表示不满，唯独《顺天时报》常发异论。袁克定害怕其父阅后思想动摇，改变主张，尽力封锁外面的消息，与顾鳌等人每天印刷伪造《顺天时报》，进呈"御览"，用以说明全国确是一致拥护帝制，蒙骗其父。袁世凯见全国舆论一律，德国军队在战场上连获大捷，愈益急于登上皇帝宝座。

对于反对帝制的人，尤其是段祺瑞，袁克定最为痛恨，打算用暗杀手段对付。段祺瑞畏惧，托病赴西山休养，到中南海向袁世凯报告。待他出了居仁堂，袁克定唆使几个小弟弟和长子群起哄骂："穷秀才！""段歪鼻子！"进行羞辱，以泄其愤。段祺瑞的夫人张佩蘅见到义母于夫人哭诉，力为段祺瑞辩白，誓言并无他意。于夫人向袁世凯述说了此事。袁世凯告诉袁克定，段祺瑞反对帝制不是用兵而是用口，又是至亲，现在事情还未定，内部就这样，将来更不堪设想，立即制止了袁克定不利于段祺瑞的行动。但却接受了袁克定的建议，将段祺瑞免职，让王士珍接任。

对于其他不赞成帝制而又出于好心的人，袁克定不是大骂，就是力加排斥。一天，唐在礼在回答袁世凯关于即位问题时，说了句"明主是不传子而传贤的"，一下子触犯了袁克定，立即被调出筹备帝制的秘密班子，改任参谋次长。唐在礼的帮办张志潭同样被袁克定挤走。

机要局局长张一麐则被袁世凯调离机要岗位，任为教育总长。

9月19日，梁士诒纠集起一批狐群狗党，成立全国请愿联合会，由沈云沛出任会长，那彦图、张锦芳任副会长，自己在幕后指挥。在请愿联合会的煽惑下，五花八门的请愿团陆续出笼，上自王公遗老、政府官僚、各省长官，下至车夫游民，无所不包。杨度急起直追，组织女子请愿团。北京的乞丐和妓女也被分别组织起来，成立了请愿团，手持旗帜，跪呈劝进表。段芝贵则联合各省将军、都统、护军使一齐劝袁世凯早登大位。

全国请愿联合会成立后，即接受全国各界各团体的请愿书，送达代行立法院的参政院，请求改变国体。参政院认为改变国体，权在国民会议，建议提前召集。但召集国民会议非常费时，袁世凯嫌其过于迂缓。梁士诒乃指使全国请愿联合会请愿参政院，另设征求民意机关。参政院遂议决召开国民代表大会，决定国体。10月10日，袁世凯发布静候国民解决国体问题的申令。

国民代表大会的筹备工作，从代表的产生到投票，乃至推戴书如何写，无一不是在袁世凯和袁克定父子及其党羽的直接操纵指挥下进行的。

所谓国民代表大会，并不在北京集中召开，而是在将军、巡按使监督之下，各省分别举行，然后将票汇集北京。由于代表经过严格审查，加以会场布满武装的士兵，派大批人员严密监视，结果参加投票者一千九百九十三人，赞成帝制一千九百九十三票。本来推戴皇帝是决定国体以后的事，但决定国体的总票数尚未汇集，各省将军、巡按使又紧接着叫代表在推戴书上签名，一致推戴袁世凯为中华帝国皇帝。

10月28日，国体投票刚在某些省区开始，原先鼓励支持袁世凯称帝的日本突然转变态度，代理公使小幡酉吉约同英俄两国公使会晤外交总长陆征祥，劝告袁世凯延缓变更国体，以防祸患于未然。紧接着法国公使会晤陆征祥，劝告袁世凯终止帝制。旋即意大利又插足进来，四国劝告再变而为五国劝告。袁世凯无论派人怎么解释，也不起作用。

国民党人在"二次革命"后多流亡日本，孙中山将国民党改组为中华革命党，1915年组织中华革命军。11月10日，革命党人将彰威将军、上海镇守使郑汝成击毙。12月5日，在上海占领肇和兵舰，炮轰制造局，进攻警署。

袁克定和段芝贵等每天同各方面的人士接触，阅读报纸，对外面的局势不稳，有些地区情况还很严重，了解得很清楚。正因如此，他们更急于请袁世凯早日即位，免得夜长梦多。他们认为，时间越拖，天下越乱，如果早一天即位，就可用皇帝的威权进行镇压。因此，每天都在袁世凯身边撺掇，并把一切准备就绪，只等袁世凯亲口答应，便可立即行事。同时为了确保安全，他们又劝袁世凯先举行一个内部的登极仪式，然后再择定吉日召宴外国使臣，这样既可节省经费，对外也冠冕堂皇。一天，袁克定、段芝贵等看准12月12、13两日为难得的黄道吉日，格外尽力劝说。袁世凯很迷信这一套，当即首肯。袁克定喜出望外，马上通知参政院在12月11日上推戴书。

按照事先准备好的安排，12月11日，参政院举行全体会议。杨度等提出，既然全国一致推戴袁世凯为皇帝，参政院就应当以总代表的名义恭上推戴书。与会者均赞成，当即起草通过，上呈袁世凯。下午，袁世凯下达申令说，民国的主权本于全体国民，既经国民代表大会表决改用君主立宪，本大总统自无讨论的余地。然而，本人没有功业足以称述，辛亥之前，曾居政要，追怀故君，已多惭疚，若跻大位，于心何安？此于道德不能无惭者也。民国初建，曾向参议院宣誓，愿竭能力，发扬共和。今若帝制自为，则是背弃誓词，此于信义无可自解者也。尚望熟筹审虑，另行推戴。故意谦辞一番，以便让爪牙们再做一篇歌功颂德的大文章，将其"盛德"列举出来，洗刷掉欺凌孤寡和背叛民国的恶名，名正言顺地登上皇帝之位。

同日下午，参政院向袁世凯呈递第二次推戴书。书中列举了他六大"功烈"，解释了道德、信义问题，请其正位登极。

12日，袁世凯不再做作，申令承认帝位，筹备登极。

13日上午，袁世凯在中南海居仁堂接受了百官朝贺。并虚伪地说，他当皇帝，完全是牺牲一身，牺牲子孙，为了救国救民。

朝贺过后，既未颁赐封诰，陈设御宴，也未放假庆贺，其亲信们既高兴，又扫兴，还有些担心害怕。

袁克定以为"太子"一定属于自己，私自刻铸了"大皇子印"金印，与筹安会和官僚政客们密切往来，培植个人势力。杨士琦、杨度、沈云沛、薛大可等人经常在袁世凯面前说"嫡出当立"，并称袁克定为"大皇子殿下"，袁克定竟居之不辞。

袁克文迁居中南海，住在居仁堂西北的一个院中，以流水音为书斋，人称二爷处，会客闲坐均在这里，但未挂牌。他结交的都是名士派人物，如方地山、董宾古、易顺鼎、樊增祥等等，过着诗酒风流、寻花问柳的生活。

一天，有精神病的克良对袁世凯说，克文与其某庶母有染，袁世凯大发雷霆。方地山闻知，唯恐克文遭到不测之祸，带着他逃避到上海。不久，袁世凯发觉实无其事，派人召克文回来。从此，他放情山水，北登长城，东游泰山，南下吴越，中历嵩山，西走龙门，复东下曲阜，拜谒孔庙孔林，饱览名山胜迹。

袁克文并不热衷政治，但也不是绝对厌恶政治，民国初年他在天津即与统一党发生过一段关系。他觉得统一党中有人言论过于激烈，与同盟会的界限不甚分明，提出改组，并与国民协会先发起一个俱乐部，该党给他寄去了入党志愿书和党证，后来统一党与其他党合并为共和党。1912 年 5 月底，袁克文还参加过天津共和党支部欢迎张振武的集会。他与社会党的负责人江亢虎为老朋友，同该党的书记陈翼龙有交往。

他同国民党天津支部的负责人唐继星也相识。唐继星每天都作邪冶游，吃住均在一个妓女处。二人臭味相投，相处颇得，日夜在一起喝酒、赌博。1913 年镇压了国民党后，某个夜晚，袁克文喝得大醉，呼马车回家，唐继星将其扶出，送至寓所。次日有人告诉袁克文，侦探昨夜往捕唐继星，见他在座，未敢遽入，后见唐继星扶他出门，又不敢发。袁克文知道唐继星的身份后，仍继续与其往来。一个夜晚，他们在妓院喝酒、赌博，车夫告诉袁克文此处已被包围，袁克文晓得必为唐继星而来，终局之后，说有要事筹议，必须至德义楼一谈，强行将唐继星胳膊挽住，挟之登车，侦探和巡警俱不敢向前。至德义楼，始向唐继星说明原因，并云此处危险，劝其乘轮南下上海躲避。唐继星同意，恰巧当夜有轮船开行，遂亲送唐继星登轮而去。但唐继星后来仍然未免杀身之祸。

有人问袁克文：唐继星谋乱，是你们家的敌人，你为何要救他？他回答说：谋政属于公事，友谊属于私事，虽不可以私废公，亦不可以政丧谊。唐继星是否谋乱，我未看到，不能专断。他既然对我好，即是我友，岂可坐视其死而不救？假如以后作乱，自有正其罪者，现在我只尽我心。倘若已经作乱，我也不会与他友好。

出于这样的认识，后来他又救过比较要好的杨千里。杨千里名天骥，在某部任参事，不知何因被侦探告密，陆建章下令逮捕。袁克文心知其诬，欲为疏解。恰在此时，好色的陆建章羡慕女演员刘喜奎之色，而又惧于阃威，无所为计，知道袁克文与演员很熟，托他想办法将刘喜奎召来，一窥颜色。袁克文遂借宴请记者为名，在陆家设下舞台，并向杨千里说明原委，邀其前来。开宴之后，袁克文将杨千里介绍给陆建章，言明二人友情甚笃，陆建章释然。剧终，陆建章使人召刘喜奎入室，遭到严拒。陆建章务要一睹刘喜奎的真容，再向袁克文乞求。袁克文不得已向刘喜奎说明只是一见，别无他意。刘喜奎方才入室坐了俄顷，即匆匆而去。陆建章为之神魂颠倒，必欲纳之为妾，又请求袁克文让某人为媒。袁克文骗他说：只要他答应一件事，就为他想办法。陆建章满口答允。袁克文遂让他写了一个免捕杨千里的手谕，并保证此人绝无异图。陆建章立即写就交给袁克文。此后，杨千里得以安居。陆建章的老婆听说，与陆建章大吵一通，扬言如果刘喜奎来，一定用棍子将其打死。陆建章吓得再也不敢打刘喜奎的主意。

1914 年春天，袁克文奉其父之命，送长妹去青岛。行前，袁世凯嘱咐他趁机察看一下青岛的形势和济南南北的险要，他便与易顺鼎等人送其妹子到了青岛。其时青岛尚在德国人管辖之下，他们参观了一周，然后到了济南。停留数日，乘车南下，登泰山，游曲阜，再经济南返京。

1915 年，天津中原公司与福中公司合并，袁克文被推为襄督。清史馆创立，馆长赵尔巽邀其任纂修，他经父亲同意，参与修清史。

同年 8 月，筹安会宣言发表，袁克文颇不以为然。开始他不大明白其父对帝制的态度，以后逐渐明白，也不甚赞成。有个叫吴步蟾的人，上书袁世凯反对帝制，触其盛怒，几遭不测，乃挟其所藏《落水兰亭帖》求援于王式通，帖中夹有包慎伯、丁俭卿致杨至堂论《兰亭》各一札。王式通留吴步蟾吃饭，适袁克文到来，王式通将情况对他说了。袁克文表示愿意送吴步蟾到天津，再买船票出走，吴步蟾甚愿，袁克文遂带他到前门登车。归来之后，书札属王式通，《兰亭》则归袁克文。

深秋某日，袁克文与爱妾薛丽清同游颐和园，泛舟昆明湖，当晚宿于玉泉山的玉泉精舍。面对萧瑟凄凉的夜景，他思绪奔腾，感慨万端，挥毫写下题曰《分明》的诗。关于此诗，传说很多，有的说是一首，有的说是两首，后经易顺鼎删改，两首并为一首，但袁克文对删改并不满意。至于语句，也有差别。

1932年1月《北洋画报》发表了他题写在扇面上的遗墨，即是第一首，珍藏者为朱伯言，诗云：

> 乍著微棉强自胜，古台荒槛一凭陵。
>
> 波飞太液心无住，云起苍崖梦欲腾。
>
> 几向远林闻怨笛，独临虚室转明灯。
>
> 绝怜高处多风雨，莫到琼楼最上层。

袁克文结纳名士，与其交游的人颇多。袁克定阴遣岭南某诗人窥其动静，某人即检举该诗末了二句之意为反对帝制。袁克定呈报袁世凯，禁止克文出入。袁克文唯有摩挲宋版书籍、金石尊彝，开始写日记，消磨岁月。

此诗传出，大家以为是克文讽谏其父称帝之作，对其相当敬佩，其名声也因此而愈益远播。

袁世凯接受帝位后，首先考虑到的是如何笼络人心。

副总统黎元洪身兼参政院院长，影响巨大。自从被骗进京，软禁在瀛台孤岛，为了自保，绝口不谈政事，很少与外人联系。袁世凯极力表示亲近，将女儿许配其子为妻，结为亲家。帝制公开后，黎元洪提出辞去参政院院长，不再参加会议。袁世凯为结好起见，准其迁出瀛台，移居东厂胡同。承认帝位后，册封黎元洪为武义亲王，并令文武百官前往祝贺，恳请即日就封，遭到黎元洪冷冰冰的峻拒。

袁克定深为痛恨，乃向跟随黎元洪的湖北交涉员胡朝栋了解情况，严加防范。胡朝栋之妻与黎元洪之妾黎本危均为妓女出身，系手帕姐妹，告以黎夫人长斋不出，操纵内外的都是黎本危。于是袁克定购得价值两万的珍珠，使胡朝栋之妻暗赠黎本危，嘱其探听黎元洪的动静。得悉黎元洪并无他意，遂疏于防范。一日，黎元洪与亲信议定出走，告知黎本危，黎本危追问到何处去，黎元洪未明确回答，只说将来派人来迎她。黎本危偷偷告诉胡朝栋，胡朝栋急忙通过杨士琦转告袁克定。当天午后，步军统领与警察总监各派五百名军警将东厂胡同周围团团围住。幸亏黎元洪未向其妾说明原委，否则他与亲信就要大祸临头了。

对于退位不久的清室，袁世凯以宣布优待条件不变，将来列入宪法，作政治交易，换得清室的支持。同时提出同清室联姻，将自己的三女儿许配逊帝溥仪为皇后。又任前清资政院总裁溥伦为参政院院长，代替坚决辞职的黎元洪，且赏食亲王双俸，以酬其赞成帝制之劳。

他还重申了满、蒙、回、藏各族人民待遇条件继续有效，争取王公贵族站到自己一边。

他知道一些旧日同僚不肯称臣下跪，早已拂袖出京，连把兄徐世昌也回到河南辉县水竹村，乃下令旧侣及耆硕故人，均勿称臣。被他列为旧侣的有黎元洪、奕劻、载沣、世续、那桐、锡良、周馥，故人有徐世昌、赵尔巽、李经羲、张謇，耆硕有王闿运、马相伯。同时申令以故人徐世昌、赵尔巽、李经羲、张謇为"嵩山四友"，特加优礼，享受随时入对，见皇帝不跪拜，照领原薪等等待遇。

接着下令"锡爵"，大封军政各界的亲信党羽和握有实权的要人。册封龙济光、张勋、冯国璋、姜桂题、段芝贵、倪嗣冲为一等公，刘冠雄为二等公，汤芗铭、李纯、朱瑞、陆荣廷、赵倜、陈宧、唐继尧、阎锡山、王占元为一等侯，其余的尽封为伯、子、男和轻车都尉。

根据袁克定的建议，加封孔子七十六代孙衍圣公孔令贻为郡王；革除宦官和采选宫女，改用女官。

12月19日，袁世凯宣布成立大典筹备处，以内务总长朱启钤为处长，成员有梁士诒、周自齐、张镇芳、杨度、孙毓筠、江朝宗、吴炳湘、施愚、顾鳌等，负责筹备登极的具体工作。

筹备工作夜以继日地进行，原来清宫的太和殿、中和殿、保和殿分别被更名为承运殿、体元殿和建极殿，重新加以油饰，而且新朝尚赤，以红色为代表色，屋顶的黄瓦也要换成红瓦。殿宇、服冠和御用品，用去两千万元。规定登极前一日起，全国悬旗结彩三日，进行庆贺。

一切准备妥当，袁世凯急不可待地盼望着明年2月上旬举行开国登极大典。不料12月23日，突然接到云南将军唐继尧和巡按使任可澄的来电，声称杨度等公然集会，朱启钤等秘密电商，皆为内乱重要罪犯，要求袁世凯立将杨度、孙毓筠、严复、刘师培、李燮和、胡瑛及朱启钤、段芝贵、周自齐、梁士诒、张镇芳、雷震春、袁乃宽即日明正典刑，以谢天下。发誓拥护共和，永除帝制，并于二十四小时之内答复。

袁世凯大感意外，急令政事堂复电询问何以前此情词迫切地吁请早定大位，现在又语多离奇，是否他人捏造？

25日，蔡锷、唐继尧、任可澄、戴戡等通电宣布云南独立，声讨袁世凯背叛民国、帝制自为的罪行，并说袁世凯业已丧失元首资格，号召全国人民同声致讨。接着推举唐继尧为都督，组织中华民国护国军，第一军出兵四川，蔡锷为总司令；第二军出兵两广，李烈钧为总司令；唐继尧自兼第三军总司令，在后方策应，得到各界人民热烈拥护。

自从发现袁世凯称帝的野心后，蔡锷表面上拥护，暗中却与云南联系，并到天津与梁启超密商讨袁计划。梁启超极力鼓动他利用在云南的威望，返滇举起讨袁大旗。继而梁启超南下，蔡锷也离京到天津就医，然后绕道日本、香港和越南，回到昆明。

云南独立，敲响了帝制的丧钟，犹如霹雳一声春雷，震荡在中国的上空。袁世凯恼怒异常，但他自信有几十万军队，有把握一举将护国军消灭；除了日本，别国均无能力干涉中国事务，而日本的态度近来颇为友好，外交不成问题；再说帝制办到这种地步，只有前进，不可后退。因此，他非但不思悔改，反而一意孤行，谋求帝位更急。12月29日下令将唐继尧、任可澄、蔡锷撤职；31日申令改元，以明年为洪宪元年。1916年元旦，他没有举行登极大典，即将总统府改称新华宫，对内称中华帝国，改用洪宪元年，接受百官朝贺，做起皇帝来了。同日，大典筹备处通告，所有奏、咨和公牍，自本年1月1日起，一律署洪宪元年。

然而，政府的对外文件凡书写洪宪元年的均被退回。袁世凯不敢开罪帝国主义，只好仍用民国年号，以总统身份对外交涉。这样，便出现了帝国和民国并存，中国既非民国又非帝国，既是民国又是帝国的荒唐局面；而袁世凯对内是皇帝，对外是总统，也成了个既非总统又非皇帝，既是总统又是皇帝，非驴非马的怪物。外国的报纸遂称其为"皇帝总统"，予以辛辣讽刺。国内也有人撰联嘲笑他："到底是总统，到底是皇帝？"

羞愤而死

为了偿其大欲，袁世凯一面展开争取日本的工作，特派农商总长周自齐为赴日赠勋特使，名义上是将与大总统同等的大勋章赠予日皇，实际上暗去送礼；另一面加紧对护国军的镇压。他在中南海丰泽园设立征滇临时事务处，负责征剿护国军事宜，亲自主持。1916年1月5日，下令邻近云南的各省对护国军一体严筹防剿，并派虎威将军曹锟督率各师开赴前线。曹锟统率的部队兵分两路，一路以张敬尧任总司令，进军四川，为正面进攻的主力；一路以马继增任总司令，进军湘西。但在外交与军事两方面均碰得头破血流。

日本政府开始对袁世凯派赠勋特使表示热烈欢迎，1月14日日置益在使馆设宴为周自齐饯行。然而，次日日本政府又因与袁世凯所订密约泄露，突然拒绝周自齐赴日。袁世凯经此打击，威望扫地无余。

蔡锷统率的护国军第一军分东西两路，西路出云南昭通向四川进军，东路向贵州进军。1月中旬，西路军进入川境，将川军打败，进驻叙府。东路军抵达贵阳后，贵州护军使刘显世宣布贵州独立。东路军遂经毕节北向，2月1日占领四川纳溪。川军师长刘存厚与蔡锷关系非常密切，在护国军抵达纳溪后即宣布独立。以后戴戡率领的滇黔护国军攻克四川的綦江，进入湘西的护国军攻克湖南的晃县、麻阳、芷江。

与此同时，孙中山领导的中华革命军在广东、山东、湖南、湖北接连起义，反袁的武装斗争在不断扩大。

袁世凯称帝违反人心，搞得众叛亲离。

1916年恰是袁世凯堂妹袁书贞五十整寿，袁世凯命袁克定带上厚礼前去祝寿，袁克定转嘱五弟克权代往。袁书贞拒绝接见，让人传话说："我娘家无兄，也无内侄。"

克权回京报告，袁世凯及克定均很纳闷，不解其故。

稍后，袁书贞给袁世凯来信，信中无任何称呼，内云："袁张两姓，世受清恩，你代清而为民国总统，犹得曰是民主也，非篡窃神器可比。今兹称帝，你何以见隆裕太后于地下乎？虽云顺从民意，以我视之，直叛逆耳！我幼读诗书，稍知君臣大义，请自今日始，你为君主，我愿为前清遗妇。"

袁世彤则从河南来到北京，质问袁世凯为何称帝。并劝告说："纵然是做成了，兄也是清室逆臣，袁家不肖子孙，我劝兄赶快收回成命才是。"

袁世凯说："现在事已至此，无力挽回。何况天与人归，我也是顺从万民之意呀。"

袁世彤知道劝阻无济于事，和妹妹张袁氏遍登京津各报，声明与袁世凯断绝关系。内云："袁氏世凯与予二人，完全消灭兄弟姐妹关系。将来帝制告成，功名富贵，概不与我弟妹二人相干。帝制失败，一切罪案，我弟妹二人亦毫不负咎。特此声明。"

袁世凯听说后，大为懊恼，然亦无可奈何。

据说，袁世彤回到河南招兵买马，揭起反袁大旗，号称"勤王"，大约是想拥护溥仪复辟。河南将军赵倜电告袁世凯，袁世凯长叹一声，说：

"老六和我闹家庭革命了。"遂令赵偶将其招募的兵丁驱散。

人民的反对使袁世凯焦头烂额，家庭间的纷争也弄得他心力交瘁。

首先是立太子问题。长子克定系嫡出，按照封建宗法制度中的传统观念，太子理应属他。但袁世凯因其摔坏一条腿，左手受了伤，说他"六根不全"，将来难以君临万民。次子克文是三姨太太的长子，又是过继给大姨太太而为她所溺爱的儿子，人很聪明，且有才气，袁世凯常常夸他有天才。五子克权是二姨太太的长子，待人诚恳，学问亦可，袁世凯同样喜欢。因此曾露出口风，要在克文和克权之中择一而立。他二人皇子服上的金花与克定一样，与其他弟兄们则有区别。二人之中，克文年长，不时替袁世凯外出办事，颇得信任，袁世凯对他有所偏爱，被立为太子的呼声最高。

克定闻知，大动肝火，扬言说："如果大爷（只有他称袁世凯为大爷）要立二弟，我就把二弟杀了。"此言一出，闹得新华宫内人心惶惶，担心家中要闹"血滴子"。

克文听到克定要杀他，内心极其痛苦，曾与三妹叔祯商量，如果父亲一旦登极，就私自逃往英国去留学。不料这个消息被大、三两个姨太太知道了，先后将他叫到面前，又哭又劝，使得他想走而又不敢走。为了免遭克定伤害，他称疾不出，并向父亲陈请如前清册封皇子之例，授他为皇二子，以释疑者猜虑，使他无有忧顾。袁世凯允准，命其撰宫中官制，订礼仪，修冠服。

克定见克文钤皇二子印，知其无大志，也就不再相逼。

二姨太太想当皇太后，当然希望立克权。最得宠的五姨太太也不甘心，时时向袁世凯嘀嘀咕咕，大吹枕边风，要求立其长子即老六克桓为太子。

妃嫔之争同样让袁世凯心烦意乱。妻妾对他称帝都很赞成，原配于氏最高兴，因为她是当然的皇后。而在姨太太中间，袁世凯曾口头封过大、二、三、五姨太太为妃，六、八、九姨太太为嫔。为嫔者感到太不平等，一致要求封妃，否则便带着孩子回彰德，而且一说起来就没完没了。袁世凯烦恼万分，长叹道："你们别闹啦，你们都要回彰德，等着送我的灵枢一块儿回去吧！"

在诸女儿中，三女儿叔祯是唯一不赞成帝制的，也是唯一有反抗性的女性。这并非因为她在政治上有什么独到的见解，只是因为她爱好自由，不愿受到束缚。她不愿穿皇女服，也不愿学公主们所应懂得的繁文缛节，每学一次，就哭闹一次。袁世凯将她许配逊帝溥仪，她大为不满，又哭又闹。袁世凯逗她说，非把她送礼不行。她更加不依，哭着说："我又不是家里的鼻烟壶，爱送给谁就送给谁，你要把我送礼，我死也不去。"好在袁世凯死得早，这桩婚事最后终于取消。

一天，叔祯让一个丫头出外买来一包最爱吃的黑皮五香酥蚕豆，是用整张《顺天时报》包来的。她在无意中看到这张前几天的报纸与平时看到的论调不同，找寻一张同一天的查对，发现日期相同，内容却不一样，觉得非常奇怪，便问袁克文是怎么回事。克文说，他在外边早就看到了，只是不敢向父亲说明，接着问她敢不敢。她说敢，当晚将真《顺天时报》拿给袁世凯看，袁世凯问是哪里来的，她如实说了。第二天早晨，袁世凯将袁克定找来询问，克定承认是他捣的鬼，跪在地下求饶。袁世凯气愤已极，用皮鞭把他打了一顿，一边打，一边骂他"欺父误国"。从此看见他就生气，同时也感到帝制前途渺茫了。

内史夏寿田见形势不利，建议袁世凯仿照英王兼附属国大皇帝的先例，以大总统身份兼满蒙大皇帝，借此下台。袁世凯起初觉得很动听，想想又改变主意。袁克定反对尤其激烈。杨度赶快警告夏寿田，夏寿田吓得从此不敢乱发议论。都肃政史庄蕴宽建议取消洪宪年号，裁撤大典筹备处，停止参政院开会，更不为他们父子所接受。然而，争取日本的失败，军事的失利，加上外国又提出口头警告，迫使袁世凯不得不将帝制活动暂时延缓一下。2月23日，他宣布，此后吁请早正大位的文电一概不许呈递。并通知各国公使，云南之事未平以前，决不登极。

北洋军赶到四川前线，与护国军鏖战多日，双方进入相持状态。由于护国军弹药粮饷极度困难，蔡锷下令后退一程，进行休整。北洋军不费一枪一弹收复了叙府、纳溪和綦江。

湘西战场开始袁军失利，马继增正督兵进剿，旅长唐天喜突被收买倒戈，全师溃乱，马继增病气交加，暴死辰溪。唐天喜小站出身，一直跟着袁世凯，袁世凯得电，受到很大刺激，反复说："唐天喜反了，唐天喜反了！"周文炳接任第六师师长后，督队反攻，护国军退出湘西。

3月2日，署理广东巡按使龙觐光率领的征滇军占领云南要隘剥益。龙觐光之子龙乾运为广西将军陆荣廷的女婿，起初袁世凯征求陆荣廷的意见，拟派北洋军假道广西攻滇，遭到拒绝。继令陆荣廷派兵征滇，又被婉辞。于是袁世凯乃令龙觐光组织征滇军，经广西进攻云南。陆荣廷不好再拒，只得许诺。但此时他已在岑春煊和梁启超的劝说下决定反袁，伺机起事。

看到军事得手，袁世凯以为护国军大有一触即溃之势，不难指日荡平，大为高兴。但他高兴得太早，3月15日，陆荣廷宣布广西独立，紧接着将龙觐光的征滇军全部解决。四川、湖南前线的北洋军被打得惊惧万分，普遍厌战，将领们接受了冯国璋与段祺瑞的秘密指示，屯兵不前，且日索饷械，与袁世凯为难。

袁世凯没有办法，派阮忠枢前往徐州说服张勋率兵出征。可张勋是个清室复辟派，并不真心拥护袁世凯，非但不允派兵，反而说宣统名号仍在，妄自称尊，惭负隆裕，生不齿于世人，殁受诛于《春秋》，将袁世凯羞辱一顿。

　　袁世凯听了阮忠枢的报告，深感长期培养并依为生命的北洋军再也不足恃了，情不自禁地发出几声凄凉悲叹。接到直隶巡按使朱家宝关于冯国璋联合靳云鹏、李纯、朱瑞、张勋请速取消帝制的密报，益发绝望，无限悲哀地对夏寿田说："完了，一切都完了！我昨天晚上看见天上有一颗巨星掉下来，这是我生平所见的第二次。第一次文忠公（李鸿章）死了，这次也许轮到我了。"继而又十分沮丧地提到其历代祖先都是在五十九岁以前死亡的，而他已经五十八岁，恐怕过不了五十九岁的关。

　　正在此时，徐世昌致函提出警告："及今尚可转圜，失此将无余地。"

　　3月17日，袁世凯找来智囊杨士琦问计。杨士琦并无回天之力，只得劝其和平解决西南问题，而要做到这一点，必须取消帝制。袁世凯同意妥协，但顾虑取消帝制后，护国军不允再当总统。旋又召见梁士诒，梁士诒同样束手无策。万般无奈，袁世凯决定，撤销帝制后，中央政事由徐世昌和段祺瑞担任，安定中原军事由冯国璋担任。令梁士诒致电陈宦，嘱其一面严防，一面与蔡锷言和；再以私人情谊，请梁启超疏通滇、桂，并致函康有为，请其婉劝梁启超。

　　袁世凯当皇帝是由国民代表大会"推戴"的，取消帝制也应通过立法机关的表决才可。他准备提前召集立法会议，完成取消帝制的法律手续，并做出让他仍任总统的决议，使他由皇帝再变而为合法的总统。可是，形势太过危急，经过休整的护国军发起全面反击，一举攻克四川的纳溪、江安、南川、綦江等要地，在湘西也占领了永祥、永顺等地。召集会议来不及，只得自行颁布取消帝制。3月21日，召集国务卿、各部总长、参政院参政、肃政厅肃政使、平政院院长开会，讨论撤销帝制，与会者均无异词，决定当晚下令。

　　袁克定仍然痴心妄想，做着皇太子的迷梦，闻知立即上折，力加阻挠。折云：

> 由筹安会发生以迄于今，已历七阅月。此七阅月中，呕几许心血，绞几许脑力，牺牲几许生命，耗资几许金钱，千回百折，始达实行帝制之目的。兹以西南数省称兵，即行取消帝制，适足长反对者要挟之心。且陛下不为帝制，必仍为总统，则今日西南各省既不慊于陛下为帝，而以独立要挟取消帝制者，安知他日若辈不慊于父为总统，而又以独立要挟取消总统乎？窃恐其得步进步，或无已时也。今为陛下计，不如仍积极进行之为愈。且西南各省虽先后反抗，而北方军民则相安无事。陛下于此时正位，即使西南各省兴兵北犯，然地隔万里，纵旷日持久，未必直捣燕京。况军力之强弱各殊，主客之劳逸迥别，胜负之结果尚在不可知数乎？就令若辈不肯归化，亦不过长江或黄河为鸿沟已耳，则陛下纵不能统一万方，胡不可偏安半壁哉？较今日自行取消，孰得孰失，何去何从，愿陛下熟思之。

袁世凯阅后又动摇了，急令印铸局将令文送回修改。然而，前线的败局已定，不取消帝制何以善后？他左思右想，北洋军已不可靠，克定的想法未必可行，于是狠狠心，仍决定下达撤销帝制令。

22日，他召集帝制派要人开会，并将段祺瑞和回到京中的徐世昌请来，言明撤销帝制。帝制派人物面面相觑，不知所措。徐世昌、段祺瑞均表同意。这时倪嗣冲拍案而起，狂叫："君主政体中国行之数千年，何物小丑，敢以取消相要挟！臣誓死扫荡群丑而后已！"袁世凯将冯国璋等五人的密电往他手中一塞，他方无异言。同日，他免去陆征祥的国务卿，令其专任外交总长，任命徐世昌为国务卿。

当日，袁世凯将被其疏远的张一麐召来，请他起草撤销帝制令，予以发表。次日申令废止洪宪年号，仍以本年为中华民国五年。

从改元洪宪到废止洪宪年号，前后共八十三天。袁世凯当了八十三天闭门天子，做了一场皇帝梦，就被全国人民从君主的宝座上赶了下来。

25日，黎元洪、徐世昌、段祺瑞联名电告陆荣廷、梁启超、唐继尧、蔡锷：帝制取消，公等目的已达，务望先戢干戈，共图善后。

同日，参政院议决将各省推戴书一律发还销毁，恢复因与帝制抵触而失去效力的民国时代各法令。29日，袁世凯命销毁帝制文件八百余件。4月2日，参政院议决撤销国民代表大会决定的君主立宪国体案和参政院的总代表名义。

蔡锷对袁世凯取消帝制，以便卷土重来的阴谋看得很清楚，唯因新援不到，器械、人员、弹药得不到补充，只得虚与委蛇，与袁军达成局部停战一周的协议，期满又陆续展延，四川前线未再发生战斗。

4月1日，袁世凯又以黎元洪、徐世昌、段祺瑞的名义向护国军提出六项议和条件：

1. 云南、贵州、广西取消独立；

2. 三省治安由三省长官维持；

3. 三省招募的新兵一律解散；

4. 三省开赴前线的军队一律撤回原驻地点；

5. 三省军队自即日起，不准与官兵交战；

6. 三省各派代表一人来京筹商善后。

这些根本不像议和条件，倒像长官向下级下达的命令。三省经过电商，也提出六款作为回答：

1. 袁世凯于一定时期内退位，可贷其一死，但须驱逐至国外；

2. 诛戮附逆之杨度、段芝贵等十三人，以谢天下；

3. 帝制筹备费及此次军费约六千万，应抄没袁世凯及帝制祸首十三人的财产赔偿；

4. 袁世凯之子孙三世剥夺公民权；

5. 袁世凯退位后，按照《临时约法》，以黎元洪继任总统；

6. 除国务员外，文武官吏一律照旧供职，但关于军队驻扎地点，须听护国军都督之指挥。

袁世凯撤销帝制而又恬不知耻地自居总统，把全国人民的反对情绪激发得更加高昂。

广东各地都树起了讨袁大旗，龙济光迫于形势，4月6日宣布广东独立。浙江军民赶跑了骑墙将军朱瑞，12日宣布独立。湖南、江苏、安徽、江西和奉天，相继点燃起讨袁的烽火。许多省区的农民也开展起广泛的抗纳捐税斗争。

与此同时，社会各界名流和原国会议员群起斥责袁世凯寡廉鲜耻，迫其退位。指出：天下有死灰复燃之皇帝，断无失节再醮之总统。国家公产，非彼私物，总统帝制，一任自专，出尔反尔，毫无顾忌。叛逆罪案既已成立，总统资格业已丧失。呼吁大举进攻，扫除凶逆，扑杀此獠，以绝乱种。

在举国声讨面前，袁世凯仍然煞费苦心地玩弄阴谋诡计，作垂死挣扎。4月21日，宣布实行责任内阁制。次日，徐世昌以和事佬难当，辞职而去。袁世凯任命段祺瑞为国务卿，但又不把实权交出来。为保住总统地位，他还派阮忠枢到南京讽劝冯国璋带头，联合未独立各省通电拥袁，向护国军示威。冯国璋答云在议和时期，不宜发此通电，只可召集未独立各省在南京开会，商量对时局的意见。袁世凯欲借其拖延时日，立表同意。

5月6日，滇、黔、桂、粤四省成立统一机构军务院，推唐继尧为抚军长，岑春煊为副抚军长，代行抚军长职权，陆荣廷、梁启超、蔡锷等为抚军。宣言拥黎元洪为总统，军务院负责全国军政，筹办善后。

9日，陕南镇守使陈树藩在三原宣布独立，自称陕西护国军总司令，迫使杀人魔王陆建章离开陕西。

冯国璋召集的南京会议，由于倪嗣冲和张勋的破坏，无结果告终。

22日，四川将军陈宦在大势所趋下，突然通电宣布四川独立，并特意声明，与袁世凯断绝个人关系。他在出京之前向袁世凯辞行时，曾跪倒在地，乞求袁世凯早正大位。袁世凯视其为心腹爪牙，绝未想到他会背叛，现在不仅背叛，而且宣布与他断绝个人关系，当即气得晕倒在椅子上，好长时间方才醒转。

他尽管陷入众叛亲离、穷途末路之境，仍然不肯悬崖勒马，继续筹措军费，企图作困兽之斗。并于29日公布帝制始末案，推卸罪责，大有要向反对者挞伐的架势。

不料在公布帝制始末案的同一天，另一亲信汤芗铭宣布了湖南独立。

袁世凯极其怕死，饮食非常谨慎，派有专人料理。平时除三餐丰盛的珍肴外，还喝牛肉汁、鸡汁、鹿茸汤、人参汤，服用补血强身、滋阴壮阳的高级补品，喝两个奶妈挤出的人奶，希图益寿延年。称帝之后，由于遭到全国人民反对，极端焦虑，又羞愧又气愤，至1916年2月食量渐减，精神不振，恹恹成病。3月，病情渐显，逐日加重。生病之后，犹死死抓住权力不放，最后实无精力，也不交给责任内阁，而让袁克定处理。

他一病倒，全家人惊慌失措，着急异常，几个姨太太精心护理，朝夕不离左右。

有次克定、克文和弟弟们向父亲请安，见其委顿情状，多半掩面涕泣。姨太太怕惊扰袁世凯，嘱咐他们到外室静候。

来到外室，克文见克定面无泪痕，不由气恼地问："大哥，你知道爸爸的病因何而起？”

克定答道：“无非寒热相侵，故有此病。”

克文摇头说：“论其病源，兄实祸首。”

克定发火说：“我有什么错处？”

克文答道：“爸爸热心帝制，都是由你怂恿。今日帝制失败，西南各省纷纷独立，连日接到的电报都是冷嘲热讽，令人难堪。你想，爸爸年迈花甲，怎能受得了。古语说，忧劳所以致疾，郁愤交集，怎能不病？”

其他弟弟都认为克文说得对，同声埋怨克定。

克定说：“我曾禀告爸爸切勿取消帝制，他不从我，遂致西南各省得寸进尺，前日反对爸爸称帝，今日反对爸爸为总统，明日恐怕还要抄咱们的家，灭我们族呢！爸爸自己不明，与我何干？”

克文冷笑说：“你不自己引咎，反要埋怨老父，可谓太忍心了。试思爸爸曾有誓言决不为帝，你为了想做太子，竭力撺掇，遂致爸爸顾子情深，竟背前誓。弟前日曾谏阻此事，表示不敢赞同。现今爸爸抱病如此之重，弟亦何忍再非议爸爸，致背亲恩。”

克定顿时恼羞成怒，大声嚷道：“你算是个孝子，我却是个不孝的罪人！你何不请父亲杀了我，将来袁氏的门楣由你支撑，袁氏家产也由你处分，你才得意了吧？”

当时吵得几乎要动起手来，克定听得室内呼叫，急忙趋入。

袁世凯骂道：“我尚未死，你兄弟便吵闹不休，你既害死了我，还要害死兄弟吗？”

克定伏地认罪。

袁世凯喘咳略定，又指责了几句，遂召诸子入室，稍加训责，挥手令退。

第三房儿媳妇（克良之妻）为使公公早日痊愈，偷偷从股上割下一块肉，熬了一小碗汤，让叔祯送给袁世凯喝，表示她的一点孝心。

袁世凯看见那块肉，问是什么，旋即意识到有人割股，连说："不喝，不喝。"

他最初患的是膀胱结石症，因其不信西医，不请西医诊治，没有得到及时治疗。看到汤芗铭的电报，他又恨又怕，病情立即转剧。至6月初即转变为尿毒病，不能吃，也不能尿，卧床不起。此时中医业已无能为力，克定做主请来法国医生贝熙叶诊治。贝熙叶为其导尿，仍未转危为安。

袁世凯急命人去请徐世昌、段祺瑞，对他们说："总统应该是黎宋卿的，我就是好了，也准备回彰德啦。"

有次袁世凯在昏迷中忽然清醒过来，命人请来徐世昌，对克定说："我死之后，你等大小事宜统向徐伯父请训，然后再行。须知徐伯父与我至交，你事徐伯父当如事我一样，休得违我遗嘱。"克定跪倒在徐世昌面前，泣涕应命。

6月6日凌晨，袁世凯处于弥留之际，徐世昌、段祺瑞、段芝贵、王士珍、张镇芳匆匆赶到居仁堂的病榻之前。

袁世凯望了徐世昌一眼，说："菊人来得正好，我已经是不中用的人了。"

徐世昌安慰说："总统不必心急，静养几天自然会好的。"旋又说："总统有话，早点安排出来也好。"

袁世凯嘴唇微微颤动了一下，说了"约法"两个字。徐世昌、段祺瑞正要动问，袁克定代答道："金匮石室。"袁世凯嘴唇动了动，再不能言。

袁克定叫贝熙叶打了一支强心剂，袁世凯苏醒过来，十分吃力地吐出最后四个字："他害了我！""他"字指谁，无人弄清，据袁家人猜测，可能指袁克定。上午十点，袁世凯气绝而亡，终年五十八岁。

由于陈宦、汤芗铭的背叛对袁世凯打击太大，好事者将陕西起义的陈树藩加上，借用中药之名，说袁世凯是服用了一剂"二陈汤"毙命的。

袁世凯刚死，夫人于氏在旁边大哭起来。一边哭，一边数落着说："你一辈子对不起我，弄了这么多的姨太太，又养了这么多的孩子，你死了都丢给我，叫我怎么办哪！"哭了又说，说了又哭，弄得在场的人谁也不好答话。

克文听她如此说法，就领着姨太太们所生的弟弟妹妹跪在她的面前，要求她赐死，以免累赘了她。

克定见局面如此之僵，如果继续闹下去，势必下不来台，一面给弟妹们赔礼，一面劝其母亲不要再闹，才算了事。

在守灵期间，袁克定披麻戴孝，几次跪倒在灵前大声哭喊："爸爸，爸爸，我对不起您！"

三姨太太金氏吞金殉死，幸被及时抢救过来。但她却因此留下了吐血的病根，后来终因吐血而死。

7日，黎元洪依法继任总统。以段祺瑞为首的国务院成立恭办丧礼处，拨款五十万元治丧，通令全国下半旗，停止娱乐、上课和宴会，以志哀悼。以后举行了公祭。

8日，袁世凯遗体入殓，头戴平天冠，身穿祭天大礼服，足登朱履，俨然一副"大行皇帝"模样。

28日，灵柩移往河南彰德洹上村，黎元洪率百官至新华门恭送。灵车从前门车站出发时，鸣礼炮一百零一响。段祺瑞以下北洋各官均送葬执绋，随专车前往。

陵墓的修筑由董理墓地工程处负责，河南巡按使田文烈主持。袁世凯在归隐时曾在太行山中为自己选好一块墓地，讨论葬地时，袁克文主张按其父亲生前的愿望办理。袁克定坚决反对，主张葬在附近，便于祭扫，结果葬在洹上村东北二里的太平庄。林墓前有牌楼一座，中立竖匾，袁克定本拟题"袁陵"，徐世昌怕引起非议，未同意，改题"袁公林"。袁林占地百余亩，种植着松柏花草，房屋用琉璃瓦覆盖，十分气派。

家规家教

袁世凯生就一副五短身材，中年以后，比较肥胖。上唇蓄着胡须，胡须末端长过嘴唇。长期的军队生活，使他养成了腰板挺得笔直的习惯，无论坐在椅子上和沙发上，都是如此。坐下的时候，鼻子里总是发出"嗯"的一声，同时用手摸着胡子，然后慢慢就座。坐下之后，两腿垂直叉开，仿佛骑马蹲裆之势。

他说话保留着较重的河南乡音，语气斩钉截铁，从不拖泥带水，絮絮叨叨。与人谈话，不时用手摸着胡子，"啥啥"地问个不停。每当谈至一个段落，常用一个口头语："嗯，你懂不懂?"这并不表示对听者的轻慢，而是意在使听者重视其谈话的内容。

他态度严肃，不苟言笑，两眼圆睁起来带有"杀气"，给人一种不怒而威之感。平常很少露出笑容，接见故旧友好，同样如此。即令遇到特别可笑的事，也是哈哈一笑就完，笑容瞬即消失。

他走路时身体有些轻微的左右摇摆，手中一定拿着一根下端镶着铁包头的藤手杖，作为防身之用。

他的饮食起居，乃至服装、习惯、嗜好，都有一套规矩，十分刻板，一成不变。

除了在晚清上朝穿官服，祭祀祖先时穿袍子马褂外，他平时只穿黑色制服，夏天为黑羽纱的，冬天换黑呢子的。夏天戴巴拿马草帽，冬天戴黑呢皮帽。夏天穿黑色皮鞋，冬天穿黑色皮靴。夏天穿洋纱小裤褂，冬天穿绒小裤褂，外加厚驼绒坎肩，厚毛线对襟上衣，皮袄和厚毛线裤。

他极不讲究清洁卫生，一年之中，只在过年的时候洗一次澡。即令在酷热的夏季也不洗，只让姨太太给他擦擦身子。喝汤或吃稀饭的时候，往往落得胡子、衣服上都是。擤鼻涕从来不用手绢，如无别人在旁边伺候，抬起袖子一擦了事。所以，他的衣服经常弄得很脏，极不雅观。为了他的仪容，姨太太只好帮他擦拭干净。他嫌洋式马桶有味，从来不用，用的是木制马桶。

他只抽雪茄，不抽旱烟、水烟、香烟，更不抽鸦片。烟瘾很大，与人谈话和走路，雪茄从不离嘴。平时不喝酒，逢年过节喝些绍兴酒。

他早晨六点起床洗漱，六点半吃早点，多是一大海碗鸡丝汤面。七点手持藤手杖从居仁堂楼上下来，口中发出"哦"的一声，到楼下的办公室办公和会客。

十一点半吃午饭。饭前，袁克定等几个大些的兄弟必须向他请安，他们进屋之前，男佣高声传报，得到允许，方能进去。进门以后，先叫声"爸爸"，然后鞠躬，站立一旁，温声问道："爸爸吃得好，睡得好。"完全是前清宫廷的一套。接着就恭恭敬敬地垂手低头，静候问话。

袁世凯对三个大儿子总是问："这几天干些什么？"对四五六儿子总是问："念书了没有？要好好念书。"每天如此。有时也问问生活和别的问题，有时什么也不问，道声"去吧"，即告结束。

儿子们再向他鞠躬，倒退几步，才敢转身出门。

儿媳妇们请安，说的也是"爸爸吃得好，睡得好"，袁世凯同她们没有话说，仅道："好啦，去吧。"

午饭时如无外客，陪同他吃饭的，为当值的姨太太和二女儿、三女儿，有时也叫别的姨太太。她们来的时候，均带自己厨房做的一两样特色菜来同吃。

午饭后，他约睡一小时，两点下楼办公会客。

五点以后，带领姨太太和小的子女在中南海各处散步，有时也骑马、划船。游园散步之前，派人传下话去，吹着哨子，知会人们事先回避，名曰净园。

七点吃晚饭，春秋冬三季在居仁堂，夏天在稻香村，跟他游园散步的人同他一起吃。

星期天的晚饭，全家人一起吃，夫人于氏也来。大厨房的饭菜之外，各姨太太都带拿手菜，有时也请外边的厨师做菜。这顿晚饭，他的神情不像平时那样严肃，和全家人随意说笑，并逗小儿女玩。

他吃的饭菜，非但花样经久不变，连摆放的位置也不变换。他最爱吃清蒸鸭子，入冬以后，每顿必有此菜，而且必须放在桌子的中央。肉丝炒韭黄摆在东边，红烧肉摆在西边。主食除馒头和米饭外，还要准备几种稀饭，大米的，小米的，玉米糁的，夏天还多一种河南人爱喝的绿豆糊糊。

晚上九点，他即就寝。

在家庭之中，他是个主宰者，所有家人的命运，均决定于他的好恶。

他与妻子于氏的感情一直没有恢复，只是保持着名义上的夫妇关系。于氏在其当上总统之后，在家中仍然没有任何权力，连油盐柴米的事都不能做主，尚不如乡村中的贫妇，心中十分悲苦，居常郁郁不乐。

但是，遇有节庆之日，接待外宾，袁世凯又不得不让她这块"牌位"上场。有个阳历年，各国公使偕夫人前来贺喜。于氏刻意打扮一番，穿着礼服出见。不料在仪式进行当中，忽有某国公使走到她面前，伸出手要与她相握。她是个典型的农村妇女，未见过世面，不明来者何意，大为惊慌，吓得张口就叫，立刻把身子一扭，将双手缩到背后去了。某公使见其神色大变，动作不同寻常，丈二和尚摸不着头脑，不由得僵在当地，最后只好同夫人匆匆回去。自此之后，袁世凯就规定，以后接待外宾需要于氏出场时，皆由次子克文与二、三女儿陪同，在旁代为照料，不让她再说一句话，再有什么特殊的动作，以免出现笑话。这一来，于氏更是一块地道的"牌位"了。

至于宫廷礼仪，于氏更不懂。据说，1916年元旦，孙宝琦夫人（是其亲家母）领着一群命妇前往宫中朝贺。女官将她扶出，她说："亲家太太，各位太太，皇后不敢当，不必行礼。"大家请她坐下，伏地叩头。她又说："皇后不敢当。"想起来还礼。女官将她按住，对她说："皇后应当坐着受贺。"她动弹不得，面红耳赤，哧哧大笑不止。女官又告诉她应当庄重受礼。礼毕，她离开座位，对孙宝琦夫人说："谢谢各位太太，做了皇后，连还礼都不能，真真是不敢当了。"孙宝琦夫人又请朝贺皇帝，她答道："皇帝也不敢当，不必行礼。"次日，"不敢当"三字就传遍了京城。

袁世凯平时对姨太太防范极严，不准接触男人，不准打架吵骂，也不准在他面前说别人的坏话。如果稍有违忤，或犯了其他错误，除了当面训斥，还根据情节轻重，停发一月或数月的月钱，甚至给予更严厉的处罚。因此，姨太太没有一个不怕他，不敢轻易闹事，唯独性格古怪的三姨太太金氏有时例外。在彰德，有次她和袁世凯一边赏月，一边下围棋，后来因为一言不合，居然大发脾气，将棋盘、棋子都扔到水里去了。在中南海，有次她与五姨太太对着喝酒，两人均有些醉意，偶因话不投机，两人先是吵嘴，接着动手，直打得不可开交。后来经袁世凯大声喝止，二人方才罢休。

他定下一条家规，新进门的姨太太要服从早进门的姨太太管束，所有礼法仪节、起居言谈，均由早进门的随时教导指点，新进门的丝毫不得违拗。前一时期，负责对二、三、四姨太太管教的是大姨太太沈氏；后一时期，负责对六、八、九姨太太管教的是五姨太太杨氏。沈氏看到来了三位对手，分享丈夫对自己的宠爱，醋意大发，加以新姨太太都是朝鲜人，初来乍到，不大懂得礼法，中国话说得也不利落，更有了借口，乘丈夫不在家的机会，常常无事生非，非打即骂，有时罚她们跪砖头，把她们绑在桌子上毒打，三姨太太金氏的左腿被她打得落下了残疾。杨氏对几位小的姨太太也常打骂，九姨太太受其虐待最甚，有次头都被打破了。由于袁世凯的家规特严，受虐待的姨太太既不敢反抗，也不敢在袁世凯面前有所流露，只能忍气吞声，苦在心中。

但在生活待遇方面，她们却是平等的。月钱数目，各房相同，分东西也无偏轻偏重的情况。孩子的月钱均有定数，只有他最钟爱的二女儿和三女儿特殊一点。姨太太购买衣料或首饰之类，须经袁世凯批准，大家都趁其高兴的时候才拿出条子请他批示，一般皆可满足要求。

在彰德，他住中间的一个四合院，妻妾和各自的孩子分住周围，每房一院。在中南海，他住居仁堂，妻妾分居别处。他规定，凡是娶了儿媳妇的姨太太，不再与他同居，其余的轮流值宿，每人一周，亦无偏向。轮到哪一个姨太太当值侍寝，就由她本房的女佣和丫头们把她的卧具及其他用具搬到他的卧室中去。民国以后，大、二、三姨太太都不与他同居，轮值的只有五、六、八、九几位。虽则如此，白天依然要五姨太太来伺候一切，别的姨太太尽管也学着五姨太太的样子，总不能令他满意。

在他身边伺候的，还有几个扬州籍的丫头，同时也是他的玩物。

按照封建的礼教，妻与妾的关系，如同君臣，只有绝对服从，没有什么平等可讲。妾对夫君，更不待言。姨太太们的娘家人，在袁世凯眼中，尤其等而下之，从来不准当作亲戚来往。有人来看望，均把他们当作下人看待，即使她们的亲生父母，也得向他和于氏磕头，不能与家中的其他人平起平坐。

袁世凯非常重视男女之防，无论是他的姨太太，还是女儿，进了中南海，就不准再出大门。即令女儿到于夫人的住处去，来往都必须坐放下车篷车帘的人力车。女儿们所能见到的男性，只有自己的亲兄弟和跑上房的男孩子，同前清皇宫中只能看到太监差不多。

他平时不准家里人赌博，但在过年时首先带头与姨太太们以及二、三女儿推牌九。他总是五百元一底，输完即罢。如果输不完，就听凭两个女儿一次次地借端抢走。

过年时，袁世凯还有一条不近人情的陋规，即业已出嫁的女儿不能与家里人一起吃团圆饭，也不准看娘家的灯。据说，如果她看了娘家的灯，娘家兴旺的势派便会衰落。有次，其长女回中南海过年，竟冷冷清清地度过除夕。

袁世凯对子女的教育采用不同的方式，有的在专馆，即家塾读书，有的则在新式学校。设立专馆在袁世凯任直隶总督时就开始了，当时只设女馆，教育其五、六、七姨太太和年龄大些的女儿。开馆之前，令袁克文前往请教吕碧城女士。

吕碧城字遁天，号明因，后号圣因，安徽旌德人。没有兄弟，在三姐妹中年龄最小。她的父亲官居一省的学政，不幸中风而死，接着家中遭土匪抢劫，母女孤苦无依，只好去塘沽投奔她任盐运使的舅父严凤笙，在此生活了六年。有一天，她与方夫人约定同赴天津探访女学，遭受舅父骂阻。其时她方二十岁，年幼气盛，至为愤怒，决心与其脱离。翌日，她什么也未带，离家出走。到了天津，她晓得方夫人寓居《大公报》馆，遂驰函诉说。事为该报总经理英敛之所知，大加叹赏，当即委其为助理编辑。由此，她的诗词文章得以在《大公报》发表，受到名流的钦佩赞赏，结识了樊增祥、易顺鼎、李经羲、袁克文等人和直隶学务处总办严修，严修即向袁世凯推荐吕碧城协助傅增湘筹办北洋女子公学。光绪三十年（1904）北洋女子公学成立，吕碧城综理教务。两年后改为北洋女子师范学堂，她任监督。正因袁家与吕碧城有此一段渊源，所以袁世凯命克文去请教她。她主张采取学校制，并推荐了周砥女士为教师。以后她成为近代有名的女词人，但始终未找到合适的白马王子。民国初年，有人曾以袁克文征求她的意见，她笑而不答。她以为袁克文不过公子哥儿，只能在寻欢场中偎红倚翠，何况早已有了妻室，当然不会同意。可是，这并不妨碍她对袁克文文采风流的欣赏，与其不时有诗词酬唱。

周砥字道如，江苏宜兴人，北洋女子师范学堂第一届毕业的高才生。受聘之后，教袁世凯的如夫人和女儿，袁克文对她相当尊敬。1914年袁世凯做主将其嫁给冯国璋时，克文赠联庆贺："英发雄姿，争说小乔初嫁了；清才高负，不逢卢象少年时。"1917年周砥病逝于北京，克文挽其一联曰："为国捐肝胆，为家呕心血，生误于医，一夜悲风腾四海；论交兼师友，论亲逾骨肉，死不能别，九天遗恨付千秋。"

袁世凯隐居洹上村时，宣统二年（1910）十月，亲自为家塾拟订了《训家塾诸生条规》，规定：

1. 求学贵乎力行，敦品重于文艺。若举止不端，言语不信，最足以败坏品行。纵能博学，亦归无用，当引为深戒。

2. 为学当期远大，偶有一得，慎勿自喜自足。必须争强竞胜，乃可日进无疆。若甘居人后，不耻不若人，便是廉耻丧去，将何以忝居士林。

3. 学问有益于身心，虽父兄师友，亦不克分其益，应视为独擅之利益，以实心实力经营之。切勿粉饰自欺，致失其益，自误终身。

4. 骨肉间刺以微物，便觉疼楚不安。诸生非手足即至戚，一须和睦，一须推爱。倘因薄物细故互生口角，何异以他物刺入骨肉，于心何安？于情何忍？尤足贻人讥笑。

5.入堂上班，严师当前，敬师即所以尊道。必须整肃端位，静心听讲，切不许彼此接谈，互相嬉笑，喧嚷争吵，亵慢师道，扰误功课。

6.同学诸生，宜赏奇析疑，互换知识，折衷所学。其小说诸书，易乱心曲，切忌寓目阅涉。凡嗜好之物，如烟酒等类，亦切忌入口，以重卫生。

7.诸生上班下班，必须按定钟点，不得移动时刻，先后参差。上班时不许托故出斋。

8.每日上午、下午下班后，除随诸师赴各处运动外，只可在堂院内游息。无论早晚，如无事故，不准私出二门。其放学时，须各班汇齐，鱼贯徐行，不许随便嬉戏，紊乱无序。

9.头二班诸生，各立日记一册，将逐日所习功课，及晚饭后自修所读阅各书，别有心得之处，详细记载，届星期六呈阅一次，借觇志趣而稽勤惰。

10.头班诸生，现为出洋预备，所有汉文、洋文及应用各科学，尤当按照课表，切实讲求，不可顾此失彼，亦不可因循自误。

11.诸生遇有疾病请假，须请医诊视，给予凭单，方可停课。

以上各条，务望切实遵守，奋勉力行，历久弗懈。诸教师皆品学兼优，热心教育，受余重托，必当严加管束，尽心诱导，以期有成。勉之，勉之！

犯规罚戒简章附后。

《自省室简章》：

1.争殴先下手者及逞强打人者，均罚居此室二小时。

2. 作伪欺骗或调唆是非，罚同前。

3. 向人骂詈，犯逾二次，罚同前。

4. 堂内争吵，犯逾二次，罚同前。

5. 罚至二次，居四小时；至三次，居八小时。

6. 凡罚居之时，皆在放学后及星期之日。

7. 入该室，即须扃门，不许随便出入。若送饮食或溺便开门，请教师一位监视出入。

8. 罚居二小时，不送饮食；居四小时，送饮食一次；居八小时，倍之。

9. 在室内，诵谈格言及家塾条规，并工楷抄此规一遍。

10. 出室时，须自呈具悔过书状。

《犯规罚戒简章》：

1. 堂内争吵，记大过二次。

2. 在外争吵，记大过一次。

3. 堂内喧哗，记大过一次。

4. 向人骂詈，记大过一次。

5. 意存欺骗，记大过一次。

6. 入仆从之室内闲谈，记大过一次。

7. 举动强横，记大过一次。

8. 上班接谈，记过一次。

9. 堂内嬉笑，记过一次。

10. 堂外喧哗，记过一次。

11. 到班迟误，记过一次。

12. 上班时托故出宅，记过一次。

13. 私出二门，记过一次。

14. 放学时嬉戏乱序，记过一次。

15. 阅看小说，记过一次。

16. 吸食烟卷，记过一次。

以上各条，专为犯规而立。其功课内记过，仍照上章。凡记过三次，并为一大过；大过二次以上，照惩罚之单办理。上订各条，请（徐）毓笙教师兼习稽查，随时照章办理，并请每届朔望，集诸生宣讲一次。

由此可见袁世凯对诸子教育的关心和认真，并且要求十分严格。开学以后，他交给每位老师一把戒尺，并告诉老师，谁不听话，就打手心。他每月都看考试答卷，谁考得不好，即予以毫不留情的训斥。在家中的管教，更为严厉，甚至用皮鞭和棍子抽打。有次老四克端偷偷在养寿园的水池内捞鱼，正捞得高兴，猛然听得岸上发出"哦"的一声，似乎是袁世凯的声音，赶忙跑了上来，一看原来是老五克权在捉弄他。第二天捞鱼时他又听到"哦"的声音，以为定是克权捣鬼，便大喊一声："好你个老小子！"不料，这次真是袁世凯带着人来散步了，当即不容分说，用棍子将他打了一顿。老三克良年龄虽然不小，可是不爱读书，又娶了个唱戏的姨太太，袁世凯最不喜欢他，有时也揍他。

对于准备出洋留学的四、五、六、七诸子的学习，他更为重视，专门委托严修代为办理。严修考察了江南的许多学校，以为颇不完整，而且大都染上了日本的习气，建议让孩子到天津就学。当时全国各地的国会请愿运动正搞得轰轰烈烈，袁世凯觉得时局日非，京津密迩，青年忧愤，易起风潮，为使诸子安心读书，特派知府徐毓笙带领同往，监督管束，又嘱道员蔡绍基代为照料。

由于袁世凯过于严肃，儿子们没有一个不怕他。他有时留年长的儿子陪同吃午饭，儿子怕受约束，心中并不情愿。有次克文业已吃饱，袁世凯又递给他一个热馒头。有道是："长者赐，不敢辞。"克文不敢说不吃，可又吃不下去，没有办法，只好一边假装掰着吃，一边偷偷塞在袖筒里，结果胳膊被烫掉了一块皮。

民国以后，男馆设于北海，由严修总管。所授课程如同当时的学校一样，有英文、汉文、算术、历史、地理、体操等。各课由专门老师讲授，其中有名的为方地山和董宾吉等，教英文的是一位外国人。专馆的老师和学生必须住在馆内，饮食起居以及摇铃、打扫卫生诸杂役，皆有男佣伺候。后来大些的孩子结了婚，便搬回家去，只来上课，成为走读生。

女馆课程设置同男馆一样，只是没有体操。所请的老师，均为天津师范学校的毕业生，英文老师是位英国姑娘。教室内的设置，同一般学校完全相同。在女馆学习的，有袁世凯的五、六、八、九姨太太，九个女儿，以及袁克定的两个女儿，分为三个班。定期举行考试，有大考，也有小考。考取第一名的，袁世凯给予物质奖励。为了便于老师称呼，他分别给几个姨太太起了学名，五姨太太名志学，六姨太太名勉学，八姨太太名潜学，九姨太太名勤学。

女老师的食宿亦在馆内，有专人伺候。她们的月薪较为优厚，但行动很不自由，出入总统府需要经过批准，为了避免麻烦，除非有特别紧要的事情，她们一般从不外出，仅在假期回家获得自由。

袁世凯认为女儿总要出嫁，成为人家的人，在父母面前的日子不多，对她们稍微娇惯一些。其设馆教育的目的，也无非是希望女儿们学到封建社会所需要的学问和规矩礼节。因此，他对女儿们的学习比较马虎，不像对儿子们那样严格要求，从不检查她们的功课，不与女老师研究教学上的事情。平时也不管女儿们的事，把教育的责任交给她们的亲生母亲。逢年过节,女老师前去拜贺,他总是挡驾不见。

女生不住馆内,仅规定中午陪老师一同进餐。事实上姨太太们必须回去,年长些的小姐们也不经常陪同吃饭。

上课时,姨太太和小姐各自带着丫头或老妈,小的还带上奶妈,留在廊下,以便随时照料。老师讲着课,姨太太会突然想起什么事情,向老师请假,到外面吩咐带来的人,然后再回教室。在这种情况下,老师讲课会受影响,学生听讲也不会专心。

至于儿女们的婚姻,在"父母之命,媒妁之言"的社会环境下,自然凭他一己之意而定。而且一旦决定,不论儿女是否高兴,均不容许悔婚。

风流云散

袁世凯临终时，曾召长子克定于榻前，令夏寿田执笔记录，对其口述遗训：

余初致疾，第遗毒耳，不图因此百病丛生，竟尔不起。予死后，尔曹（指诸子）当恪守家风，慎勿贻门楣之玷。对于诸母及诸弟昆无失德者，尤当敬礼而护惜之。须知母虽分嫡庶，要皆为予之遗爱，诸弟昆虽非同胞，要皆为予之血胤，万勿显分轩轾也。

夫予辛苦半生，积得财产约百数十万镑，尔曹将来啖饭之地，尚可勿忧竭蹶。果使感情浃洽，意见不生，共族而居，同室而处，岂不甚善，第患不能副予之期望耳。

万一他日分产，除汝母（指于氏）与汝当然分受优异之份不计外，其余约分三种：（一）随予多年而生有子女者；（二）随予多年而无子女者；（三）事予未久而有所出及无所出者。当酌量以予之，大率以予财产百分之十、之八、之六，依次递减。

若我女，其出室者，各给以百分之一；未受聘者，各给百分之三。

若夫婢女，谨愿者留之，狡黠者去之，然无论或去或留，悉提百分之一，分别摊派之，亦以侍予之年份久暂，定酬之多寡为断。

惟分析时，须以礼貌敦请徐伯父（指徐世昌）为中证；而分书一节，亦必须经徐伯父审定之，始可发生效力。如有敢持异议者，非违徐伯父，即违予也，则汝大不孝之罪，上通于天矣。今草此遗训，并使我诸子知之。

袁世凯共有十七个儿子，十五个女儿。

诸子依次为：克定、克文、克良、克端、克权、克桓、克齐、克轸、克久、克坚、克安、克度、克相、克捷、克和、克藩、克有。

诸女依次为：伯祯、仲祯、叔祯、次祯、季祯、篆祯、琪祯、环祯、玖祯、琮祯、璇祯、玑祯、珲祯、珣祯、玲祯。

袁世凯死后不久，这个大家庭已经难以维持了，纷纷提议分家，于是袁克定请徐世昌主持着分了家。

袁世凯一生积累了多少财产，没有准确的统计数字，很难估计。袁世凯在遗训中所说一百余万英镑，未必包括全部财产。

关于分家的详情，说法很不一致。

据袁世凯的三女儿说，克定因系嫡出长子，独得四十万元；其余诸子皆庶出，各分十二万元（包括开滦煤矿、启新洋灰公司、北京自来水公司的股票在内）。另外，还各分十条金子。诸女各得嫁妆费八千元。于氏与诸姨太太均不另分，各随所生之子一同过活。袁世凯生前的贵重衣物，大部被五姨太太偷运到自己室内，所剩不多，各房仅分得皮箱一只，内有一些旧的衣物。袁家的房产，向归袁乃宽经理，据他说，北京锡拉胡同有两所，炒豆胡同一所，海淀挂甲屯一所；天津小白楼一所，河北地纬路一所。大家认为与实际情况相差很远，但袁世凯没有留下遗嘱，只得罢休。房产的分配，她也不清楚。

袁世凯的四子克端则说，此次分家，于氏因系嫡夫人，分得较多。克定除了多年的个人积蓄和彰德老家的全部财产，还分了全家公产总和的六分之一强。

袁克端之子家宾长大成人后，曾见到一份分家的账单，此单未记于氏所得多少，除三、四、七姨太太逝世外，大、二、五、六、八、九姨太太，每人分得现款银圆六万，黄金三十两，作为养老费用。诸子各分现款八万，黄金四十两，股票（包括开滦煤矿、启新洋灰公司、江南水泥厂、耀华玻璃厂、盐业银行、华新纱厂、天津造胰公司等的股票）总面值约七万元。诸女中四、八两位早逝，余者每人得嫁妆费现款约一万元。克定分的，尚不包括民国后他利用特殊身份地位从清宫和博物馆取来据为己有的珍贵文物。

还有一说，因遗训中言明袁克定享有特权，结果他一人得全部财产的百分之四十，全族未有敢持异议者。

分家不久，于氏仍住彰德洹上村。九姨太太住在彰德城内裴家巷的宅第。其余的姨太太均带着各自的孩子移居天津。

过了一段时间，袁克定接其母亲于氏到天津奉养，颇尽孝道。1919年于氏病逝，克定将其灵柩送回彰德，与父亲合葬。孝满时，他将洹上村遗留的字画文物，高级皮衣，家具陈设等，全部运至辉县的园林存放，派专人看管。1928年，国民革命军北伐途经河南，将这批财产和袁家在开封、卫辉、浚县、淇县等地的田产，全部没收为国有。不久，袁克定听到国民革命军将要到达天津的消息，考虑到其父镇压过国民党，马上逃到大连暂避。

1933年，日本侵略军占据东三省以后，逐步将侵略的魔爪伸向关内。蒋介石唯恐段祺瑞受日寇扶植，充当华北政权的傀儡，特派专人迎其南下。王揖唐事先征得袁克定同意，送别段祺瑞时，再三托其转告蒋介石，袁氏族中经济艰窘，家境日下，务请归还没收的袁世凯在河南的全部遗产。段祺瑞向蒋介石讲了。蒋介石答应照办，下手令发还，因受阻力未能实现。王揖唐遂在《大公报》发表《南京国民政府政令不出都门》的文章，遭到国民党当局通缉，吓得亡命日本。袁克定对此事讳莫如深，在外人面前只字不提。

1935年12月，冀察政务委员会成立，著名汉奸王揖唐、齐燮元、王克敏、曹汝霖分别充任要职。他们商请华北日寇当局同意，通知河南省长陈静斋，将袁世凯在河南被充公的全部庄园地亩悉数发还。陈静斋照办，但袁克定运至辉县的文物字画以及高级裘衣、家具陈设，未予归还。后来曹汝霖又取得华北日本头子的同意，准备将袁世凯在彰德洹上村的养寿园卖给日寇，出价颇高。袁克定认为养寿园是其父亲的发祥之地，绝不能有损，力排袁氏家族众议，坚持不卖给日本人。

1938年春，袁克定从北京前往天津主持第二次分家，此次所分是卖掉的京津两地的五处房产，和彰德、辉县的各一处房产。此时克藩已经夭折，十六位克字辈兄弟平分，各得伪联币二十四万八千四百元。

袁家家产的全面情况，唯独袁克定掌握，但他从不向家族和亲友透露，以便私吞。1916年，他即与袁乃宽合谋，将天津海河东岸平安街一处公产楼房住宅变卖伙分。此外，袁世凯生前在法国银行存有二百万法郎，支付方法为本人签署，徐世昌、孙宝琦副署，本人死后，由克定签署。对这笔巨款，克定严守秘密。后来，克坚了解到有此存款，到他家当面质问，并提出应由大家共分。克定先是支吾其辞，后来批了"事可行"的条子，亲笔签名。旋又懊悔，把条子追回撕毁，引起全家的怀疑和不满。时隔不久，他与袁乃宽变卖天津房产伙分的事情泄露，全家族更认清他是个伪君子，普遍对其蔑视。他觉察到有些不妙，对家庭中经济困难的，主动资助，嘘寒问暖，以示关怀照顾，用小恩小惠笼络人心。

在袁世凯的九个姨太太中，大姨太太未生子女，以三姨太太所生的克文过继；七姨太太早逝，无有子女。

二姨太太生子克权（行五）、克齐（行七）、克坚（行十）、克度（行十二），女伯祯、篆祯。

克权字规厂，又字规庵。娶端方之女陶雍为妻，陶雍亦能作诗。定婚之日，端方陪送女儿奁妆，一为宋刊百衲本《史记》，二为仇十洲画的蜡梅水仙，三为陈鹄画的《紫云出浴图卷》，皆稀世珍品，遂自号百衲。他敏慧过人，性格内向，敦厚沉默。先从方地山读书，后从严修学习。1913年留学英国，1914年第一次世界大战爆发时辍学回国，随严修在北海习修功课。在诸兄弟中，除了克文，数他最有文采。他擅长写诗，诗学李义山，其师吴闿生深为赞许。

袁世凯对他非常喜欢，非常器重，洪宪帝制时，他与克文一样，立太子的呼声最高。但同克文一样，他对政治不感兴趣。

袁世凯死后，他没有出外做事，只靠分得的遗产过活。经常足不出户，白天睡觉，晚上看书写诗，偶尔将诗作拿到《北洋画报》发表。

他尊敬老师，情义深重。有次张伯驹看见《紫云出浴图卷》，紫云披宝蓝衫坐在石上，右置一箫，凝睇若有所思。后有冒巢氏、王渔洋等题者七十四人，亟欲得之。其时克权业师方地山甚为贫困，居一斗室，囊中空空，无以为炊。张伯驹与方地山相商，议价从丰，张伯驹多出，克权少得，以助方地山，乃由方地山居间说合，议价三千元。克权为了解决老师的困难，毅然割爱，收价一半，以一半归方地山。

对于袁世凯，他的认识颇有独到之处。有次张伯驹与克端、克权、克桓、克齐、克轸坐车同往洹上村，为于夫人祝寿。车中谈起袁世凯在历史上可比何人，克端曰：曹操、王莽。克权曰：可比桓温。众论乃定。

他享年不永，1940年春病逝于天津，年仅四十余岁。一生以文墨自娱，清高孤傲。死后给世人留下两部诗集，一为《百衲诗集》，一为《忏惜楼诗存》。其诗大多涉及家事，或为与师友的酬唱之作。

克齐字两峰，性诚行谨。与克权一同学习，一同留学英伦三岛，一同回国。娶孙宝琦之女为妻。后因购买俄国卢布，进行投机活动失败，受到很大刺激，精神有些失常。

克坚娶陆建章的女儿为妻。1920年赴美国留学，四五年后回国。1935年12月冀察政务委员会成立后，曾在该会任英文秘书。1960年去世，享年五十六岁。

克度同克坚一同留学美国，人极聪明，能说一口流利的英语，连美国人的绕口令也难不倒他。他受美国文化思想的影响特别深，因而也更加洋化。他学的是化学专业，能够制造以假乱真的法国高级香水，在天津租界售卖，还发明过奇特简便的复印方法。在天津租界里，提起汤姆·袁，外国的夫人小姐们无人不晓。可惜，一生不干正事。1976年唐山大地震后去世。他的一位如夫人，以卖冰棍为生。

三姨太太生子克良（行三），女叔祯、环祯、琮祯。

克良字静轩，号君房，光绪二十年（1894）三月生于汉城。娶张百熙之女为妻，喜驰马弄剑，不爱读书，又娶了唱戏的孙宜卿为姨太太，患有精神病。袁世凯知道他成不了大器，最不喜欢他，骂他是土匪。

袁世凯为总统时，他住中南海延庆楼，称三爷处。品质恶劣，挥霍无度，经常写信向地方官借钱，地方官不敢得罪，只得照送。

洪宪帝制时，他管理过侦缉队，监视上层人物。有时也到小凤仙处，打听蔡锷的情况，其他的坏事倒未做过。

他胆大包天，不怕袁克定。1916年元旦，颜世清朝贺袁世凯后，前去向袁克定贺喜，并行跪拜大礼，袁克定还礼如仪。他们二人均不良于行，袁克定左腿有点瘸，颜世清右腿有点瘸，起立之时，两人互相搀扶，左右各留半膝，有如抵角对蹲之戏。克文、克良见了哄堂大笑。克定盛怒，痛责他们儿戏朝仪。克良哈哈大笑，答道："你真想以储君威权，凌辱弟弟们吗？世界上岂有瘸腿皇帝，聋子皇后！"不仅嘲笑克定，并讥其妻吴本娴。克定大怒，气得胡乱抛掷物品。经颜世清跪地乞求，克定方始息怒。

袁世凯败亡，黎元洪继位，其副官唐中寅负责接收新华宫，派人在内巡视。袁世凯殡仪出新华宫，袁家即捆载物件，络绎运出。巡视的人见小工抬着几块碑向新华门首途，上前观看，乃是三希堂碑，即阻止搬运，并飞告唐中寅。唐中寅至，袁克良亦由小工请来。唐中寅责其不应私运国宝，袁克良不听，命小工照旧起运。唐中寅对他说："今日之事，非你皇三子的威权所能用了。"袁克良大怒，掷断一碑，中分为二，再摔碎一碑，分为四块，然后扬长而去。

以后，他加入了青帮，一度在上海大收徒弟。不几年突然疯癫，再后来瘫卧床上，直到1948年死于天津。

四姨太太生子克端（行四），女仲祯、次祯、琪祯。

克端字诚斋，号充四。他不聪明，但很勤学，读书强记，毕业于天津新学书院。性纯孝，有至行。袁世凯死后，精神受到刺激，性格变得非常古怪。整天无所事事，经常出外闲逛。他在张作霖的大元帅府任过参议，也在开滦煤矿挂名董事，月支三百元，均为时不久。他娶天津何炳莹之女为妻，生活比较富裕，夫妇两人均抽大烟，主要靠典卖遗产和股票为生。后来挥霍净尽，家境很窘。

五姨太太生子克桓（行六）、克轸（行八）、克久（行九）、克安（行十一），女季祯、玲祯。

克桓字巽厂，后改名心武。1913年到英国学习陆军，次年辍学回国，随严修学习。后来投入了实业界，参与经营的实业主要是开滦煤矿和启新洋灰公司。

开滦煤矿为中英合办，袁克定为名誉督办，实际上一切大权操在英国人总经理之手。袁克桓担任董事后，首先提出应设两位总经理，中英双方各有一名，凡事须经两名总经理签字，方能有效。这一意见终被采纳。其后，他又提出培养中国的高级职员，使中方逐渐控制了中层领导和该矿的实权。

启新洋灰公司是袁世凯令周学熙创办起来的大型企业，并攫取了大量股票。但是，他生前地位显贵，诸子有的学文，有的学武，根本不屑于到启新担任职务，所以袁世凯最初只派王锡彤到启新担任协理。袁世凯死后，诸子分家，其他各支所分得的股票，卖尽押绝，唯独五姨太太一支将股票保全。启新创办之初，借袁世凯之力取得很多特权，而且启新每遇困难，周学熙即求助于袁世凯。袁世凯死后，其子弟进入启新，周学熙无法拒绝，况且袁克轸是其妹夫，更名正言顺。因而克桓与其弟克轸、克久先后进入启新。

启新的主要派系势力一为以周学熙为中心的安徽系，一为以袁世凯为中心（王锡彤为代表）的河南系。另外还有拥有实力、坐山观虎斗、后来倒向河南系的李士鉴一系。周学熙任总理时期，表现了浓厚的封建家长作风，而且偏听偏信，用人不当，引起很大不满。最遭物议的是委任大女婿张郇野为北部批发所监理。张郇野本为公司监察人，兼职违背公司章程规定，而且每日花天酒地，以私章交亲信代为盖用，自己极少到班。周学熙还任用三女婿胡光镳到唐山工厂任职，胡光镳用款缺乏计划，造成不少浪费。两婿声名如此，匿名揭帖举发者很多，周学熙一概置之不理。

袁克桓颇有权谋，策划其弟克轸大闹股东会。袁克轸为周学熙的妹夫，是周家老一辈的姑老爷，但在启新并无地位。1924年召开股东常会，周学熙任临时主席。袁克轸出其不意，突然起立发言，历数张邻野和胡光镳二人的胡作非为，当面指责周学熙用人不当，并且连呼："对待少姑爷如此偏袒，为何对老姑爷就不照顾照顾！"其他河南人助阵呐喊，嚷成一片。周学熙不曾料到袁克轸有此一鸣惊人的举动，以他的身份，既无法压服，也不便对骂，威信受到极大的打击，以后即称病辞去总理。

1927年，袁克桓当选为董事。1930年他推李士鉴当上总理，李士鉴即提名他担任协理。1932年1月，李士鉴病故，陈一甫继任总理，袁克桓与王仲刘（王锡彤之子）为协理，掌握了实权。1933年股东会开会前夕，袁克桓经过周密布置，迫使陈一甫辞职，自己当选为总理。他当权以后，河南系的势力逐渐上升。在日伪统治时期，启新以大量水泥支援过日寇的侵略战争，日酋冈村宁次赠其军刀一把。1945年日本投降以后，袁克桓迫于形势辞职。启新既怕落经济汉奸的帽子扣到头上，又风闻何应钦派员接收的谣传，便托人向翁文灏请求介绍一位总理，借以缓冲，结果派来姒南笙任副总经理（此时总理和协理改称总经理和副总经理）。但姒南笙不是股东，当不了董事，更不能充任副总经理。袁克桓乘机让予股票，使其顺利地当上副总经理，他自己得以安然无事。不久，内部实行改革，裁汰冗员，主要对象是河南系，袁克桓遂自动引退。1939年至1948年，他再度充任董事。

袁克桓辞去启新洋灰公司总理，又担任了该公司的子公司江南水泥公司的董事长。此外，还担任耀华玻璃厂的常务董事，在卫辉、唐山等地开办纱厂。

北京锡拉胡同袁氏住宅有池馆花木之胜，其中孤松一株尤为苍劲，松后一室名抚松轩。袁世凯曾借张镇芳白银四万两，即以此宅相送作抵。袁世凯逝世后，张镇芳未收回此宅。1937年抗日战争爆发，袁克桓与盐业银行副经理石某，勾结日本人开一公司，买卖房产货物。当时锡拉胡同住宅为日本人占据，想将其买下来。袁克桓托石某商于张镇芳之子张伯驹，张伯驹因张家与袁家关系密切，前账不算，即退还此宅，克桓遂卖给日本人。此次所得之款，本应克字辈兄弟共分，而且兄弟中确有极为穷困的，但袁克桓竟然独吞。

他娶前清江苏巡抚陈启泰之女为妻。1956年9月逝世于天津，享年五十八岁。国务院重工业部发了唁电，并送花圈，赠送家属抚恤金数千元。

克轸字凤镰，号进厂。娶周馥之女、周学熙之妹为妻。先到启新洋灰公司任职员，后与其兄克桓培植河南势力，大闹股东会，逐渐控制公司的实权，日本投降后退出启新。此外，自己开办过麻袋公司、粮食公司。他很风流，经常出入青楼，而又酗酒无度，死时年仅四十余岁。

克久字子大，妻子为黎元洪的女儿。1920年留学美国，1930年回国。先在耀华玻璃厂任英文秘书，后在启新洋灰公司任营业部主任。日寇投降后，与克桓同时离去，仅任董事。解放后未有工作，1973年病故。

克安与克久同时留学美国，同时回国，在开滦煤矿任秘书主任。日寇占领期间，天津组织各界知名人士到东京朝拜日本天皇，他找个借口未去。他先娶天津大盐商李益臣之妹为妻，妻子病故后，又追求租界中的交际花张美生，与之结为夫妇。

六姨太太生子克捷（行十四）、克有（行十七），女玖祯、璇祯、玑祯。

克捷一生未曾在外做事，后迁青海，并死于该地。

日寇占领时期，克有在北平开业当医生，不久又做假首饰。日寇投降前夕，突然跑回河南老家项城县，拉起一支队伍，同日寇打仗。日寇投降以后，又与共产党为敌，在一次战争中被解放军俘虏。恰好解放军的负责人是他的老同学，不相信他会当土匪，将其释放了。1953年病逝。

八姨太太生子克相（行十三）、克和（行十五），女珣祯。

克相毕业于燕京大学，娶前清内阁协理大臣那桐的女儿为妻。解放后在天津第四十一中学任英语教师。"文化大革命"中遭到连续不断的批斗毒打，被迫害致死。

克和解放后曾在河南执教，后回天津。1962年病故。

九姨太太生子克藩（行十六），女珲祯。

克藩早夭，无后。

"太子"末路

　　袁克定原有妻子吴本娴和大姨太太马彩凤，民国以后，又娶了个唱"髦儿戏"的二姨太太章真随（又名章淳一）。章真随长得比较漂亮，演文武须生，但举止轻浮，偷吸鸦片，恃宠而骄，非常厉害。克定既极宠爱，又十分惧内，任其凌辱，不以为怒。他不仅公开纳妾，还有断袖之癖，偷偷摸摸地在外边搞男宠，生活极其糜烂。

　　分家之后，袁克定迁居天津德租界威尔逊路。章真随竟搞婚外恋，与某西医大夫在家中发生暧昧之事。克定闻知，大发雷霆，断然割爱，将其驱逐出天津。然而，为了顾全面子和声誉，袁克定并未公开声明与她脱离关系。以后他迁居北京，章真随也在京居住，不断写信给他，陈述生活无依，请求救济。克定不忘旧情，私下按月供给她生活费达八年之久。可是，章真随水性杨花，放荡成习，行为不检，又借过去与克定的关系进行招摇。克定一怒之下，派专人将其送回河南辉县的宅中，生活费用在该县的地租中支付。

　　由于继承了大批遗产，袁克定的衣食住行皆很讲究。平时头戴黑呢子四方形小帽，帽的前上方嵌有小方玉一块。除了夏季，均穿黑呢子紧身长袍，青缎子小坎肩，脚上常年穿着高腰长筒黑色马靴。冬季不穿皮衣、棉衣，仅多加一件黑呢披风。夏季穿黑、蓝色布大褂，即使酷暑炎热，独居室内，也不袒胸裸背。

他每日三餐，均正襟危坐，道貌岸然。备有四方形黑色小轿车一辆，出门均以车代步。乘车或在包厢看戏，亦端坐中央，不靠不歪。

他有私人秘书，六个随身的用人，还有司机、花匠、锅炉工、中西餐厨师、武术护院教师。

独坐书斋时，书案上放置木柄铜铃一只，叫人时摇几下，用人应声而入，否则不准入内。

陪其游玩的挚友，有原总统府的英文老师董晓岚，前清安徽巡抚朱家宝之子朱伯言。每周跟着德国籍先生梅理慈学习德语一次。

他以前跟从徒南道人学过七弦琴，王老道（绰号王半仙）偶尔也来陪他弹弹琴。他弹琴时身着宽敞的道袍，焚香静坐，大有飘然出尘之概。

他患有糖尿病，忌吃甜食，常以芝麻盐、芝麻酱、泡菜等佐餐，饮用普洱茶。有时病情发作，不论寒暑，立即去北京小汤山、香山或北戴河等地小住三五天。有时也去北京德国和法国人开的医院治疗。

他擅长篆、隶书法，曾为郑逸梅书写一副对联，内嵌逸梅二字："李谪仙龙蟠凤逸；林君复子鹤妻梅。"

他也绘画，但很少赠人。曾为张伯驹夫人潘素画花卉草虫数幅，虽然不工，笔法也还古拙。

袁世凯虽然未做成皇帝，且已去世，袁克定也未当成太子，可他始终忘不掉摆昔日"太子"的臭架子。所用的烫金菊花信封、信笺，均是特制的，非常精致古雅。不论给谁写信，没有抬头称呼，起首一句即是什么"先大总统模范团之设，使不肖充数其间"，或是"天诱其衷，先公薨位迄今有年矣"之类。信尾不署其名，只署别号慧能居士。无论在什么场合提到其父，总以"先总统"相称，表示不失身份，直到晚年，决不改口。

亲友必须按过去的礼节，毕恭毕敬地称他为大爷，不准点头招呼，不得行握手礼。

他最恨别人犯讳，如果有人平时谈话无意中提到"凯"字和"定"字，他就认为是对其父亲和他本人的大不敬，视为大逆不道。有个名叫安玉昌的人，曾经跟随袁世凯去过朝鲜，在战争中腿部受伤致残，克定平日对其赏赐颇多，抚慰有加。一次安玉昌向他告辞，他破例送安玉昌到门口，安玉昌受宠若惊，慌乱中脱口说出："请大爷留步，沐恩过几天一定再来给大爷请安。"话刚出口，克定脸色大变，盛怒之下，将其斥退，不准再登府门，并断绝了对其后半生的一切资助。后来安玉昌弄明白是因在说话中无意犯了他的"定"字讳，懊悔终生，饮恨至死。

他对父母的养育之恩，怀有深深的感激之情。在自己家中和袁家大院都设有祖先堂，常年供奉着父母的遗像，每逢初一、十五，均在家中烧香叩头。在年节和生辰忌日，则到大院祖先堂行礼祭祀。行礼时不准任何人嬉笑、打闹、喧哗，否则认为亵渎祖先，立予斥责逐出。他每年有三个忌日，一是父亲忌辰，农历五月初六。二是父亲生辰，农历八月二十日。因此，他不过端午节和中秋节，以示哀思。三是自己的生日，即腊月二十六日，他从不庆寿，届时即事先回避。

他爱好旅行，经常带着随从十余人往来济南、苏州、上海，吃喝玩乐。

他的尊卑、嫡庶、男女观念极重。袁世凯死后，他以嫡长子的身份自居家长，主管家政。庶母们遇到问题，必须向他请示。逢到年节喜庆或婚丧大礼，他见到各位庶母，总是先等庶母们叫他大爷，给他跪下磕头时，他才借腿疾不便为由，迟迟跪地，经别人拦阻扶起。庶出的弟妹们必须集中一起给他拜年、道喜，他才还礼。受下人的礼时，则端坐不动，略略挥手。祭祀祖先时，不准女眷参加，并禁止女眷外出看戏看电影，参加一切社会活动。

对于诸位庶母，袁克定并没有完全按照父亲的遗训去做，不分轩轾，一视同仁，而是根据个人的恩怨和庶母的不同表现，采取不同的态度。

大庶母沈氏在朝鲜对他有抚育之恩，以前他对她非常尊重，称为亲妈。袁世凯称帝时，因其极力主张立克文为太子，便对她产生了芥蒂。但以后她在天津逝世时，克定还是反穿白羊皮袄，以示重孝。

他恨克文，不相往来。1928年国民革命军北伐，克文奉孙传芳之命，出任河南安辑使之职，欲阻国民革命军前进。克定怕他给祖先坟墓和全家招致祸殃，率全家登报，与其脱离关系。1931年克文去世，他又亲往吊唁。其所以如此，一是由于顾忌克文手下众多的青帮徒弟，二是看着克文亲家方地山的情面，三是克文住的房子是袁家的公产，他要查看一下是否被克文私自变卖，并不是为了手足之情。

二庶母李氏平时维护袁世凯颇为周到，甚受袁世凯重视，克定对她相当尊敬。在她六十大寿时，克定为其庆寿，广邀戏剧艺术家陈德霖、王瑶卿、王凤卿、余叔岩、朱素云、尚小云等，在她家唱了两天堂会，并宴请北洋官僚政客及社会名流，耗资巨大，轰动一时。

然而，只因袁世凯在世时有立其子克权为太子的意图，克定对克权及其弟妹的教育、婚姻，从不置问。1940年克权去世，克定既不到天津探视，也无任何礼节性的表示。

克定对三庶母金氏同样尊敬，每逢其生日或年节，总给她磕头。但在袁世凯逝世的当年十二月，克定在彰德闻报三庶母病故于天津，立即打电报给克文及其弟，不准她穿霞帔凤冠入殓，将来安葬，只能埋在袁公林的地边。并派专人到天津，分派一切。克文没有理他。

四庶母吴氏在袁世凯任直隶总督时病故，临终时将其亲子克端及女儿琪祯托孤于克定，请他代为抚管。于氏视克端如同亲生，克定也因此对克端全家生活照顾达三十年之久，并将琪祯嫁给清廷陆军大臣荫昌之子荫铁阁为妻，亲自操办婚事，赠送了丰厚的奁妆。

中华人民共和国成立后，克端突然到北京市法院控告克定霸占他应得的财产，要求分给他应得的一份。克定届时出庭，不知何因，克端未去，法院以原告无故不出庭，判决克端败诉。

克定心中虽然不快，仍怀念先人和四庶母的重托，未出怨言。

五庶母杨氏备受袁世凯宠爱，袁世凯病逝时，她乘全家忙乱之时，令用人将袁世凯室中的贵重财物全部抬到自己的屋中，连墙上的挂钟也摘走了。因此之故，克定对她积怨颇深。

六庶母叶氏因为袁世凯姬妾太多，隔好长时间才能侍寝一周，难免有怨气，加以妓女出身，守不住良家妇女的规范。袁世凯死后，没有了约束，仍然放荡不羁，时有苟且之事在社会上流传。克定以其有玷门楣，极想将其逐出袁氏家族。但却顾及系其父亲生前的宠姬，而且生有两个儿子；又怕诉讼法庭，经报刊披露，影响父亲的颜面和本人声誉，终于没有如此做。叶氏抓住他这个弱点，控告他儿子家融用公款留学，她的两个儿子没有和其他兄弟一样用公款留学，要求补偿两个儿子的留学费用。克定只好给她几万元的股票。

九庶母刘氏1927年逝世于彰德。克定将她生的儿子克藩和女儿珲祯接到自己家中抚养。不久，克藩夭折。珲祯成年后，克定将她嫁给前清都御史陆宝忠之子陆鼎生为妻。

袁家二次分家时，克藩业已亡故，珲祯也出嫁多时，所以按十六位兄弟平分，没有将克藩算在其内。珲祯不服，在上海上诉。克定十分伤感，未予理会，从此与她断绝了兄妹关系。

各房虽然分居，克定对弟妹子侄们的婚姻大事，仍以家长的身份进行干预。订婚之前，必须向他请示，他认为门当户对，无损于袁氏门第，方才同意，否则即不认可。如果不按他的意见办理，他既不参加婚礼，也不承认这门亲戚。如对其十妹嫁给北京伪宪兵司令邵文凯，对十弟娶陆建章之女为妻，十一弟娶天津盐商之女为妻，均属这种情况。1920年克久等人到美国留学时，他严厉告诫他们务要遵守袁氏家族两条规矩：不准信耶稣教；不许娶外国女人。

在天津时，他对袁家子弟的教育比较重视。其时子弟们大半已入学校攻读，接受教育。为了使子弟们打下良好的根基，他在自己内宅花园和小白楼袁家大院后设了两个家馆，请方地山和孟以铭每天晚上给子弟们补修经史和诗赋等功课。1920年，他用袁氏公费派九弟克久、十弟克坚、十一弟克安、十二弟克度赴美国留学。同时假公济私，令其长子家融同行，直到家融毕业归来，未花他个人分文。

对于跟随其父身边的上差、校尉、侍从以及他们的遗属，还有他的总管等，他有时传见，在生活上给予适当照顾，甚至帮助解决经济困难。如他的总管陈顺向他借了两万元，开办人生寿缘会，结果赔累不堪，债务累及铺保袁氏公产三益房产。陈顺向他苦苦哀求，他不敢动用袁氏公产，只好以私款数万抵债。对王凤祥、符殿青、句克明、申明善、申明德、何致祥等，他大都派在河南、北京和天津充当账房管事，管理房地收租事宜，收入甚丰。对因护卫袁世凯而在北京东华门被炸身死的卫队管带袁振标的妻子尤其照顾，直至其死，始终周济抚恤，从无间断。

对于北洋政府的官僚，袁世凯的下属，袁家的亲友，他同样以昔日的个人恩怨和私人交情而采取不同的礼遇。

袁世凯生前，克定曾说徐世昌为活曹操，拉拢杨度，极力排斥。但因徐世昌是袁世凯托孤的尊长，他见面时仍尊称为大伯，执晚辈之礼甚恭。

在北洋将领中，他最尊重王士珍，1914年亲自迎接王士珍进京，与其更为亲近，以后一直保持着这种关系。

他最瞧不起冯国璋和段祺瑞，认为他们没有真才实学。后来段祺瑞一再公开反对帝制，拆台旁观，幸灾乐祸，克定对其最为痛恨。以后晤面，克定仍旧隔阂极深，不满情绪溢于言表。

冯国璋在袁世凯称帝即将失败时，突然联合几省将军电请速行取消帝制，惩办祸首，给袁世凯当头一棒，成为袁世凯取消帝制的一大原因。克定对他此举耿耿于怀，始终不能谅解。

曹锟与克定的关系本来不错，1912年北京兵变就是他们策划的。后来克定的十四妹嫁与曹锟十一子曹士岳为妻，二人的关系更进一层。不料曹士岳与妻子感情不和，发生婚变，双方在天津市法庭诉讼一年有余，僵持不下。克定托王揖唐和曹汝霖诉讼于天津高等法院，终使曹家屈从协议，由曹锟付其十四妹离婚费六万元，曹士岳押进监狱四个月。曹锟因此气病。曹锟死后，克定前往吊唁，悲伤万状。目睹者均认为他气质豁达，不计前嫌。

袁克定经常给北洋将领写亲笔信，以借款为由，有意试探他们对他是否尚怀旧谊，借钱数目有时上万。有些人知道内情，如数奉上。袁克定稍过即还，有时原票退回。

在某些小恩小惠方面，袁克定学习其父惟妙惟肖。例如，他想找旧日北洋某将领谈话时，就仿效其父当年的方式，令听差先打电话给对方，说："大爷很想您，近日要去看您。"对方一听，只好抢先来看他。再如，他吃饭时忽然想起某人爱吃某菜，就马上派人送去，并告诉人家："大爷知道您爱吃这个菜，特地给您送来。"

但在对待这些人的礼遇方面，他却不知自爱，不自量力，远远不如其父显得谦逊。王占元、陆锦、李纯、孟恩远、杨以德、朱家宝、朱启铃、吴炳湘、倪嗣冲、田中玉、段芝贵、陆建章、赵倜等人因怀念旧谊，对他仍以往昔之礼相待。他却傲慢至极，从不回拜。北洋派宴请时，他俨然以昔日北洋派首脑的继承人自居，毫不谦让，身居首席，傲然自得。他做主人待客时，总是率先独坐在长案的一端，昂然不动，等待大家各自就座，就像是别人陪同他吃饭的样子。有次山东督军王占元至天津看望他，听差禀报后，他竟让王占元在客厅枯等两个多小时，才出来会见。他这种狂妄自大的态度，引起许多人的反感，从而对他疏远了。

黎元洪在袁世凯称帝时拒绝册封武义亲王，反对帝制。袁克定对他很为恼怒，但他是其九弟克久的岳父，名属姻亲，表面上不得不以虚礼相待，内心中实在厌恶之至。

前清陆军大臣荫昌在载沣欲杀袁世凯时，为袁世凯说过情，辛亥革命后保荐过袁世凯出山，又系袁世凯七女儿的公公。有这几层关系，袁克定将其视为父亲的恩上，执礼极为恭顺，始终不懈。

端方系袁世凯的把兄弟，克权的岳父，辛亥革命中为新军所杀。袁克定见其夫人请安问候，执子侄礼唯谨。

孙宝琦为克齐的岳父，做过国务总理，袁克定对他异常尊敬，见面行晚辈大礼。

张镇芳不仅与袁世凯有亲戚关系，而且一直是袁世凯事业的得力助手，洪宪帝制的核心人物之一，帝制失败后寓居天津。袁克定称他为五舅，礼敬逾常。

袁克定与清室的王公大臣素无交谊，见了载涛、载洵和铁良等人，不过互相微笑示意而已。遇到溥仪，则立即回避，局促不安。见了载沣，更感无地自容，因为袁氏受过清廷厚恩，仍执臣子礼甚恭，口称王爷一如既往。

1935 年，袁克定携带全家迁居北平（即北京）鼓楼东大街宝钞胡同六十三号，他则独居东皇城根十四号。他之所以迁居，主要是因为害怕一大家人坐吃山空，不愿意扛着家长的大旗累及其后半生。

在北平，他开始过着悠闲自在的生活，每天早睡早起。他与京剧名演员尚小云交往甚密，看戏多在白天。还经常带着一些男宠住在颐和园、西山、小汤山，尽情地吃喝玩乐。

1937年7月7日，日寇制造卢沟桥事变，向中国驻军攻击，发起侵华战争。同月30日，占领北平和天津。12月，日本物色扶植汉奸王克敏、王揖唐、齐燮元等人，建立了伪中华民国临时政府（1940年3月与汪精卫伪政权合流后，改称华北政务委员会），以北平为首都，王克敏为行政委员会委员长。继而，袁世凯生前的日本顾问，此时任陆军中将的阪西利八郎，陆军特务机关长土肥原贤二，日军华北军事长官喜多诚一，以及保定特务机关长铃木繁二郎等人，为了建立稳固的汉奸政权，极想利用袁克定的特殊身份，借以号召网罗袁世凯的北洋旧部，常往晤谈，并以高官为诱饵。袁克定虽然思想保守落后，但在外敌侵入、国难当头之际，却晓得民族大义，以年迈多病婉辞谢绝。日本人又指使伪北平市长余晋龢、伪临时政府建设总署督办殷同、教育总署督办汤尔和、司法部长朱深，盗用袁克定的名字，联名在《新民报》刊登《拥护东亚新秩序》的声明，以迫使其就范。袁克定见报后，致函北平各报馆，公开澄清他不在联名之列，各报馆均不敢登载。他又辗转托人，得到日本人野畸诚近的帮助，才得以登报声明，身体多病，任何事情不闻不问，并拒见宾客；拥护东亚新秩序的声明未经本人同意，署名不予承认。

因此，日本特务对他极为猜忌，每逢外出，即跟踪监视。一次，他由市内返回颐和园，途经西直门伪宪警哨所时，被勒令下车，遭到蛮横的搜身检查。他感到受了侮辱，气得生了病，住院多日。后来曹汝霖为他办了一个特别通行证，才免受检查盘问。日本人又以学习日语为由，强行要他请日语教师二人，每天在其别墅中食宿，从中监视。虽则如此，他始终没有出任伪职，保持了民族气节。

他与汪精卫拜过把子，关系密切。汪精卫在南京出任伪国民政府主席以后，曾派人送给他一封亲笔信。他也写了封亲笔信，派人去见汪精卫，但这仅属私交，并无政治上的勾结。

对他拒绝出任伪职的表现，傅作义将军极为赞许，蒋介石也很欣赏。抗战胜利后，蒋介石在北平宴请不受日本要挟、拒绝出任伪职的靳云鹏和袁乃宽，表彰他们的忠贞，同时托袁乃宽向袁克定代为致意。

正因其身份特殊，他在当时的社会上确能起些作用。有个曾在那桐家中当差多年的王连五，在东城开设一个澡堂，因囤积大量肥皂，被伪警察搜查扣留，他即找到袁克定请求帮忙。经袁克定说情，王连五果然得以无事。

卢沟桥事变后，袁克定住在万牲园（今动物园）翠竹楼。他六十寿辰时，表弟张伯驹往祝，赠以寿联云："桑海几风云，英雄龙虎皆门下；蓬壶多岁月，家国山河半梦中。"并赠寿仪二百元。克定目睹此联，神色黯淡，将赠金退回。张伯驹事后对人说："我很懊悔，不该送云台这样的寿联，勾起他旧日的怀念，以致他数夜未能入睡。"

后来袁克定移居颐和园清华轩别墅，与清朝宗室、画家溥心畬和曹汝霖为邻，他们往来密切，诗书共赏，谈笑风生，聊以自娱。1938年，张伯驹亦于颐和园租一房舍，与其时相往来。

到中华人民共和国成立前夕，由于多年来不治生计，挥金如土，袁克定的全部家私业已花得差不多了。他卖掉天津特一区的住宅所得八十五万元，全被贴身用人白钟章领去。京津两地的文物，被用人申天柱以开古玩店为借口，全部骗去。他手中仅余的部分股票，也被长子家融通过袁乃宽恳求，投资于天津新懋交易行内，充实股本，换得家融充任该行副理。当时言明，所得利润足够克定的生活费用，可以随时支取。但家融却至为不孝，不念其父年迈，生活无着，分文不给，致使其父生活陷入极端贫困的境地。一日三餐，无鱼无肉，甚至没有菜蔬，仅以窝窝头切片，佐以咸菜。但袁克定仍然正襟危坐，胸戴餐巾，不改昔日的派头。后来实在无法生活，只得迁到张伯驹在西郊海淀的展春园寄居，一切费用由张伯驹承担。此时他已到了垂暮之年，每天早晨起来散步，步履颇显龙钟。回室以后，即读拉丁文。

1949 年北平和平解放，又改称北京。这时张伯驹的家庭生活也陷入困境，难以兼顾袁克定了。北京文史馆馆长章士钊闻悉，报政府批准，将袁克定安排在文史馆中，给以委员的名义，月支薪水六十元，在家坐领。

不久，因为他的言论一如其旧，被认为思想反动，遂停发月薪，以后仅靠街道上每月二十元的救济金维持生活。他尽管衣服破烂，步履蹒跚，但举止言谈依然如故，绝不降低其身价和风度。

1958 年，袁克定病逝在张伯驹家中，终年八十岁。其妻子吴本娴早在 1939 年病故，当时在他身边照料的只有大姨太太马彩凤，丧事全由张伯驹代为料理。

名士潦倒

　　二十年代后期，云集在上海的一些名人雅士，在一次聚会之后传出了近代四公子的誉称。一为袁寒云（袁克文获得宋代王晋卿所画之《蜀道寒云图》，自号寒云），二为张伯驹，三为张学良，四为溥侗（也有说四为卢永祥之子卢小嘉，或张謇之子张孝若的）。此说盛行于上海，渐渐传至北京。

　　张伯驹号丛碧，河南项城人，光绪二十四年（1898）生。生父张锦芳（字绚庵），六岁过继给大伯父张镇芳为子。宣统三年（1911），与袁世凯之子克端、克权、克桓等兄弟一同就读于天津新学书院，也是方地山和严修的学生。1914年考入模范团骑兵科，毕业后曾在曹锟、吴佩孚、张作霖处挂名提调，后在安徽任安武军营务处提调。他自幼酷爱艺术，工诗词，能绘画，擅京剧，精鉴赏，棋艺高超，为近代著名的诗词、戏剧、书法、鉴藏家。其鉴藏之精富，海内堪称巨擘。他不愿与政界、军界人士往来，乐与文人学士交友。他与袁寒云既是同乡，又有姻亲，人品相近，志趣相投，为最亲密的知己。二人经常一起向方地山请教，在方家吟诗作联，引为乐事。也常同津沽的文人名士聚集一堂，结社唱和。

　　溥侗字厚斋，别字西园，号红豆馆主，为前清宗室，封镇国将军。

诗词歌赋，无所不能。为人倜傥不群，自幼嗜剧成癖，跌扑技击，色色俱精，为京津一带的名票友。戏剧界称其为侗五爷，又称为票友老生中的谭鑫培，凡谭鑫培的戏，无一不能，凡谭鑫培的举动，无不酷似。

张学良为奉系军阀张作霖之子，系一武将，人称少帅。他喜欢冒险，跳舞、打网球、开飞机均是能手。与赵四小姐的恋情，更是为人们熟知的风流佳话。

袁寒云潇洒风流，多才多艺。他工于诗词，擅长书法，能文会画，复精鉴赏，篆刻、辞章、考证、金石卓然可传；尤其酷爱戏剧，为京昆名家，艺林闻人；喜好结交，名流皆与之交游，朋侣遍及天下。时人视为博雅才子，驰誉当世。

1916年袁世凯死后，克文带着分得的遗产移居天津。时隔不久，生母金氏在天津逝世，他即将子女留在安阳，随祖母生活，自己与妻妾南下上海。以后不断来往于北京、天津和上海之间，过着自由自在、无拘无束、诗文酒会、浅吟低唱、章台走马、纸醉金迷的生活。他大部分时间在上海，居于霞飞路宝康里对过二百七十号，后迁爱多亚路九如里口一千四百三十二号。二十年代后期多居于天津，住在河北地纬路六号。在北京则住在东城遂安伯胡同十四号。

他不留胡须，戴着眼镜。经常在家高卧，总穿短衣，出门时才穿长袍，冬天穿一件价值昂贵的海龙皮袄。他不喜欢西装革履，生平从未穿过。

他爱养狗猫，有两只小狗，一只金黄，一只黑白相间，天天亲自给它们洗澡，颇以此为乐。肥猫两只，名叫大桃、小桃，任其跳跃于被褥之上。有次小猫病了，他竟登报征求药方；还登过以北京种极小狮子巴儿狗换取书画的广告。由上海返天津，他都将狗猫带去。

他喜吃荔枝，一吃就上百颗。

他相信卜卦相面，曾召九九道人卜卦，算算如夫人于佩文身孕是女是男。也请人给自己决断流年。

他在外地，时常牵挂家中的母亲。1926年他与母亲沈氏团聚，沈氏左足大拇指忽然患病，剧痛难当。他虽然有病在身，仍扶杖侍奉。他相信佛教，取法名陀旷，又名觉旷。在母亲疾病加剧的日子里，他除了延医诊治外，每夜在庭院中焚香，虔诚叩祷天地，或请南屏祖师现金沙身指示，或令妻妾祈祷于天后宫。他还上表于天，宣誓自今开始，戒杀生，戒淫恶，渐自戒除酒博贪妄，乞延母亲寿命。后来母亲病愈，他仍祈祷了百日。

同年7月15日，他特邀王季烈的合笙社曲友举办曲集庆贺母亲六十大寿，并亲自登台，与人合演《审头刺汤》。母亲六十一岁生日的时候，他也邀请了曲友唱戏庆贺。

每到袁世凯的生辰和忌辰，他都设下祭品，率领家人叩拜。

袁寒云的名士气很重，不爱过问政治上的事，不愿和达官要人们往来，结交的都是些气味相投的人。在这些人士中，他最推崇、情谊最深的，当属业师方地山。

方地山名尔谦，号无隅，江苏扬州江都人。扬州向为江南人文荟萃之地，不仅才子辈出，而且多性情古怪之人，其中以"八怪"名声最著。方地山十岁即中秀才，是名副其实的才子。后来到了天津，经常在报上发表些文章，被袁世凯看中，聘为家馆教师，教育诸子。

方地山恃才傲物，放浪不羁，不拘小节，不受世俗的约束，除去赚钱糊口之外，便是诗酒声色。他善于属对，极负盛名，天津人称为"联圣"。妓女们如果求其书写一联悬挂室内，身价立即倍增。袁寒云曾为其刊印《无隅偶语》一册。

袁世凯任军机大臣时，方地山捐了个四品官，在北京城南赁了三间屋，纳了一个未缠足的小妾，自署其门曰"大方家"。室内贴着自撰的对联："捐四品官，无地皮可刮；赁三间屋，以天足自娱。"后来与小妾的感情破裂，离异时小妾欲携其子女同去，方地山不许，乃相龃龉，结果由子女自决。方地山对他们说："兽知有母，不知有父。人知有母，亦知有父，人兽之分在此。"子女聆听之后，毅然留在父亲身边。

洪宪帝制时，方地山不赞成，也未做官。袁世凯病逝，他撰挽联云："论琼楼风雨之诗，南国亦知有公子；承便殿共和明问，北来未以我为臣。"又自收洪宪时代题室中窗帘诗云："千年大睡浑闲事，何必陈抟见太平。利且不为何况善，安心高枕听鸡鸣。"由此可以想见其为人风貌和品格。

对方地山，袁寒云由衷地佩服，不仅诗文、古泉学得其真传，而且生活嗜好皆处处仿效。在袁世凯诸子中，方地山也最赏识袁寒云。本来方地山长袁寒云十八岁，不属同辈人，又为寒云之师，一般不能同辈论交。可是，两人都是名士派，都是超尘拔俗的人，用袁寒云的话说，"臭味相投"，根本不理这一套，所以能成为莫逆之交。

一日，袁寒云为长子家嘏提出聘方地山的四女儿方根（字初观）为妻，方地山慨然答允，二人结为亲家。文定之日，寒云只拿出一枚绝世希珍的古钱作为聘礼。非但如此，结婚时他们既未设宴广邀亲友，也未举行什么烦琐的仪式，一对小儿女只在旅邸中一交拜而已。为此方地山撰写一联云："两小无猜，一个古钱先下定；万方多难，三杯淡酒便成婚。"他们的高尚清雅和不同流俗于此亦可见一斑。

袁寒云致方地山书，称呼为"地山夫子亲家"，相当别致。有次他在戏院客串《惨睹》，方地山往观，唱到悲凉婉转处，方地山有感于他的身世，竟然为之泪下。

袁家嘏与方根结婚以后，袁寒云著述之暇，常召家人吟歌笑语，辄忘形骸。1923 年末他编辑了《豕尾集》，刊载于《半月》杂志。诗文的作者除他而外，有妻子刘梅真、妹子绿荑、长子家嘏（字伯崇，号天纯，1909 年生）、次子家彰（字仲燕，号梦涛，1911 年生）、三子家骝（字叔选，号用龙，1913 年生）、儿媳方根，还有他的高足弟子林一。

1924 年他在天津奉亲教子，其时方地山亦居天津，因为结成亲家，二人亲好益固，过从更密，晤谈更多，动辄永夕而忘倦。或相与赋诗，或为诸子讲授，或谈往事，或述旧闻，其乐无穷。赋诗的时候，命题分韵，刻烛联吟。作者除了他们二人外，还有刘梅真、家嘏、家彰、家骝、方根。时间稍久，得诗二十六首，蔚然成帙。寒云遂为编次选定，题名曰《围炉唱和诗》。

凡称名士，大都放荡不羁，生活性格异于常人，总离不开诗文酒色，身边少不了温柔佳丽。这在当时并非耻辱罪过，而是十分正常，甚至是一种荣耀。袁寒云同样如此。他青年时生活放荡，年龄稍长，更觉人生如梦，极为短暂，讲求及时行乐，风流快活，吃喝嫖赌抽，样样都来。

他的妻子刘梅真知书识礼，亦擅诗词，不时与其唱和，但因其长期在外不归，又不免有些怨望。总的来说，感情尚好。他在外边，也常常思念。1927 年 4 月 14 日，即蒋介石在上海发动政变的第三天，他写了四首诗寄去，表达了一片深情：

> 临歧挥涕念当时，不尽春流荡远思。
> 尽是天涯存癙寐，风涛险恶欲归迟。
>
> 天际归帆误几回，相思依旧忍成灰。
> 应知江上多风雨，慢逐春潮打桨来。

危阑徒倚几沉吟，斗室深寒夜不禁。

邂逅无端空写素，闲情未分抱绸衾。

肯忘信誓与欢盟，魂断沽流梦不成。

一捻猩红应在臂，相期总不负平生。

他喜纳小星，大都是走马灯式的，往往是此去彼来，均不长久。其所以如此，据他自己说，有的是因为不甘心居于侍妾，有的是因为不能过淡泊的生活，有的是过于放纵不羁，有的是过于骄慢无礼。他的侍妾，计有薛丽清、小莺莺、小桃红、栖琼、唐志君、眉云、于佩文等。

薛丽清亦名雪丽清，上海清吟小班的名妓。她长得并不特别漂亮，容貌仅属中等，但皮肤白皙，温柔典雅，举止谈吐，诚为一流。寒云深相怜爱，为其赎身，带进新华宫中。薛丽清放荡懒散惯了，绝非厌倦风尘，甘心嫁人从良，更不愿受到约束。寒云将其置于山水之间，同享清福，未免文人自作多情，实亦对其知之不深。故寒温腻语，竟成冰炭，薛丽清终于抛下孩子，到汉口重树艳帜去了。

她对人谈到此事时说：我跟从寒云，不过一时的高兴，欲往宫中看一看是何等的高贵。寒云酸气太重，知有笔墨而不知有金玉，知有清歌而不知有华筵。而且宫中规矩甚大，一入侯门，均成陌路。终日泛舟游园，浅斟低唱，毫无生趣，几乎令人闷死。一日同我泛舟，作诗两首，不知如何触怒大公子，几乎遭遇不测之祸。我随寒云，与他同祸患，将来打入冷宫，永无天日。前后三思，大可不必，遂下决心，出宫自去。而且历代皇帝家中，都有兄弟相残，李世民则杀李建成、李元吉，雍正皇帝杀其兄弟多人。袁克定未做皇太子，威福尚且如此，将来岂能同葬火坑？不如三十六计，走为上策为妙。袁家家规太大，也不是我们习惯自由的人所能忍受的。一日家祭，天色未明，即梳洗已毕，候驾行礼，这样的早早起来，我从未有过。又听说其父有太太多人，各守一房，静待传呼，不敢出房，形同坐监。还听说各公子少奶奶每日清晨，先向长辈请安。我居外官，尚轮不到。总之，宁可再做胡同先生（即妓女），不愿再做皇帝家中的人。

小莺莺真名朱月真，1924年袁寒云与她邂逅，一见即被迷住，为她撰写了《莺征记》《怜渠记》，又作《春痕》十首，并且以清宫旧制的玉版笺四帧，画朱丝栏，精楷写赠。不久在北京饭店娶了她，同居于鲜鱼口十间屋。过了一段时间，忽然发生政变，京津间的火车不通，二人变成了牛郎织女。既而寒云另有所爱，对小莺莺无形中疏远。这时小莺莺怀孕在身，毅然离去，不久生下一女，名曰三毛，相貌酷似其父，极为聪明。

以后寒云听说，极想让小莺莺回到自己身边，屡次托人到上海与她相商，欲见三毛一面。小莺莺答允下来，正准备携带三毛前赴天津，与寒云重聚，不料寒云突然病故，她听到消息，极为伤悼。

小桃红是江苏的妓女，袁寒云的旧相识，后到北京。寒云因"莫到琼楼最上层"诗句遭到克定告发，被禁宫中。小桃红为之做饭烧水，带孩子。后来也不耐寂寞，与寒云分离，在天津重张艳帜，易名秀英，又名莺莺。她尚未忘情寒云，有时相遇，仍请寒云看电影，在家中小酌。寒云以其与旧侣小莺莺同名，触动旧情，不胜感慨，1926年3月25日为之写下两首怅触词：

一首为：

提起小名儿，昔梦已非，新欢又队。漫言桃叶渡，春风依旧，人面谁家？

另一首为：

薄幸真成小玉悲，折柳分钗，空寻断梦。旧心漫与桃花说，愁红泣绿，不似当年。

栖琼的父亲姓苏，生母俞贡氏，江苏华墅人。温婉多姿，夫人梅真很喜欢她，拿出私蓄的三千元代她脱籍，常常偕同她往光明社看电影，或赴共和春及百花村酒家宴饮，引为乐事。

寒云对她很好，1926年4月3日带她同登天羊楼，有诗一首：

荒寒向夜浸，海天转萧沉。

入市孤怀倦，登楼百感深。

东风舒道柳，朔月黯郊林。

何处歌声咽，愁闻变徵音。

同年7月，寒云给栖琼的父母汇去四百元生活费。

唐志君浙江平湖人，与寒云在上海相处最久，主持家政，寒云的饮食起居均由她悉心侍奉。她能写文章，其作品《陶疯子》《白骨黄金》《永寿室笔记》等，经寒云润色，均送往《晶报》发表。他们曾一同前赴平湖游玩，寒云为此写下《平湖好》《平湖琐唱》等记其事。她离开寒云之后，以为人算命为生。有人劝她以袁皇帝的儿媳妇登报号召，招徕生意，她不愿意。听到寒云去世的噩耗，她亲到《晶报》详细询问情况，并说将为寒云作一小传。

眉云与寒云在一起的日子只有四年，而且时有别离，但二人的感情甚为深厚。如 1927 年 2 月寒云前往济南，眉云到驿亭送行，寒云去后，填了一首词《卖花声》：

　　莫更放春残，教梦无端，东风已自满江干。便是相思深几许，可奈天寒。　　底事问悲欢，门外关山，啼尘咽袂去留难。花妒花愁都未了，隔住红阑。

又有诗云：

　　驿亭挥手念当时，忍涕何敢说别离？
　　征梦天涯吹渐远，沾流不尽系人思。

时隔两三个月，他在上海又有几首诗词寄她，其中的《拥衾》诗云：

　　征鬓感愁侵，幽思到海深。一回肠又断，千里梦同寻。
　　烽火淹归骑，衷怀怆莫砧。连天风雨咽，犹自拥寒衾。

1928 年眉云突然身患重病，寒云闻信，带病赶回看她。见她骨瘦如柴，不成人样，悲痛欲绝。其诗《眉云疾甚，病中强起视之》，即记其事：

　　相违五十日，相见不能识。羸骨益支离，无言但凄咽。
　　神爽念昔时，涕泪空此夕。吁嗟旦暮间，岁景何淹忽。

不久眉云香魂归去，寒云填《满庭芳》词悼之：

才识春来，便伤人去，画楼空与招魂。琐窗灯火，长想旧眉颦。回首殷勤未远，定惝恍、无限黄昏。当时路，香残梦歇，何地逐闲尘。　伤神犹记取，罗衾夜雨，锦幄朝曛。奈欢语重重，欲说谁闻？纵是它生未卜，容料理、宵梦温存。相望处，人天邈矣，荒树掩新坟。

又有《好女儿》题眉云遗像：

四载相依，几度相违。算今番、一别沉消息，怅前宵梦短，此生肠断，何日魂归。　剩有真真须唤，忍重见、旧腰围。念江头海角逢迎处，但闲庭永昼，小楼凄雨，芳树斜晖。

于佩文小字巧宝，浙江嘉兴人，父名竹叟，兄名佩钦。经人介绍，相识于1927年3月19日，当时佩文十八岁。22日，佩文慨言身世，寒云相与唏嘘，子夜去而复至，佩文留下同床共枕。

于佩文相貌秀丽，明眸皓齿，冰肌玉骨，举止温柔，寒云一见倾心，亟欲致之到手。

同月29日，撰《夜坐》一首示佩文：

江上东风晚未收，刁萧一雨近层楼。
千灯依旧行人家，百感无端此夜休。
只是温柔初罢梦，何如迢递且延眸。
相逢为问春归思，漫捡征衣计去留。

4月3日，寒云作《醉李西施记》，记佩文之事。且为致语曰："愿结巧连环，多恨易消，早成眷属；安求宝无价，有情难得，同是天涯。"内嵌佩文小字"巧宝"。

5月26日，寒云与佩文结为连理，迁于新居。

8月25日，佩文归宁父母，怆然而别。时隔两日，即27日，寒云见佩文未回，寄诗促其归来：

　　一楼坐对亦寻常，偶隔云天欲断肠。

　　短梦不成憎促织，明湖好记并鸳鸯。

　　最团圆夜应休负，怆别离时忍便忘。

　　寄语西风归及早，黄花满地正新凉。

9月8日，佩文归来，从此宠爱不衰。

1929年11月11日为佩文二十岁生日，克文在天津私邸邀集男女宾客歌唱宴饮，大肆庆祝，至午夜方散。

袁寒云为花丛老手，到处留情，人物俊俏，又不惜巨资，故在其所到之地，皆有妓女与之相好。他初次到上海时，袁世凯尚在，他以贵公子的身份，遍征北里名花，大肆挥霍，返京之日，送行的粉黛成群，罗绮夹道。他非常得意，认为此种情景胜于西晋时许多妇女围着貌美的文学家潘岳，向他殷勤地投掷果子。因此，没有名分的，还有七八十人。仅有露水情分的，更不知凡几。

他荒唐无度，整天与女人厮混，很少住在家里。在天津时，他在租界里的国民饭店长期开了一个房间，有时住在妓院里，甚至连当时最低级的所谓"老妈堂"，也不时去逛。回到家里，妻子刘梅真和仅有的一个姨太太，还有于佩文忍不住和他吵几句，他既不回嘴，也不辩解，只是哈哈大笑，笑完即扬长而去，仍然继续过着荒唐的生活。

其生活来源，主要是靠分得的大量遗产。另外就是由其父亲旧部控制的河南焦作福中煤矿，每月送他六百元干薪。再就是为小报刊撰文，赚点稿酬贴用，不过稿酬很少。如他给《晶报》写了不少作品，每月也仅能得三十元。因为当时的《晶报》一般不付稿酬，给他这些已经是很大的面子了。据说，《晶报》付的稿酬，他自己并不拿，都让如夫人唐志君的弟弟唐采之拿走了。

在十里洋场的上海，灯红酒绿，纸醉金迷，加上公子哥儿的豪气，挥金如土，不事生产，坐吃山空，几年下来，遗产所存无几。1927 年国民革命军北伐以后，焦作福中煤矿公司的主持者换人，不再给他干薪。如此一来，他的生活日渐陷于窘境，以致最后不得不靠着卖字卖文卖古董为生，不能再过以前豪奢富丽的生活了。1927 年夏，他在上海的报纸上登出卖字启事，其中有"三月南游，羁迟海上；一楼寂处，囊橐萧然，已笑典裘，更愁易米"之句，写出了自己的潦倒状况。

他卖字有笔单，即价目表，均登在报刊上，以广招徕。如 1926 年12 月 1 日登出的价格为：

榜书，每字五元，一尺以外，每加一尺加五元，篆书倍之。

堂幅，每尺五元，行书。

屏条，每尺二元，行书。

直幅，每尺四元，楷篆倍之。

横幅卷册，每方尺四元，楷篆倍之。

联帖，四尺，每副八元，每加一尺加二元，篆书倍之。

扇，每柄五元，小楷，篆书倍之。

其他书件面议，恶纸不书，泥金笺、绫绢倍例，磨墨费加一，代拟文字别议，寿挽各件撰书别议。

有一年，他书兴甚豪，登报减价卖字，一天之中写联四十副，当晚即全部售出。乃用卖得的钱买了笔墨，写了一百联以酬至交友好。

有次给张宗昌写极大的中堂，代价是一千元，由于纸张又宽又长，屋子里摆放不开，他就把纸铺在地上，脱去鞋子，提着个最大号的抓笔在纸上站着写。

他非到实在没钱，逼迫得不能不写的时候，方才挑选报酬较多的写几件。有时连着书写联帖多张，累得手腕像要折断了一样。但如果手上还有十元钱，他也不肯写。

他有了钱，随手用尽；没有钱，却丝毫不以为意；甚至到了无米为炊之时，仍然贫而不改其乐，经常摩挲所藏的一面铸春宫图，一面书刻"天地氤氲"四字的一枚古钱，而不向其父亲的老部下军阀政客打抽丰。他去世以后，家人只在他书桌上的笔筒里找出二十元钱。

他与上海文艺界的人士往来很多，1923年，他倡议发起成立中国文艺协会，得到大家的支持。9月14日开成立大会，到会名流六十多人，一致推举他为主席。11月15日开会选举主席，他仍当选。但该会成立之后，并未举行过什么活动。

他是个爱国主义者。1915年5月9日，他的老子为了称帝，接受了日本的最后通牒，继而签订了可耻的条约，国人将这天定为"国耻纪念日"。有一年举行纪念，有人请他写扇，他写了四十把，每把都录了他的一首《五月九日放歌》，以示警惕。其词为：

> 炎炎江海间，骄阳良可畏，安得鲁阳戈，挥日日教坠。五月九日感当年，曜灵下逼山为碎，泪化为血中心摧。哀黎啼断吁天时，天胡梦梦不相语。中宵拔剑为起舞，誓捣黄龙一醉呼，会有谈笑吞

骄奴，壮士奋起兮毋踟蹰。

袁寒云本来不大过问政治，不知出于何因，1926年秋接受了张宗昌的聘请，当了高等顾问。据报纸报道，1928年他被张宗昌、孙传芳委任为河南安辑使，已组织公署，因遭母丧，须百日服满，方能走马上任。据其弟子说，张宗昌派他做挺进军总司令，他在天津成立了司令部，设在他的住宅内，表面上还成立了八大处，但始终只有几个门岗和卫队。混了一个月左右，国民革命军到了，司令部消灭，住宅被没收。不论实际情形如何，他因有通敌嫌疑，遭到了国民政府军事委员会的通缉，只得暂避于日本租界。这件事大约使他接受了教训，事过之后，作文自遣，再未卷入政治旋涡。

他在上海加入了青帮，拜青帮头子张善亭为师，位列大字辈。青帮以"清净道德，文成佛法，能仁智慧，本来自性，圆明兴理，大通悟学"为辈分，授徒流传。上海的大字辈，不论职业高低，都与他换过帖，黄金荣、张啸林、杜月笙等经常与他往来集会。张善亭死后，他单独开香堂，收弟子。此事成为一时的新闻，不少人冒附在他的门下，外间传闻他有弟子数百人之多。他深恐过于招摇，生出是非，特意在《晶报》上登了一则《门人题名》，列出沈通三等十六人，对其他冒认者一概不予承认。在这十六人中，后来金碧艳、金珏屏弟兄行为不检，寒云将他们摈诸门墙之外，并学着孔夫子的口吻，在《晶报》上发表一篇《小子鸣鼓而攻之》。以后他在天津收了杨子祥等许多徒弟，在北京收了陈惕敏等二十人为弟子。

他性情和平，不肯得罪人，当上老头子以后，对朋友或门弟子都没有架子，很随便，不拘礼节。

他早就偷着抽大烟，父亲死后，公然无忌。白天一般不吸，每到晚上，即倒卧家中，一榻横陈，吞云吐雾，兴致勃发，与友好及弟子谈天。他的烟瘾大得惊人，加上友好中的瘾君子也来狂吸，每天总要耗费烟资二十元，相当于当时两石大米的价钱。直到 1927 年 9 月 14 日，他的遗产已经挥霍告罄，其他经济来源也已断绝，生计维艰，才延请一个名叫浦应仙的人，以其自制的丹药试着戒绝。戒了一天，他觉得身躯遽爽。第三天，友人步林屋劝他继续吸，他吸了一口，就呛得厉害，急忙弃掉，发誓决不再吸。

他在日记中写道："十七日，仍服药，疾良已，衷怀快甚。""二十三日，自除痼疾，饮食渐加，起居有序，十四年之束缚自此解矣。"他终于戒掉了毒害人身的鸦片，告别了烟榻。

一个人染上鸦片烟瘾，很难戒掉，何况有十四年的鸦片烟史。而他一旦下定决心，便戒掉了，可见其毅力之惊人。

戒掉鸦片后，他改吸旱烟。每天手戴白玉扳指，持短烟袋一管，出入相随；胸前佩着所藏的珍品玉饰，为汉玉脱胎；头戴瓜皮小帽，上缀宝石一颗。于是"吸烟佩玉寒云子"就成了他晚期的代表形象，旱烟袋也成为他形象的特征。

袁寒云擅诗，光绪三十三年（1907）他养病于京西翠微山龙王堂，开始学写诗，处女作为：

> 醉陟翠微顶，狂歌兴正酣。临溪坠危石，寻径越深潭。
>
> 云气连千树，钟声又一庵。苍茫归去晚，胜地此幽探。

早年他刊有诗集，常与天津词人寇梦碧、陈和峰、张牧石作诗钟分咏。他那首讽喻其父不要称帝的诗，最脍炙人口。

他的词作很多，大都描写男女间的相思爱恋，抒发离情别绪，缠绵、哀怨、愁苦、忧伤流露于字里行间。兹举几例：

五彩结同心

天涯春远，梦底花迟，归车催破征魂。欢醉都如昨，挥管弦、微语试记停尊。几回携手怜鬐笑，翻愁绝，轻度黄昏，任风雨江楼百尺，镜鸾且共温存。　腰围料应柔减，正歌散珠落，舞并香屯。凤袖鸳钗，今宵何处？多少绪，叠离痕。禁寒知否？人憔悴，黯芳草，咽断王孙。便吹到、杏花开了，马嘶可许当门。

南浦

凄凉晓院，正初醒、弹泪送征人。还与殷勤无计，飞梦展车尘。不绾柳丝云絮，尽西风、一往系眉鬐。但鼓笳声切，乍离情绪，无奈是黄昏。　渐晚掩欢欲堕，甚江流、吹送黯销魂。望断烟横天极，缄泪寄思频。堪忆那时轻别，料襟头、亦自捡啼痕。到最团圆夜，画楼休负语重温。

水龙吟

更谁重说风情，眼中人物都非旧。南天梦杳，西楼燕去，前欢已负。此际何堪，等闲过了，少年时候。万千愁、似水萦回不断，又轻被、风吹皱。　忍向杜鹃啼处，念伊人、可曾消瘦？酒痕掩泪，歌声缄怨，几番吹逗。还说相思，莫教重误，隔江红豆。便匆匆白发，催人真怎，撒双鸾袖。

自1930年开始，他与方地山、张伯驹等常在天津国民饭店以词唱和，名为《蛇尾集》，取虎头蛇尾之意。《北洋画报》辟有专栏，发表他们唱和的诗词。

方地山评其词，谓每有不合格律处。天津词人王伯龙则极口称颂，谓其与张伯驹为"词坛两俊人"。

寒云于书法最工，真草隶篆，无所不能，以善书而名满天下。大字小楷，遒劲茂美，华赡流丽，清奇俊逸，端庄秀朗，风格独特。具有魏晋唐宋之风流，意在褚遂良、颜真卿之间。喜临两周金文，作古篆结体，别具妙姿。能作擘窠书，又能作簪花格。他为夫人所临的四幅金文，是其一生最为得意之作。

其写对联，有一种特殊的本领，就是不用桌子，将纸张悬空，由侍者拉着，他挥笔书写，笔笔有力，而纸不损坏。写小楷，可以仰卧榻上，一手持纸，一手执笔，凭空书写。他的书法，士林争求，得到视若拱璧，如同瑰宝。

有一年冬天，他与张伯驹、溥侗演戏，已到夜里两点，尚未演完，便散了场。他兴犹未尽，与张伯驹一同到妓院饮酒。此时天正下着大雪，求其书法的人很多，他就让妓女研墨伸纸，自己左手持盏，右手挥毫，书写完毕已到凌晨四点，始冒雪而归。他与张伯驹各有《踏莎行》词记其事。

其时上海的杂志、小报，纷纷请他题写刊名和报头，有的小说也请他题签。有一次应约为陶寒翠所著的《民国艳史》写封面，后来小说出版，送给他一部。他发觉书中有许多地方谩骂袁世凯很厉害，大为懊丧，从此不再轻易应酬了。

学其书法者，有曹靖陶、郑子褒、巢章父、汪大铁、俞逸芬等人，而以俞逸芬学得最肖。

他绘画不多，间或画松和梅，亦很别致。1924年春天，他画的一幅画乃是一棵光秃秃的半截枯树干。上面题写："怒气勃勃，怨气森森，天地之间，弃我寸心，画兹朽木，不着一针。甲子春二月，呜呼。"

一次，张伯驹与他合绘红梅，张伯驹挥笔写枝干，他洒点红花，然后各题词其上。一时被人称为"项城两才子"。

他有时也卖画，画的都是梅松，画梅每方尺五元，画松倍之，以四尺为限。画扇每柄二十元。

他会篆刻，但很少从事，曾为江南苹治一印。

袁寒云的著述颇丰，计有《洹上私乘》、《辛丙秘苑》、《寒云诗集》、《寒云词》(洹上词)、《寒云集》、《行脚集》、《宾退随笔》、《风国野史》、《尊畔小语》等，可惜现在有许多难以看到了。

他发表著作的报刊，在上海主要是《晶报》，其次是《半月》杂志；在天津主要是《北洋画报》，也给苏州的《消闲月刊》送过作品。《晶报》的主办人余大雄和《北洋画报》的主办人冯武樾与他的交情都很深厚，无偿地赠送报刊。

他在作品上的署名有克文、豹岑，有时也用谐声抱存、抱公等，获得《蜀道寒云图》后，基本署寒云。外界对寒云与抱存不知是否一人，存有疑问。他作打油诗以代说明："抱存今寒云，寒云昔抱存。都是小区区，别无第二人。回汤豆腐干，老牌又刷新。"措辞颇为幽默。1926年他登报声明，由于被"寒云"二字叫得寒了十余年，此后废去"寒云"名号，仍署克文。但过了几年，又故态复萌，仍署寒云。

诗词之外，其代表作为《洹上私乘》和《辛丙秘苑》。

《洹上私乘》于1920年初刊载在周瘦鹃主持的《半月》杂志上，1926年由大东书局印成单行本。书中对其父亲政治上的污点有不少辩白，颇多失实之处，但仍不失为了解其家族历史的重要资料。

《辛丙秘苑》记述袁世凯在辛亥革命以后的政治大事，旨在"以矫外间之浮议"。他在《自序》中写道："有清末季，亲贵专恣，苞苴党比，祸伏患烈。辛亥变革，先公承危，历四载事差定，一日万机而神颓矣。不肖者乘先公之衰，妄冀高位，强谋帝制。先公深居，左右壅蔽，于是危乱复构，几溃全功。先公既省，贻害在躬，遂一愤而绝。呜呼哀已！兹数载间，传说纷纭，莫衷一是。不佞以所见知，笔之于书，既以明先公之苦心，且以矫外间之浮议，或招怨毒，非所计也。"

然而他的记述并不能忠实于历史，处处替其父开脱罪责，明显地存在着为亲者讳的倾向。当然，文中的一些史料，亦可作为史家的参考，不能一笔抹杀。

此稿牵涉诸多人物，而且大都健在，所以他煞费苦心，非常郑重，逐字斟酌，一再修改。1920 年秋天他开始撰写此稿时，为《晶报》的主办人余大雄得知，即与他恳商，逐期在《晶报》上发表，他一口答允，遂连载于《晶报》。

报上连载了十几次，袁寒云突然搁笔。余大雄一再登门请续，袁寒云提出条件，欲得张丹斧（《晶报》的台柱）的陶瓶为报酬。余大雄立刻与张丹斧相商，张丹斧愿意割爱，便三方谈判，约法数事，陶瓶归袁寒云，袁寒云撰《辛丙秘苑》十万言，并以其平素珍贵的三代玉盏、汉曹整印、宋代苏轼石鼓砚、汉玉核桃串几件古玩，存在张丹斧处，作为质押，期以一百天完稿，逾期议罚。

袁寒云得到陶瓶，十分高兴。但写至二十八续，因为如夫人唐志君的妹妹逝世，寒云帮助办理丧事，无暇执笔；而唐志君又要收回三代玉盏，斟酒祭奠她的妹妹，寒云便向张丹斧索取。张丹斧以为才写了十分之一，不肯归还三代玉盏。袁寒云大发公子脾气，索性搁笔。约期届满，张丹斧致书催稿。袁寒云大怒，写了篇《山塘坠李记》，辱骂张丹斧。张丹斧写了篇《韩狗传》，进行还骂。余大雄大为着急，力加调解，结果谈妥条件，袁寒云愿意续写。他又断断续续写了一些，最后也没有全部完成。

1921 年，他还撰写过《新华私乘》，此乃为纠正坊间流行的《新华宫秘史》《洪宪宫闱秘史》而作的。这两部秘史对袁世凯大张挞伐，颇快人心，但多系虚构而来。他也在《晶报》上事先刊出一篇短序，内云："自先公逝世，外间多有记吾家事者，或作札记，或为小说，然皆妄事窥测，无能确详，誉毁全非，事迹终隐。予窃有感焉，爰就昔之朝夕接触于耳目者，笔以存之，善者弗饰，不善无讳，但期于虚构者有以正耳。斯吾家史，故曰私乘，若有系于国故，亦靡有遗焉。"他做任何事情均有始无终，第一部分续了四次，又杳无下文了。

他因对某些问题与别人有不同看法，时常与人发生笔战，互相诘责，有时也化名骂人。后来他认为化名骂人不道德，于 1923 年初登报检讨，并说："攻揭隐私，肆意诟骂，快一己之口舌，败他人之声誉者，施予不当，即是罪恶，当力忏除，勉毋陨堕。至于巨猾老奸，元凶大恶，应加诛伐者，不在此例。"

在征歌载酒之余，袁寒云还写日记，寒暑不断，共有七册，精雅工整，一丝不苟。书体秀劲，措辞文雅。可惜大部分遗失，现在只存二册。内容多系考订吉金、碑版、泉币，所得珍贵货币，均拓于其中。其述时事者，极少涉及政治。

袁寒云酷嗜戏曲，爱好唱戏成癖，成为戏剧界的名票友。所谓票友，就是业余爱好者。内行学艺，出于科班师传。票友追随内行，率多自学成才，青出于蓝而胜于蓝者亦大有人在。票友献艺以不苟取为上乘，即所谓"耗财买脸"，不花钱不足以称票友。

天津为水旱码头，戏剧、曲艺名角荟萃之地，距京城极近，京角常以天津为进阶而成大名。京津一带的名票友首推孙菊仙，其次为汪笑侬、李克昌、陈寄豪等人，袁寒云也是其中之一。他们悉属名副其实，艺术高超，各具特长。

还在清朝末年，袁寒云即参加了溥侗、王楞仙、梅雨田、赵子恒等贵胄、文人和名伶组织的"言乐会"曲会，清歌雅集，粉墨登场，并跟着三世家传、供奉内廷的名笛师方秉忠习昆曲。1914年，为了深造，他特邀江南著名曲艺家赵子敬来京任总统府统计局主事，跟着他学昆曲，尽得其传，造诣极深，对皮黄戏亦有研究。后来又参加过饯秋社、温白社、延云社。

1925至1926两年间，他在天津参加了同咏社，跟着南昆名家沈锡卿与北昆名丑郭春山学戏，与恽兰荪、溥侗、徐凌云、童曼秋等名家切磋技艺。

1929年3月，他加入了仙缘小集。仙缘小集为天津硕果仅存的昆曲研究团体，由童曼秋等发起，原有曲友八人，故命名为仙缘。嗣后加入者渐多，皆系文艺界闻人，不再限制人数。每星期四轮流在各曲友私第交流戏曲心得，虽无具体的组织，而富于精神的结合，天津昆曲界之发扬，赖以维持。

袁寒云早年身体瘦削，相貌清癯，玉骨横秋，弱不胜衣，多唱小生。戒烟以后，身体发胖，才改唱丑。他的戏路子宽，无论生旦丑末，演来无不丝丝入扣。他的拿手戏，有《卸甲封王》《游园惊梦》《长生殿》《群英会》《折柳》《阳关》《奇双会》《审头刺汤》《盗书》等。袁世凯逝世后，他最拿手也最喜欢与溥侗串演的剧目则为《惨睹》。

《惨睹》又名《八阳》，为《千忠戮》中的一出，写明代燕王朱棣（明成祖）攻破南京，建文帝和大臣程济化装为僧、道，流亡湖广、云南等地，备受迫害的故事。袁寒云以建文帝自比，饰建文帝神态惟妙惟肖。演起戏来，悲歌苍凉，高唱入云，似哭其父，大有悲从中来，不可断绝之概。当其唱到"收拾起大地山河一担装，四大皆空相，历尽了渺渺程途，漠漠平林，垒垒高山，滚滚长江。但见那寒云惨雾和愁织，受不尽苦雨凄风带怨长。雄城壮，看江山无恙，谁识我一瓢一笠到襄阳"时，慷慨激昂，好似在唱自己的身世。唱至"恨少个绿衣使鼓骂渔阳"，声泪俱下，目眦为裂。此时坐客肃然，不闻声息，愕顾左右，主张帝制者皆垂首低眉，大有怩忸之色。

他曾自书联语云："收拾起大地山河一担装，差池兮斯文风雨高楼感。"一用《惨睹》，一用李义山诗，抒发出自己的胸怀。

他也喜欢演《审头刺汤》，在剧中饰汤勤。汤勤为方巾丑中最难扮演的人物，演员中的名角如王长林，口齿清朗，但不能作苏白；萧长华能道苏语，而表情不能尽善尽美，其余的人物自不待言。可以说，在当时实无方巾丑的全面人才。而袁寒云饰汤勤，非但能口操苏白，字字入扣，而且表演逼真，不啻古人再现。自搜杯至验头，场场能将汤勤之奸酸、刁滑、谄上、凌下，赤裸裸地表现无遗。如严世蕃出公文追拿莫怀古，汤勤进谗曰："斩头解京"，四字脱口而出，有如斩钉截铁，而面部表情，能将诡诈、贪狡、得意，和盘托出。当进场时，随在严世蕃之后，以扇扇之，其卑鄙、奸恶之态，表现备至，实非他人所能及。身段之绝妙，连老演员都自叹弗如。

1919年12月，他在南通演出《折柳》《三字经》《游园惊梦》《小宴》等，票价一元，原定三场，场场满座，不少人渴慕他的风采，又加演了一场。他在《折柳》中扮的小生雍容华贵，举止安详，吐字发音尤为精确，而嗓音足以副之。在《三字经》中串小花面，动中规矩，颇有家数。在《游园惊梦》中欧阳予倩扮的杨贵妃唱做自然，袁寒云扮的唐明皇为斫轮老手，丰神俊逸，情意温存，令人想见当年的天宝风流。观者欢声雷动，赞美不绝。

1929年7月14日，同咏社进行第四届会演，徐子权演《小宴》中的吕布，寒云演王允，极能随机应变。当吕布下场时，王允应唤院子命请太师过府宴饮，唤了几次院子，而院子已经下装，寒云处此一刹那间，运用灵机敷衍过去，显得极为敏捷。

1930年9月，开滦国剧社剧务主任王庚生的弟子章遏云应天升影院之聘，组班演出《玉堂春》，特邀王庚生饰刘秉义，寒云饰潘必正，程继仙演王金龙，配搭之佳，一时无两，是夕盛况空前，竟卖了不少站票。

他与孙菊仙、溥侗、汪笑侬、欧阳予倩、梅兰芳、程砚秋、荀慧生、程继仙、滑茞白、童曼秋、王汉伦、王少芳、姚元爽、玉霜、陈德霖、夏荫培、屠顾寄云、韩世昌等戏剧界名人，均同台合演过。

他的卓越演技赢得演员和票友的一致赞赏，有人曾作《寒云歌》颂扬，内云："宣南夜静月皑皑，鼓板声沉箫管哀。万手如雷争拍掌，寒云说法亲登台。苍凉一曲万声静，坐客三千齐啜茗。"

许多梨园耆宿与后起之秀都同他结下了深深的情谊，上海的程继仙与他樽酒联盟，约为兄弟。

1929年9月初，北画社与同咏社、开滦国剧社及鹤鸣社社友，共同演两场夜戏，为寒云补祝四旬大庆。八十九岁的菊国人瑞孙菊仙也前往祝贺。孙菊仙平生有三大怪癖，即不灌留声机，不照相，不收徒弟。除曾与严修、林墨青同摄一影外，决不摄影。寒云邀其合影留念，他因与寒云独厚，当即首肯。

女伶四大名旦之一的雪艳琴（即黄咏裳）女士为寒云的义女，新声女士为寒云的弟子。

他和汪笑侬极相得，1918年冬汪笑侬病逝，寒云挽之以联云："本来七品命官，革职原为唱捉放；此去三堂会审，看君能否骂阎罗。"其中尽为剧目名，见者称绝。

他有时也在报刊上著文向读者介绍演员，如陈文娣女士、屠顾寄云女士、雷孝实、滑苕白、庞敦敏、吕一琴等。

一天，寒云在北京江西会馆彩串昆剧《状元钻狗洞》，同日溥侗唱乱弹《连营寨带哭灵牌》。毛壮侯闻之，为撰一联："公子寒云煞脚无聊钻狗洞，将军红豆伤心亡国哭灵牌。""煞脚"为土语，"末路"之意。徐凌霄以专电拍致上海《时报》登载。寒云见报，不以为忤，反而拊掌大笑。

伶工即演员，在当时的社会上地位极低，位列下九流，向为豪门世家所不齿。袁寒云本人虽然不是演员，但厕身其间，且亲自粉墨登场，在世俗的眼光看来，也是自甘下流。袁寒云能够冲破世俗的罗网，足见其具有何等的勇气。

有一次他在北京准备和陈德霖在新民大戏院合演《游园惊梦》，袁克定听到消息，以为玷辱家风，立即通知当时的警察总监薛松坪派人把他关押起来。他得到风声，马上分派在帮的徒子徒孙们把守住戏院的前后门，不让警察进来。薛松坪无法，亲自来到戏院，劝他不要演唱。他笑着说："明天还有一场，唱完了，我就不唱了。"结果还是演唱完了方才罢休。据说，他演这两场戏，一共花了三四千元。

1917年冬间，河南水灾，北京各界发起演剧义赈，袁寒云与韩世昌串演《惊变》。当时冯国璋为总统，冯国璋以袁世凯新丧不久，颇不愿袁寒云登场，演出之夕，特遣副官驾车接寒云入府，意欲阻其登台。副官找到寒云，寒云问："他干吗请我？今儿晚上我要参加豫赈演出的，他知道不知道？"副官答道："知道，总统和夫人提起二爷呢。"寒云顿悟，变色道："请你给我回一回，我不去啦，我唱我的，他管得着吗？"予以坚决拒绝。

其后，袁寒云与溥侗组织言乐会，在北京江西会馆演出，为了后台开支，一度公开售票。其时总统徐世昌为顾全袁家名声，强行出面干涉，遂使演出中辍。

在旧社会，政府腐败，每遇天灾，老百姓非冻饿而死即流离失所，无以为生。袁寒云慷慨好义，具有深切的同情心。如他在1926年的日记中记道："沽上嚣甚，流离载途，伤之。"对于公益事业，也很热心。因此，每有义展义演，他都参加，人们称之为奇士。

1919年，他参加了上海新舞台举行的赈灾义演。同年冬，欧阳予倩办伶工学社，他也应张謇之邀赴南通义演。

1922年广东潮州、汕头发生"八二"大风灾，百姓死伤十余万。他毅然将珍藏的宋宣和玉版兰亭精拓本，装成手卷，亲笔题签，和折扇等珍品一起卖掉，赈济灾民。

1929年，他曾为天津社会教育家林墨青创建的广智馆新楼筹款义演，为孙菊仙修贡院筹款义演。

1930年，他为天津私立慈惠女校和西开普济平民学校募款义演，为陕西受灾义演，并参加陕西灾害急赈会举办的书画展览会。

受业师方地山等人的影响，袁寒云早年即爱好收藏，而且藏品丰富，蔚然成家。举凡书画、碑帖、印章、铜镜、玉器、古泉、金币、稀有邮票及宋元版书籍，均在收藏之列。他不仅收藏，而且对收藏的物品加以考证，深有研究，撰著《虎庵珠薮》《古逸币志》《泉简》《世界古金币隅录》《邮券杂话》和《纪邮乘》等。

他早年喜欢搜罗女子书画。成年后，跟着收藏家讲版本。收藏的书画多为珍本，不以数多为胜。其中有六朝人绘的《鬼母揭钵图》，唐人写的《洛神赋》，宋代赵大年绘的《风尘三侠图》等珍卷，以及宋刊苏轼、鱼玄机、韦苏州的文集，宋巾箱本《周易》《尚书》《毛诗》《礼记》《周礼》《孝经》《论语》《孟子》，明代万历本《牡丹亭还魂记》等，近二百册。为了得到精本，他不惜代价，如宋本《鱼玄机诗》，内有余秋室写的《玄机诗思图》，王惕甫、曹墨勤夫妇的题词，他得知以后，即以八百金购来。每本藏书，均钤一印，上刻寒云观书小像。可惜这些珍品，在其后来生活困难时，都贱价售出，或做贷款抵押而流落不明。

寒云去世后，方地山约请周叔弢资助，为其影印遗书《寒云手写所藏宋本提要二十九种》。

收藏货币特别是外国货币，是其又一重大嗜好，从中得到极大的乐趣。在一首《闲居杂吟》中，他写道：

> 幼读洪遵志，辄好王面泉。穷搜不可致，披图殊惘然。
> 比岁游海上，夷估偶往旋，示我西方货，云阅千百年。
> 灿烂以金铸，体自殊方圆。环肉具周郭，其中好不穿。
> 厥表象王后，奕奕秋毫颠。或勒古冠盾，或以图飞仙。
> 或有状楼阁，或复横舟船，或禽兽草木，一一穷精妍。
> 小者半榆荚，大者若鳟钱。间有符泉志，咸出千年前。
> 倾囊恣搜集，四方来联翩。盈箧三百余，还以事考研。
> 此中多佳趣，终岁与流连，都忘人间世，有疾亦自贤。

他对收藏货币似乎有一种狂热性，有一次得到友人寄来的热那亚金币拓片，他独缺这种，为之狂喜，立即去信询问价值，而后汇去三百元，托友人购到。他搜罗各国稀有的金币，但不谙外文，便拓了寄给周瘦鹃，请其译述，后来与其结为异姓兄弟。

他收藏的中国货币有：政和元宝，宣和元宝，云南金币，清代金币，洪宪金币。

外国的钱币，有葡萄牙、英国、秘鲁、玻利维亚、摩纳哥、希腊、西班牙、法国、瑞典、厄瓜多尔、安南、智利、丹麦、意大利、日本、荷兰、波斯、波兰、阿尔巴尼亚、德国、阿比西尼亚、印度等，约有七十国，数百精品。一般为金币，间有古钞。形状有方有圆，体积有大有小，都装在一个特制的盒子里，分格存放。有购自国内的，也有购自国外的。多数为十九世纪的，少数为古代的，如古印度、古东罗马、古希腊金币，铸造于公元前356至前339年之间。

这些货币，后以贫乏质押于人，无力赎回，全部流落在外了。

他也收藏古玩，铜器、玉器都有，有一次居然上了作家毕倚虹的恶当。

毕倚虹名振达，江苏扬州人。出身世家，少年聪慧，风度翩翩，娶诗人杨味云之妹为妻，做过报纸的编辑，以所著长篇小说《人间地狱》而名声大噪。袁寒云与其极为投契，时相往来。某日毕倚虹以"牙笏"向寒云出售，谓经考证，确是唐代段太尉用以击朱泚的笏，有殷血斑斓，作紫褐色，如出土的汉玉为凭。

寒云遂以贞观通宝相交换，将其置于床头，每晚摩挲数百遍。有一天偶尔上面沾染了一些鸦片烟的污垢，擦拭不掉，即用水洗。不料"牙笏"忽然软化，再加冲洗，竟不成样，还有秽气，仔细一看，乃是折叠而成、外面加上一层涂漆的手纸。他大为困惑，急忙质问毕倚虹。

毕倚虹哈哈大笑，说："近日内子月经来潮，制成此物，用防洪流。我见此物颇为古雅，才特为转借，略为加工，奉献给您这位高明的鉴赏家。"

寒云知其开玩笑，无可奈何，问其贞观通宝。

毕倚虹又笑道："我细看那枚钱也不像是真的，已拿去换酒喝了。"

袁寒云热衷于集邮，与上海的邮票大王周今觉、邮票商兼鉴赏专家陈复祥经常商榷。每见珍品，即欢跃不已。如他在日记中写道："斥千金易某所藏临时中立券二种，都十二品，完美犹新，国邮大宝也。""得邮册，直四千金。珍券累累……皆希世品也。"他购邮票，大多委托陈复祥等人为之搜罗。

所集邮票绝大多数为中国的，只要稀有珍贵，就不惜重价购得，有时贵得令人吃惊。正因他不惜重价，才能买到极其珍贵的邮票。如他在上海曾买到红印花加盖邮票小字当一元旧票一枚，全世界现存红印花小字当一元邮票三十几枚，旧票却仅此一枚，后来潦倒时卖给外商。

袁寒云性情虽然豁达，蔑视尘俗，有时诵出"门外尘如水，闲吟且自狂"的清高音调，贫而不改其乐。但到后来，随着年龄的增长，家境的艰窘，世事的变幻，情绪也开始趋于消沉，心情不似从前开朗，大有苍凉之意。这样的心境，可从他晚期的诗词中窥见。如：

吾　生

吾生能自弃，与世已相忘。

犹惧为名累，何须辟谷方。

此身宜放浪，此意独彷徨。

老去经愁惯，星星鬓欲苍。

蝶　恋　花

绕市繁灯寒欲坠，夜未三更，遍是凄凉意。依约旧时歌舞地，何当重识金银气。　又到秋风愁梦里，白酒黄花、拼却今宵醉。何处楼高容小睡，闲枝挂叶都憔悴。

1931年春节期间，袁寒云因丧去长女，郁郁不乐，在方地山家愁坐。方地山与其商议葬女之事，准备将她葬在以桃花出名的西沽。袁寒云忽然说，何不多购些地？方地山以为不可，及后思之，知非佳兆。果然，不过月余，一代风流才子就与世长辞了。

3月22日，即农历二月四日晚上，袁寒云病故于天津两宜里的寓所。他本来得了猩红热，发着高烧，后来经过治疗退了烧。高烧刚退，他就跑到长期包住的国民饭店四号房间，与一个名叫小阿五的妓女双宿双飞，颠鸾倒凤。回家以后，又发起烧来，过了两天就逝世了，享年四十二岁。

袁寒云的身体素来健康，竟得急症死去，文艺界的同人谁也没有想到，深深为失去艺林名宿而痛惜哀悼。事过多年，天津词人每谈及他的事情，仍多有余痛。

1931年4月23日，《北洋画报》刊载了"追悼袁寒云先生专页"，发表了他饰汤勤的遗像，在书斋闲坐的照片，抱子的照片，为陈向元太夫人祝寿的画梅，以及王小隐撰的《题寒云遗像》，吴秋尘撰的《哀沪上寒云先生》，陈向元撰的《哭袁寒云》。

王小隐云：寒云广颡丰颐，宜可以得大年，而淹忽以没，得非愤世嫉俗，以酒色自戕者哉？吾于其酒后论人，慷慨呵骂，有以见性情之真，固非神气索漠、装模作样之名士所可以比拟于万一。满肚皮不合时宜，宜寒云之不寿也。

又云：天下莫不识寒云，而能知寒云者谁乎？方地老（方地山）有言，"其中昭昭，其外昏昏"，旨哉言矣。和以天倪，与世委蛇，遇之者咸恍然自失，此其所以为寒云欤？诗酒风流，多才与艺，犹不足以尽寒云也。

吴秋尘云：寒云书画文章，无一不可传，其流风遗韵足以供人怀想者，又岂区区一纸所能毕其辞？

陈向元哭云：公子乐游宴，敬客不知疲。……华年胡遽夺，天道泯于斯。……唤子子不闻，哭子子不知。廿载繁华歇，凄清淮水湄。

噩耗传到上海，《晶报》连日刊登哀挽的文章和袁寒云的照片、信函。生前好友包天笑、严独鹤、周瘦鹃、钱芥尘、步林屋、徐朗西、刘

山农、余大雄等为他开追悼会，举行公祭，并陈列他的遗墨，供人观览。在众多的挽联中，有两联最为贴切，

孙颂陀的挽联是："身世难言，词赋江关空寄慨；华年逝水，烟霞风月毂销魂。"

梁众异的挽联是："穷巷鲁朱家，游侠声名动三府；高门魏无忌，饮醇心事入重泉。"

袁寒云的后事由其大徒弟杨子祥和方地山主持。杨子祥按着帮规，给他披麻戴孝，四千徒子徒孙们既出钱，也穿孝。开吊的时候，整日哭声不断，还有很多妓女自动地系着白头绳前来哭奠守灵。

4 月 24 日，举行殡葬。仪仗长至数里，白车素马，络绎于途，通过市上，历二十分钟尚未走尽。最前为徐世昌书写的匾额。挽联有数十副，多称夫子。前面一联为于右任手笔，联曰："风流同子建，物化拟庄周。"遗像共有两幅：一着便装，载在汽车上，周围堆满了用鲜花扎成的花圈；一穿前清朝服，藏在影亭之中，此乃遵照当时的俗例。

前来为其念经超度送殡的，除了天津的僧、道、尼，还有北京广济寺的和尚，雍和宫的喇嘛，韵乐社的乐队。来宾胸前皆佩戴着有袁寒云像的徽章，为任何别的殡仪中所未有。沿途搭了很多的祭棚，各行各业的人都分头前来致祭。此次丧事，轰动一时。

他葬在西沽的江苏义地，墓碑为方地山所书。

张伯驹在春节时曾去天津给袁寒云拜年，回京不多几日，即闻寒云逝世的噩耗。遂挽以联云："天涯落拓，故国荒凉，有酒且高歌，谁怜旧日王孙，新亭涕泪；芳草凄迷，斜阳黯淡，逢春复伤逝，忍对无边风月，如此江山。"有一年他到西沽往访某诗人，询问寒云墓地，欲往一吊。答云已为其家人迁去，不知移葬何处。他为之惘然，怅怅而归。

一枝独秀

袁世凯的第三代，即"家"字辈的孙子孙女们，年龄大些的出生在清朝末年，小些的出生在二十世纪三四十年代，约有五十余人，大多居住在天津，外地也有一些。他们都是平民百姓，所从事的职业多为教师、科技工作者、医生、职员、工人，有的为家庭妇女。

在北洋军阀和国民党统治时代，不论他们的经济状况如何，身心却未受过巨深的创痛。中华人民共和国成立以后，阶级斗争年年讲，月月讲，天天讲，招工、升学、分配工作等等，无一不讲家庭出身，"红五类"处处优先，"黑五类"备受歧视。袁世凯为北洋军阀的鼻祖，复辟帝制，属于反动透顶的封建官僚。孙子孙女们有了他这位臭名昭著、罪该万死的大坏特坏之祖父，自然成为黑得无以复加的"黑五类"，背上了无比沉重的包袱，压得他们喘不过气来。命运注定他们的前途只有坎坷苦难，不可能远大光明。

"文化大革命"开始，已经离开人间半个世纪的袁世凯并没有逃过这一劫数。他在安阳的陵园被捣得一塌糊涂，坟墓周围的青白石和顶上的草皮均被掀掉，只因坟墓系钢筋混凝土所造，有两米多厚，"红卫兵"用自制的炸药没有炸开，尸骨才得以保全。孙子孙女们有的也受到株连，被视为"牛鬼蛇神"，命运相当悲惨。

袁克定有一子二女，子名家融，二姨太太马彩凤所生。女儿一名家第，妻子吴本娴生，嫁给苏州费祥仲教授；一名家锦，马彩凤生，嫁给雷震春的长子雷存政。

袁家融字容孙，1920年随叔叔们到美国，先入中学，后读大学，留学十年，学的是地质勘探专业。1930年回国，在开滦矿务局任工程师。后因在矿井中撞坏了腿，到北京执教。日伪时期曾任伪实业部第二科科长。抗战胜利后，任天津新懋交易行副经理。1949年后调到绥远省，继调贵州工学院，1964年退休。妻子为王占元的三女儿。儿子缉英，次女能姑，三女巧姑，均在香港。长女智姑，在美国定居。

袁克端的次子家宾字慰孙，曾任天津市一轻局日用化学厂科研办公室秘书。1953年因为说了些不合时宜的话，受到管制。每周到派出所汇报思想，揭发检举别人。接着又遭逮捕，判处劳动教育三年，剥夺政治权利五年。"文化大革命"中，"红卫兵"无休无止的批斗使他感到末日来临。

海外社会关系是袁家宾被批斗的重要原因之一。到了1973年，尽管政治气候仍然相当恶劣，海外社会关系却又成为他解除政治枷锁的救命符。这一年9月，加入美国籍的袁家骝及其夫人吴健雄到大陆探亲，他们夫妇是世界著名的物理学家，周恩来总理亲自批示天津市委和市革命委员会，在他们到达之前，用三天的时间突击为在天津的袁氏后裔落实各项政策，包括退还私房及其他财产，安排工作，恢复名誉等等。直到此时，袁家宾的处境才略微好了一些。"文化大革命"结束，束缚在他身上的枷锁才被解除。退休后他任天津市河东区政协委员、文史委员；天津市民建委员、统一祖国联谊工作委员会委员、侨务委员会委员。

袁克文的女儿、袁家骝的妹妹袁家祉遭遇极其不幸，丈夫死得很早，她养着四个孩子，在天津给人家洗衣裳，做临时工，收入低微，生活很苦，身体有病，瘦得皮包骨头。"文化大革命"期间，全家人住在一间破烂不堪的小屋里，困难到了极点。她接到离别三十多年的袁家骝探亲的电报，心情万分激动，但由于出身不好，只有看着电报悲痛地流下无声的泪水。因为落实政策来不及，没有房子，政府不准她约请哥哥到家中来，还吩咐她接站时和孩子都换上新衣服，见了面不准哭。她尽管穷得一无所有，为了不给国家丢脸，还是借了钱，给孩子们买了身新衣服。在车站，她见到哥哥，泪水在眼中打转，可是不敢让它滚落下来。直到第二天在天津饭店进入哥哥下榻的房间里，兄妹二人方才互相抱头大哭。在那个时代，他们连痛哭的自由都没有！

袁克权次子家说，一直在天津银行金融系统工作，1985年离休。

袁克桓的长子家宸，1947年留学美国，中华人民共和国成立后回国，从事教育工作，退休时为天津市平山道中学教师。

袁克坚的次子家诚，现名袁杰，在"家"字辈中年龄较小，成长于中华人民共和国成立以后。因为出身不好，参军一类的好事没有他的份儿。他自以为成绩优异，就可考取大学。可是，他辅导的同学都上了大学，自己却一连五次被摈于榜外，只有拉煤，出苦力，在街道和医院中做临时工。"文化大革命"开始，知识青年上山下乡，他这个"黑五类"的子弟到了内蒙古，分配在一个公社的医院工作。当时当地的人们思想比较落后，对放射工作心存畏惧，均不愿干。他抓住这个机会到县里进修，成为一个正式的医务工作者。以后落实政策，方调回天津。

家诚的哥哥家熹因为得不到组织和他人信任，压力太大，弄得精神失常，跳到海河自杀。

在国内稍有社会地位的，要数袁克桓之女家菽。她搞设计工作，主持设计了天津南市食品街和旅馆街，赢得同行和市民的称赞，担任全国政协委员。

没有因祖父辈而遭受劫难和不幸，在事业上成就最大的，只有袁家骝。他之所以有所成就，除了自己的刻苦努力，主要是因为他有一个与其他兄弟姐妹不同的成长环境。

袁克文有四子三女，以三子家骝最聪明。家骝从小跟着奶奶在安阳念书，连着跳级，以后就读于天津英国教会办的新学书院。1928 年考上工商大学，1930 年转到燕京大学，毕业后读研究生，1934 年获得硕士学位。由于爱好无线电的关系，他与当时的燕京大学校长、后来曾任美国驻华大使的司徒雷登比较熟悉。他毕业后在唐山开滦煤矿工作，继而由司徒雷登推荐，得去美国加州大学伯克莱分校物理研究所深造。

1936 年，袁家骝带着仅有的四十美元，乘坐三等舱，从天津前往美国。经过十六天的艰苦旅程，终于抵达旧金山。在伯克莱，他有奖学金，免交学费，加上管吃管住，勤俭刻苦，可以专心致志地攻读。三个星期后，他极其幸运地遇到了一个才貌双全的中国姑娘吴健雄。

吴健雄，江苏太仓人，1912 年生。十一岁时，以优异的成绩考入苏州第二女子师范。毕业后在中国公学学习一年，即进入东南一流学府中央大学（今南京大学），1934 年毕业。在浙江大学当了一年助教，又调往中央研究院物理所。1936 年得到叔叔的资助，乘轮横渡太平洋，到美国密歇根大学去读书。

她本来打算在旧金山停留一周，看望一位女同学，然后即去密歇根大学。不料，袁家骝带她参观了伯克莱大学物理系以后，她看到先进的实验室和一流水准的物理学家，感到无比兴奋，遂放弃了去密歇根大学的打算，准备留在伯克莱大学，当即由袁家骝陪着去见物理系主任柏基。柏基虽然对中国人和女性持有极深的偏见，学校也已开学，还是破例接受了她的申请，允许她在校就读。

袁家骝的英文名字叫路克，与吴健雄同在一班念书。他们刚到美国，语言上难免有些障碍，笔记有时因听不懂而记不上，课后只好找别人的笔记补上。经过一段时间的刻苦努力，这些困难便克服了。

吴健雄才华出众，相貌妩媚，气质高雅，受到许多同学的爱慕，袁家骝是她的热烈追求者之一。一年下来，他们两人都取得优异的成绩。吴健雄不想再让叔父供他读书，便向学校申请奖学金。系主任怕董事会有意见，只给她和袁家骝为数较少的助读金，她同意了，留在伯克莱大学攻读。

袁家骝没有别的收入，仅靠助读金难以维持生活，于是转向加州理工学院申请奖学金，很快得到该校允准，遂于1937年去了加州理工学院。

由于天各一方，两人虽然保持着通信联系，接触毕竟较过去少多了，而在吴健雄的感情世界中，还保留着别人，因而两人的情谊有一段时间疏远了一些。

袁家骝转到加州理工学院不久，抗日战争全面爆发，他与几个中国同学商议，打算回国效力。中国驻美国大使胡适恰恰在此时来到这里，听说此事，告诉他们中国最终要战胜日本，战后需要很多人才，应好好读书，以便战后建设国家。袁家骝听了他的话，安心求学，1940年得到学位，留校做研究工作。

1940年，吴健雄以杰出的实验工作成就得到博士学位，继续在校做博士后研究。这时她的感情渐趋稳定，终于选择了袁家骝作为自己的终身伴侣。1942年5月30日，他们在加州理工学院举行了结婚仪式。

度完短暂的蜜月，袁家骝应聘加入RCA公司，研究与发展雷达相关的工作。下半年，吴健雄也来到东部波士顿附近的史密斯学院任助理教授。

然而，吴健雄对史密斯学院并不满意。在伯克莱大学老师的推荐下，第二年她转到普林斯顿大学教物理，成为该校有史以来的第一位女性讲师。

1944年，吴健雄到纽约的哥伦比亚大学任资深科学家，参与美国最机密的制造原子弹的"曼哈顿计划"，仅在周末回到普林斯顿的家里。

1945年7月16日，原子弹试爆成功。三个星期之后，两颗投在日本的广岛和长崎，促使日本投降和第二次世界大战的结束。

日本投降后，袁家骝与吴健雄曾经考虑回国的问题。吴健雄的母校中央大学答允为他们二人提供教席，但希望他们多留美国一年，待寻妥实验室仪器再回国开展工作。1946年，袁家骝到普林斯顿大学任物理研究员。不久，国民党与共产党打起内战，局势混乱，他们没有按原计划回国。1947年，他们的儿子袁纬承出生，暂时打消了回国的念头。1949年袁家骝离开该校，到纽约长岛的布鲁克海汶国家实验室担任研究员。1950年抗美援朝战争打响，美国限制华人科学家到共产党国家去，去了就不发再入境的签证。1952年，吴健雄升为哥伦比亚大学副教授。1954年，为了工作和出外签证上的方便，他们申请加入了美国国籍。

夫妇二人都是物理学家，袁家骝研究的领域是高能粒子物理，吴健雄做的是原子核物理实验。袁家骝在高空宇宙线研究、高能加速器高频系统制造，尤其是穿越辐射研究方面，均取得过惊人的成绩。他单独出版过《物质的本性，高能物理学的目的》，与妻子合写过《实验物理学方法》。但其才华稍逊于夫人，成就也不如夫人杰出。

1956年，杨振宁博士和李政道博士合写了一篇题为《对弱相互作用中宇称守恒的质疑》，刊在美国最权威的物理期刊《物理评论》上，勇敢地向宇称守恒这个被科学家接受已久的定律提出挑战。但他们只是提出了自己的理论，若想证实理论的正确，必须有实验证明，而实验又存在着许多困难，面临着新的挑战。

其时吴健雄本已计划好与丈夫一起先到瑞士日内瓦出席高能物理会议，然后到东亚地区作一次演讲旅行。她知道这个实验的重要性，决心自己去做，让袁家骝一人前往。

袁家骝参加完会议，在欧亚一些国家短期逗留后，应邀到了台湾。蒋介石接见了他，征询发展原子弹的意见，他建议发展原子能的和平用途。

原子核物理实验难度极高，涉及许多极为复杂的因素，需要极严格的超低温条件。

吴健雄在几位低温物理学家协助下，做了周详准备，在国家标准局开始实验。至年底，她的实验基本成功。可是，她仍不放心，没有向外透露，又进行了一次检查。1957 年 1 月 9 日凌晨两点，终于完成了举世震惊的全部实验。这项关键性的实验结果，不仅证实了杨振宁、李政道的理论，推翻了宇称守恒定律，而且也可推知在放射性衰变的弱相互作用中，电荷共轭也是不守恒的，在物理科学上是一项无与伦比的革命性进展。同年，杨振宁、李政道获得诺贝尔物理学奖，吴健雄没有获得，许多有名的科学家为她感到不平。

1958 年，袁家骝到日内瓦著名的高能物理实验室欧洲核（粒子）物理研究中心工作，继而又转到法国巴黎附近的一个科学实验中心工作。

1962 年，通过实验，吴健雄成功地证实了向量流守恒定律是对的，对物理科学产生了深远影响。1970 年，她又完成了一个名为"爱因斯坦—波多尔斯基—罗森论证"，即有关量子力学基本哲学方面的实验。此外，她还在物理实验探测仪器的发展上，做了许多杰出的工作。

吴健雄虽未获得诺贝尔奖，但她的杰出成就举世瞩目。在证明了杨振宁和李政道的理论是完全正确的实验之后，她就得到了"世界最顶尖女性实验物理学家""中国居里夫人""东方居里夫人""核子物理的女皇""物理研究的第一夫人"的称号。1958 年，她得到普林斯顿大学授予的荣誉博士，当选为美国国家科学院院士，哥伦比亚大学将其提升为正教授。1972 年，哥伦比亚大学任命她为哥伦比亚第一位普平（现代物理学先驱）物理教授，并授予"终身教授"称号。1973 年当选为美国物理学会副会长，1975 年任会长。1978 年，以色列将其第一年的物理奖，即被人们称为以色列诺贝尔奖的沃尔夫奖颁发给她。1980 年，她在哥伦比亚大学退休。1990 年，中国南京紫金山天文台将发现的国际编号为2752 的一颗小行星，以"吴健雄星"命名。1994 年，她与袁家骝同时获得全美华人协会的杰出成就奖。此外，她还获得许多其他国家和具有崇高地位的名流大学授予的荣誉称号。

吴健雄取得如此杰出的成就，与袁家骝的大力支持密不可分。夫妇两人都是研究物理学的，互相了解，志同道合，感情融洽，婚姻幸福。他们坚持实验第一、生活第二的原则，但也不忽视家庭。袁家骝不爱说话，言语谦和，仔细耐心，温文尔雅，无论在科学事业和家庭事务上，都很体谅和配合妻子，主动承担起家务，使她无后顾之忧。

1973 年，袁家骝与吴健雄开始第一次中国大陆之行，探亲访友，进行学术交流，以后又来过几次，每次均受到科学界的热烈欢迎和国家领导人的接见。

1997 年 2 月 16 日，世界最杰出的女性实验物理学家吴健雄病逝于美国。

2003 年 2 月 11 日，袁家骝病逝于北京协和医院，享年九十一岁。

袁家骝和吴健雄的独生子袁纬承已继承父母的事业，成为物理学家，在美国新墨西哥州的洛斯阿洛摩斯国家实验室做物理实验工作。

附录一 袁氏世系表

袁 氏 世 系 表

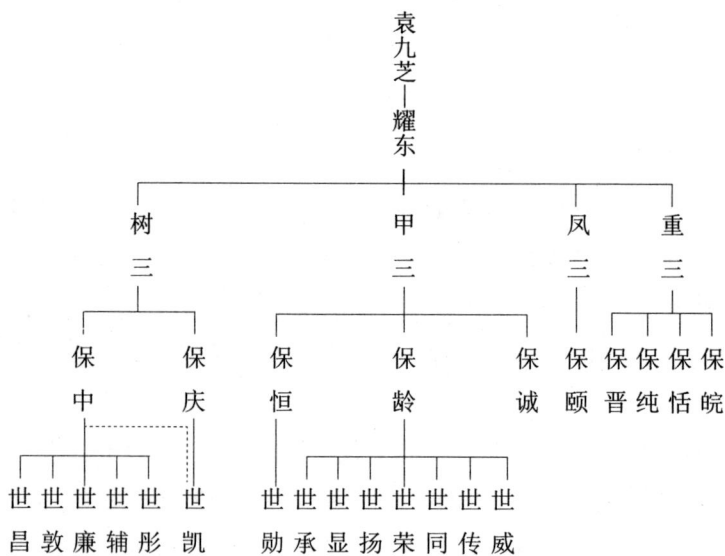

附录二 袁世凯家族年表

乾隆嘉庆年间 袁耀东与郭氏结婚，生子树三、甲三、凤三、重三。耀东去世，四子皆幼，生活异常清贫。

1835年（道光十五年）袁甲三中进士，授礼部主事。

1850年（道光三十年）袁甲三长子保恒中进士；改翰林院庶吉士。

1853年（咸丰三年） 袁甲三帮办安徽团练剿防事宜，袁保恒随营效力。

1858年（咸丰八年） 袁甲三督办河南、安徽、江苏剿防事宜，不久任漕运总督，钦差大臣，督办安徽军务。

袁树三次子保庆中举人。

1859年（咸丰九年） 9月16日（八月二十日），袁世凯生于项城袁寨。

1862年（同治元年） 袁甲三因病辞官。其次子保龄中举人。

1863年（同治二年） 袁甲三病故。朝廷赏袁保龄内阁中书。

1864年（同治三年） 袁世凯过继给胞叔保庆为子。

1866年（同治五年） 袁保庆以知府发往山东补用，世凯随去读书。

1868年（同治七年） 袁保恒以侍讲学士补用。

袁保庆以道员补用，调两江总督差委。

1870 年（同治九年）　袁保庆署理江宁盐法道。

1873 年（同治十二年）袁保庆病逝，袁世凯随继母牛氏返回原籍。

1874 年（同治十三年）袁树三长子、袁世凯生父袁保中去世。

1875 年（光绪元年）　袁耀东夫人郭氏谢世。

1876 年（光绪二年）　袁保恒任刑部左侍郎。

袁世凯娶妻于氏。

1877 年（光绪三年）　袁保龄以知府选用。

1878 年（光绪四年）　袁保恒病逝。

袁保龄辞官归里，办理赈务，晋升道员，仍回内阁任职。

1881 年（光绪七年）袁保龄调北洋办理海防营务。

袁世凯到山东投奔庆军统领吴长庆。

1882 年（光绪八年）　袁世凯随军去朝鲜平息兵变，以同知补用。

1884 年（光绪十年）　　袁世凯总理留驻汉城三营庆军营务处，会办朝鲜防务，领军击败朝鲜金玉均等人发动的政变。

1885 年（光绪十一年）　袁世凯任驻扎朝鲜总理交涉通商事宜。

1889 年（光绪十五年）　袁保龄病故。

1890 年（光绪十六年）　袁世凯以道员补用。

1891 年（光绪十七年）　袁世凯继母病逝。

1893 年（光绪十九年）　袁世凯补授浙江温处道，仍留朝鲜。

1894 年（光绪二十年）　　中日甲午战争爆发前，袁世凯多次乞请回国，奉旨调回。

1895 年（光绪二十一年）　8 月，袁世凯到督办军务处差委；12 月，奉命到天津小站督练新建陆军。

1897 年（光绪二十三年）　　袁世凯晋升直隶按察使，仍专管练兵事宜。

1898 年（光绪二十四年）　9 月 16 日，光绪帝召见袁世凯，命以侍郎候补。20 日，袁世凯返天津，向直隶总督荣禄告密，出卖维新派。

1899 年（光绪二十五年）　6 月，袁世凯升工部右侍郎；12 月，署理山东巡抚（次年 3 月实授）。

1900 年（光绪二十六年）　袁世凯镇压义和团。

1901 年（光绪二十七年）　11 月，袁世凯署理直隶总督兼北洋大臣（次年 6 月实授），加太子少保衔。

1907 年（光绪三十三年）　袁世凯调任外务部尚书、军机大臣。

袁克定任农工商部右参议。

袁克文任法部员外郎。

1909 年（光绪三十五年）　1 月，袁世凯开缺回河南，先居卫辉府，后迁彰德洹上村。

1910 年（宣统二年）　袁克定升农工商部右丞。

1911 年（宣统三年）　10 月 14 日，朝廷起用袁世凯为湖广总督，镇压武昌起义，旋又任为钦差大臣。11 月 16 日，袁世凯就任内阁总理大臣。12 月，兼任议和全权大臣，派代表南下与民军议和。

1912 年　2 月 12 日，清朝灭亡。15 日，南京参议院选举袁世凯为中华民国临时大总统。3 月 10 日，袁世凯在北京就职。

1913 年　7—9 月，袁世凯镇压国民党的"二次革命"。10 月，当选为正式总统。11 月，解散国民党，取消国民党籍的议员资格。

1914 年　1 月，袁世凯解散国会。2 月，停办地方自治会，解散各省省议会。5 月，公布《中华民国约法》。

1915 年　1 月，日本公使日置益代表政府向袁世凯提出"二十一条"，要求承认。袁世凯派人谈判，大部分接受。12 月，接受"推戴"，承认帝位，申令改元。

1916 年　1 月 1 日，袁世凯改用洪宪纪元，改中华民国为中华帝国，悍然称帝。继之下令剿灭云南护国军。3 月 22 日，被迫发表撤销帝制令；次日废止洪宪年号，仍以中华民国纪年。6 月 6 日，在举国讨伐声中病死。

诸子分居。

1917 年　袁世凯夫人于氏去世。

1920 年　袁世凯九子克玖、十子克坚、十一子克安、十二子克度及嫡孙家融赴美国留学。

1931 年　袁克文病逝于天津。

1936 年　袁克文三子家骝赴美国留学，后与吴健雄结婚。

1949 年　北京解放，政府给袁克定北京文史馆委员名义，后因其言论如旧，停发月薪。

1958 年　袁克定逝世于北京。

1997 年　2 月 16 日，吴健雄病逝于美国。

2003 年　2 月 11 日，袁家骝病逝于北京协和医院。

附录三　主要参考书目

袁甲三:《端敏公集》；袁保恒:《文诚公集》；袁保庆:《中议公事实纪略》；袁保龄:《阁学公集》；《袁氏家书》；均见丁振铎编:《项城袁氏家集》，清芬阁刊本，1911 年。

北洋军阀史料编委会编:《北洋军阀史料》，天津古籍出版社，1992年。

全国公共图书馆古籍文献编委会编:《袁世凯未刊书信稿》，中华全国图书馆文献缩微复制中心出版，1998 年。

袁寒云:《洹上私乘》，大东书局，1926 年。

袁寒云:《寒云日记》，佩双印斋影印，1936 年。

袁寒云:《辛丙秘苑》，《近代史资料》总 81 号，中国社会科学出版社，1992 年。

《袁世凯家书》，台北，1990 年。

刘成禺、张伯驹:《洪宪纪事诗三种》，上海古籍出版社，1983 年。

章梫:《一山文存》，1918 年刊本。

马其昶:《抱润轩文集》，1923 年刊本。

袁静雪:《我的父亲袁世凯》，《文史资料选辑》第 74 辑。

袁家宾：《我的大伯父袁克定》，《郑州文史资料》第 6、16、18 辑。

卓言：《周学熙以公款办实业发家的内幕》，《文史资料选辑》第 53 辑。

朱经畲：《记著名票友袁寒云》，《天津文史资料选辑》第 39 辑。

陈惕敏：《我的老师袁寒云》，《上海文史资料》第 54 辑。

《北洋画报》。

郑逸梅：《袁寒云的一生》等，载《郑逸梅选集》，黑龙江人民出版社，1991 年。

周岩：《袁世凯家族》，中国青年出版社，1991 年。

江才健：《吴健雄》，复旦大学出版社，1997 年。

侯宜杰：《袁世凯传》，百花文艺出版社，2004 年。

后记

　　此书原名《百年家族——袁世凯》，为"百年家族"丛书之一，内容写袁世凯家族六世的演变。当时丛书编委会与台北立绪文化事业有限公司和河北教育出版社约定，前者出繁体字版，后者出简体字版。繁体字版出版于2001年6月，内有台北"中央研究院"院士张玉法先生写的序言；简体字版出版于2002年1月，内有"百年家族"丛书的编者为丛书写的统一的序言。此次简体字版改由东方出版社再版，故将统一序言删去，而将张玉法先生写的序言收入，并将书名改为《项城袁氏》，同时对文字略加修改。

侯宜杰

2018年2月5日于北京望京花园寓所

图书在版编目（CIP）数据

项城袁氏 / 侯宜杰 著 . — 北京 : 东方出版社，2018.8

ISBN 978-7-5207-0382-6

Ⅰ . ①项… Ⅱ . ①侯… Ⅲ . ①袁世凯（1859～1916）—家族—史料 Ⅳ . ① K820.9

中国版本图书馆 CIP 数据核字（2018）第 110017 号

项城袁氏

（XIANGCHENG YUANSHI）

作　　者：侯宜杰

策　　划：陈　卓

责任编辑：安玉霞

责任审校：金学勇　曾庆全

封面设计：周伟伟

出　　版：东方出版社

发　　行：人民东方出版传媒有限公司

地　　址：北京市东城区东四十条 113 号

邮　　编：100007

印　　刷：北京市楠萍印刷有限公司

版　　次：2018 年 8 月第 1 版

印　　次：2018 年 8 月第 1 次印刷

开　　本：880 毫米 × 1230 毫米　1/32

印　　张：9.75

字　　数：249 千字

书　　号：ISBN 978-7-5207-0382-6

定　　价：52.00 元

发行电话：（010）85924663　85924644　85924641